高等院校文化产业基础教材

WENHUA CHANYE

丛书主编 王育济
韩 英

文化传播学

陈晓莹 编著

海峡出版发行集团 | 福建人民出版社
THE STRAITS PUBLISHING & DISTRIBUTING GROUP | FUJIAN PEOPLE'S PUBLISHING HOUSE

图书在版编目（CIP）数据

文化传播学/陈晓莹编著．--福州：福建人民出版社，2017.7（2022.8 重印）

高等院校文化产业基础教材/王育济，韩英主编

ISBN 978-7-211-07640-6

Ⅰ.①文… Ⅱ.①陈… Ⅲ.①文化传播－高等学校－教材 Ⅳ.①G206

中国版本图书馆 CIP 数据核字(2017)第 071883 号

文化传播学

WENHUA CHUANBO XUE

编　　著：陈晓莹
责任编辑：黄须友
出版发行：福建人民出版社　　**电　　话**：0591-87533169(发行部)
网　　址：http://www.fjpph.com　　**电子邮箱**：fjpph7211@126.com
地　　址：福州市东水路 76 号　　**邮政编码**：350001
经　　销：福建新华发行（集团）有限责任公司
印　　刷：福州万达印刷有限公司
地　　址：福州市闽侯县荆溪镇溪头工业区徐家村 166-1 号
开　　本：787 毫米×1092 毫米　1/16
印　　张：15.5
字　　数：261 千字
印　　数：6001－9000
版　　次：2017 年 7 月第 1 版　　2022 年 8 月第 3 次印刷
书　　号：ISBN 978-7-211-07640-6
定　　价：31.00 元

序

2004年1月，教育部新设“文化产业管理”本科专业，山东大学历史文化学院成为全国首批承担这一专业的四个院系之一，并于当年实现了本科招生。次年春，山东大学文化产业管理学系成立。

任何一门学科的基础与范式，都只能建立在对研究史的总结之上，这是学科建设的第一块基石。山东大学已故史学名师郑鹤声先生有言：历史系每成立一个教研组，其首要工作必是整理学界相关著述之索引。基于这种办学传统，山东大学文化产业管理学系成立伊始，即会同历史系、档案系、考古系等，着手基础资料库的建设，并渐次启动《中国文化产业学术年鉴》1979—2008年各卷的编纂工作。《中国文化产业学术年鉴》按学术编年史的框架，通过“年度学术论著选编”“评价集成与结论”“研究总目索引”等形式，对改革开放30年来中国文化产业研究的学术历程进行了系统的梳理。《中国文化产业学术年鉴》的编纂工作历时7年，出版后获得学术界、文化界的广泛好评，被认为是“涵盖了近30年相关领域中最完整的学术信息和最丰富的理论内容，既包括文化产业的概念、定义、逻辑内涵、行业边际、学科特点等学理方面的研究，又包括中国文化产业的历史、现状、行业模式、区域布局、新兴业态、业内典范等方面的宏观理论、政策和案例研究……近700万字的各类索引，更是为文化产业的学术理论研究和文化产业的发展提供了海量资讯”（《光明日报》2010年3月31日）；产业界、政府管理层，甚至央视《新闻联播》等，也对这套历时7年而成的学术年鉴给予了特别关注。

与《中国文化产业学术年鉴》相类似，现由福建人民出版社出版的这套“高等院校文化产业基础教材”，也是山东大学文化产业管理学系成立伊始即已启动，历时多年才完成的一套大学本科基础教材。该教材所对应的都是山东大学文化产业管理专业的核心课程，从最初的备课教案、自编讲义开始，经历过2004年至2012年间的若干轮授课实践和若干轮修改。

同时，这也是目前国内唯一一套由同一所院系的一线授课教师完成的本科基础教材。因而，除了相对严谨、扎实之外，这套教材也非常适合大学本科教学。

作为一套完全由山东大学一线授课教师所完成的教材，自然还会表现出某些“山大特色”，即山东大学师生有关文化产业的某些共识性的理念。

第一，关于“文化产业”自身的发展历程，我们的共识有两点：

1. 认为“文化产品”的历史可以追溯久远，但“产业”意义上的“文化产业”则是现代“工业革命”后形成的一种产业体系。工业革命提供了强大的能源动力，如留声机、照相机、印刷机、播放器、摄影机等可以把一件文化产品按产业的需求海量复制，火车、轮船、飞机又足以把海量文化产品的营销链条无限延展。正是伴随着工业文明体系的建立，才产生了真正产业意义上的现代文化产业。

2. 认为“农业文明”关联的只是“文化产品”，“工业文明”关联的是“现代文化产业”，而数字技术关联的则是“当代文化产业”。数字技术对文化产业的最大影响，就是使文化产品彻底突破了时间与空间的限制，从而创造出巨大的利润，“文化产业”也因此而成为“朝阳产业”“黄金产业”，或“最后一块暴利蛋糕”。但是，这也同时提醒我们，不能笼统地把“文化产业”认定为“朝阳产业”，只有数字技术所催生的“当代文化产业”才是“朝阳产业”。从这一意义上说，以“三屏产品”（电视屏、网络屏、手机屏）为代表的数字文化产业，应该成为当代文化产业发展的主要方向。

第二，关于文化产业的公众认知和理论导向，我们的共识有四点：

1. 认为“文化、创意、财富”是文化产业三个最为本质的表达元素，也是“文化产业”最通俗、最平实的诠释。

2. 认为“文化”经过“创意”而产生“财富”，这之间并不存在“阿里巴巴”式的神话，存在的永远是《资本论》中所描述的从商品到货币的“惊险的跳跃”。而且，与工业、农业相比，文化产业的市场需求是“弹性”而非“刚性”的，这也就意味着这一产业更大的风险性。因而在宣传文化产业是“黄金产业”“最后一块暴利蛋糕”的同时，更应突出“文化产业的高风险性”这一往往被忽视的观点。

3. 认为文化产业的发展对“文化”始终是一把双刃剑，既有普及、提升文化的功能，又始终包含着强烈的“反文化性”。

4. 高度认同“历史文化资源的丰富是中国文化产业的最大特点和最大

的优势所在”。2002 年的中国共产党第十六次全国代表大会，首次在大会报告中提出发展文化产业的战略部署。2003 年 1 月，时任中共中央政治局委员、中国社科院院长的李铁映撰文指出：“中华民族有着五千年悠久的历史和灿烂的文化，其文化累积之丰厚、文化形态之多样和文化哲学之深刻，是世界上其他国家少有的。这是一笔怎么估价也不过分的宝贵的文化资源，是我们得天独厚的优势。对于中国新兴的文化产业来说，启动并整合、包装这些文化资源，就有可能形成具有中国特色的文化产业，并在全球市场的激烈竞争中占有可观的优势。”这些关于中国文化产业优势与特征的科学认识，至今仍然有着强烈的导向意义，当下中国文化产业最现实、最积极的发展策略就是如何将“历史文化资源大国”变为“文化产业强国”。这其中，历史文化资源与数字技术的结合，可能是最值得关注的方向。

第三，关于近 30 年中国文化产业理论研究的“学理架构”和当下的学科建设，我们的共识有三点：

1. 认为“文化产业”这一概念在近 30 年的中国出现，并不是对法兰克福学派“文化工业”概念的简单转译，它的生成，可以直接追溯到改革开放之初对知识分子地位的认定：由于当时知识分子已从“臭老九”跃升为工人阶级的一部分，于是各个“知识部门”，如教育、文化部门等，也就与“农业”“工业”一样，成为“一种生产部门，一种产业部门”。正是在这种理论思维的推动下，“第三产业”的概念在 1980 年前后即为中国学术界所关注。“第三产业”作为一个包含着“知识生产”在内的术语，又直接导致了“文化产业”这一概念的生成。因而早在 1981 年就出现了“文化的产业化”的说法，出现了“第四产业”与“精神经济学”之间的讨论，至 1987 年就出现了“文化产业”的概念。尽管当时尚无学者对这一概念进行定义，但是这一概念所具有的“望文生义”的优势十分明显，与中国传统思维的路数亦十分吻合——无需定义和解说，即可粗知内涵。正因如此，“文化产业”这一概念才能超越“第四产业”“精神经济学”，以及后来的“文化工业”“创意产业”“内容产业”“版权产业”等外来概念，被中国学术界和社会普遍接受。“文化产业”这一概念在中国首度出现的时间是 1987 年，远早于 20 世纪 90 年代末才为学界所引介的“文化工业”，因而“文化产业概念的内生性”，是近 30 年来中国文化产业理论最重要的“学理性起点”。

2. 认为作为国家战略层面上的文化产业发展起始于近十年，但关于文化产业的学术研究则贯彻于近30年。其中重要的节点是：1979年以来经济学界关于“精神产品”和“知识价值”的讨论；20世纪80年代学术界关于“第三产业”“第四产业”“精神经济学”“文化市场”“文化个体户与经纪人”“文化搭台与经济唱戏”“大众消费文化与精英文化”的讨论；20世纪80年代中期“文化产业”概念的首度出现，以及20世纪90年代有关“文化产业”“创意产业”“版权产业”“文化经济学”“文化管理学”的诸多讨论；2000年以来关于“文化事业与文化产业”的讨论，以及党的十六大以后国家战略层面上的文化产业研究；等等。对这些节点进行整合性梳理，可以为当下中国文化产业学科奠定坚实的基石，也是创立有中国气派、中国风格的文化产业理论体系的必由之路。

3. 认为文化产业管理专业作为教育部新设的一个十分年轻的应用型专业，就其人才培养目标而言，可以简单表述为：既要有纵贯古今的文化视野，也要有策划经营的文化理念，以及现代产业意识和经营思路的复合型人才。但就课程的设置和教学的重心而言，文化产业管理专业显然应该与具体的工艺美术设计、图书编辑出版、游戏创意、景区规划，以及演艺产业、广告产业、体育产业、旅游产业等有所区别。所以，在文化产业的教学、科研和学科建设中，应该突出“通识意识”“学问意识”和“经典意识”，要从学术史的梳理中奠定这一应用学科的学理基础；要引导学生关注工业革命以来有关“文化工业”“文化产业”的经典文献，关注近30年来中国学术界在文化与文化产业问题上的深度思考，从而保持大学教育应有的内在思想的活力、反省能力、质疑能力和价值动力。换言之，“文化产业”这一学科所面对的问题可能非常现实、非常政治和非常经济，但大学教育和学科建设仍应该与“现实”“政治”“经济”拉开距离，要努力建立并坚持大学自身的学术话语，并依据大学应有的治学逻辑设计学科建设的路径。

以上理念和观点主要体现在《山东大学关于增设“文化产业管理”本科专业的建议报告》（2003年）、《山东大学关于建立山东省文化产业研究基地的论证报告》（2003年）、《培养文化产业管理专业的合格人才》（2004年）、《文化产业：学术阐释的原则与目的》（2006年）、《加强文化产业的基础理论研究》（2006年）、《文化·创意·财富：三论“文博会”主题词》（2006年）、《论文化、创意、财富三者之间的关系》（2006年）、《关于文化创意产业的几点认识》（2006年）、《也谈文化与文化产业的关系》（2006年）、《1987：中国文化产业的重要节点》（2009年）、《中国文化产业学术年鉴2003—2008年卷出版说明》（2009年）、《中国文化产业学术年鉴1979—2002年卷特别说明》（2009年）、《文化产业学科建设要有四大意识》（北京大学第七届文化产业新年论坛主题发言）（2010年）、《济南历史文化资源与文化产业》（济南市政策研究室委托课题结项报告；文化部基层文化干部培训班讲义）（2012年）、《数字技术与当代文化产业》（济南市第三届青年科学家论坛主题发言）（2012年）等相关文献和著述中。山东大学的各位同仁在教学和研究中对这些方面的问题思考和讨论也较多，所形成的共识也都以这样或那样的方式渗透、沉淀在这套教材的相关章节之中。这也使得这套教材有了一些区别于其他著述的显著特色。

这套“高等院校文化产业基础教材”的出版，得益于福建人民出版社的全力支持和赖炳伟先生的促成，从选题调研、审定编写提纲、编稿到今天的付梓，时间已过去了一年多，这期间，赖炳伟先生以及责任编辑们的工作热忱和辛劳，感动了我们每一位作者。可以说，没有他们的努力，这套教材可能还会以内部讲稿的形式存在若干年。

《中国文化产业学术年鉴》1979—2008年各卷的编纂和这套教材的出版，大致夯实了山东大学文化产业学科建设的基础，但能否在这一基础上更筑层楼，显然还有待更多的努力。

是为序。

王育济

2012年8月23日

目　　录

第一章　文化传播学及其研究范畴

第一节　文化

一、文化的定义

科学地界定“文化”的概念是研究文化传播学的前提和基础。在当今社会，“文化”是一个内涵与外延极为丰富、应用极为广泛的词语。它既是一个严肃的学术用语，也是人们生活中喜闻乐见的常见用语。但是，究竟何为“文化”，却一直是一个众说纷纭的问题。围绕着它的概念，中外学者形成了数百种不同的说法。

“文化”一词在中国古已有之，首见于西汉刘向所著《说苑·指武》：“圣人之治天下也，先文德而后武力。凡武之兴，为不服也，文化不改，然后加诛”[①]，为文治和教化之意。在古代社会，这一词语的应用并不普遍，大意是指以诗书礼乐、伦理道德等教化世人，偏重于精神层面。而现代意义上的“文化”概念起源于日本。日本学者在译介西学时，用“文化”一词对译英语中的“culture”一词，后经留日中国学者将此概念转引至中国社会，“文化”这一古老的词汇遂被赋予新的意义。

英语中的“culture”起源于拉丁语，有耕作、居住、掘垦、动植物培育等含义，后来逐渐延伸出与物质性意义相对的精神含义，具有性情陶冶、品德教化等涵义。但“culture”一词作为学术研究的术语，却是从近代欧洲开始的。据英国学者雷蒙德·威廉斯（Raymond Williams）考证，从 18 世纪末开始，“culture”一词的词义与用法发生了重大变化：“在此

① 刘向著，向宗鲁校证：《说苑校证》卷十五《指武》，380 页，北京，中华书局，1987。

之前，这个词基本上是指'培养自然的成长'，此后类推为指人类训练的过程。后面这个用法，在18世纪到19世纪初期却又变成自成一义的'文化'，通常是指某种事物的文化。这时它的第一个意思是'心灵的普遍状态或习惯'，与人类追求完美的思想观念有密切关系。第二个意思是'整个社会里知识发展的普遍状态。'第三个意思是'各种艺术的普遍状态。'其后，又有第四个意思：'文化是一种物质、知识与精神构成的整个生活方式。'"①

随着时代的发展，学者们分别从不同学科、不同角度探讨了文化的定义，到目前为止已有数百种关于"文化"的定义。据统计，"到20世纪70年代，世界文献中的文化定义已达到250多种。这几乎成了有多少人研究文化，就能产生多少文化概念"②。无怪乎英国学者威廉斯认为，"文化"一词是英语语言中最复杂的两三个词之一。

若要讨论文化的定义，就不能不提人类学之父英国人类学家爱德华·泰勒（E. B. Tylor）。1871年，他提出了一个对后世影响很大的定义："文化，或文明，就其广泛的民族学意义来说，是包括全部的知识、信仰、艺术、道德、法律、风俗以及作为社会成员的人所掌握和接受的任何其他的才能和习惯的复合体。"③ 这一定义强调了文化在精神层面的属性，并成为有关文化的经典定义。

美国文化人类学者露丝·本尼迪克特（Ruth Benedict，也有人译作鲁思·本尼迪克特）考察与研究了不同民族的特点与文化模式，认为"文化是通过某个民族的活动而表现出来的一种思维和行动方式，一种使这个民族不同于其他任何民族的方式"④，把文化视为民族之间差异的本质所在，从另一个角度提出了文化的定义。

美国社会学家保罗·布莱斯蒂德（Paul J. Braisted）着重从社会共享的价值观念与行为特征等方面入手，认为："文化是一个具有多种意义的语词，这里用作更为广泛的社会学含义，即是说，用来指作为一个民族社

---

① ［英］雷蒙德·威廉斯著，吴松江、张文定译：《文化与社会》，18—19页，北京，北京大学出版社，1991。

② 林耀华主编：《民族学通论》，380页，北京，中央民族大学出版社，1997。

③ ［英］爱德华·泰勒著，刘建荣译：《原始文化——神话、哲学、宗教、语言、艺术和习俗发展之研究》，1页，上海，上海文艺出版社，1992。

④ ［法］维克多·埃尔著，康新文、晓文译：《文化概念》，5页，上海，上海人民出版社，1988。

会遗产的手工制品、货物、技术过程、观念、习惯和价值。要之，文化包括一切习得的行为，智能和知识，社会组织和语言，以及经济的、道德的和精神的价值系统。一个特定文化的基本要素是它的法律、经济结构、巫术、宗教、艺术、知识和教育。"①

美国文化人类学家克利福德·格尔兹（Clifford Geertz）则从符号的角度定义文化：文化"是一种通过符号在历史上代代相传的意义模式，它将传承的观念表现于象征形式之中。通过文化的符号体系，人与人得以相互沟通、绵延传续，并发展出对人生的知识及对生命的态度"②，这一界定对我们理解文化的传播属性颇具启示意义。

1952年，美国文化学者克罗伯（Alfred Louis Kroeber）和克拉克洪（Clyde K. M. Kluckhohn）在《文化：概念和定义的批判考察》中，对西方自1871至1951年期间有关文化的160多种定义进行了梳理与辨析，并从符号—文化学派的立场出发，指出："文化由外显和内隐的行为模式构成，这种行为通过象征符号而获致和传递，文化代表了人类群体的显著成就，包括它们在人造器物中的体现；文化的核心部分是传统的（即历史地获致和选择的）观念，尤其是它们所带的价值。文化体系一方面可以看作是活动的产物，另一方面则是进一步活动的决定因素。"③ 这一定义影响深远，并为许多学者所接受。

中国学者也从不同的侧面和角度对文化的概念进行了界定。如梁启超在《饮冰室合集·文集》之三十九《什么是文化》中认为，"文化者，人类心能所开积出来之有价值的共业也。"④ 梁漱溟在《中国文化要义》中认为："文化，就是吾人生活所依靠之一切……文化之本义，应在经济、政治，乃至一切无所不包。"⑤《辞海》则将文化定义为："广义指人类在社会实践过程中所获得的物质、精神的生产能力和创造的物质、精神财富的总和。狭义指精神生产能力和精神产品，包括一切社会意识形式：自然科

① ［美］布莱斯蒂德：《文化合作：未来时代的基调》，转引自陆扬、王毅：《文化研究导论》，6—7页，上海，复旦大学出版社，2006。

② ［美］克利福德·格尔兹著，纳日碧力戈等译：《文化的解释》，11页，上海，上海人民出版社，1999。

③ 傅铿：《文化：人类的镜子——西方文化理论导引》，12页，上海，上海人民出版社，1990。

④ 梁启超：《饮冰室合集·文集》之三十九《什么是文化》，第五册，98页，北京，中华书局，1989。

⑤ 梁漱溟：《中国文化要义》，1页，上海，学林出版社，1987。

学、技术科学、社会意识形态。有时又专指教育、科学、文学、艺术、卫生、体育等方面的知识与设施。……”也就是说，广义的文化涵盖了人类在社会历史实践过程中所创造的物质财富和精神财富的总和。而狭义的文化则是人类精神活动及其产品的总称。

二、文化的构成

“文化”一词如此简单，却又如此复杂。对这个包罗万象而又歧义丛生的名词，学者们给予了极大重视，分别从各自的学术立场与观察角度出发，给出了自己的界定。这些定义互有短长，又相互补充。综而观之，这些定义虽然各有不同，但亦有其内在的统一点。就文化的构成而言，“文化”主要有三个层次：物质文化、制度文化和精神文化。

物质文化也称器物文化，是指人类为满足生存需要而在与自然的交互过程中所产生的物质生产活动及其产物，以及在创造过程中所使用的手段、工艺、方法等。它主要包括生产工具、生活工具以及其他物质产品，如服饰、建筑物、交通工具、器皿等等，反映出人类改造自然的能力与技术发展水平。物质文化是人类所创造出来的最原始的文化形态，是一种表层次的文化。它是文化构成中最活跃、最易变动的部分，也是在文化的沟通与交流中最容易被不同文化所接受的部分。

制度文化是人们为反映和确定一定的社会关系并对这些关系进行整合和调控而建立的一整套规范体系。在漫长的历史发展进程中，依据不同的哲学理论与意识形态，人们制定与形成了不同的法律、规章制度、礼仪风俗等，以规范人与人、人与群体、群体与群体之间的关系，调节人们的社会行为，维持正常的社会关系和社会生活。这是一种中层次的文化。

精神文化也称观念文化，是以心理、观念、理论形态存在的文化，是人类在社会实践与意识活动中形成的，主要指人们的心理结构、思维方式和价值体系，包括哲学、科学、宗教、艺术以及各种思想观念。精神文化的内涵极为丰富，是一种深层次的文化。它包括两个部分，一是存在于人们心中的文化心态、文化心理、文化观念、文化思想、文化信念等。二是已经理论化、对象化了的思想理论体系，即客观化了的思想。

这三个层面相互影响，相互制约，相辅相成。其中物质文化是整个文化的基础，也是其中最活跃、变化最快的要素。制度文化规范与制约人与人之间的关系，是文化形成与创造的协调与保证。精神文化则是文化的核心部分，也是文化变迁中最稳定、最难改变的部分。

三、文化的特征

为了进一步说明文化的性质和文化概念的内涵，对文化特征的描述是十分必要的。综合各派学者对文化的定义，归结文化的一般特征如下：

（一）文化是人类在进化过程中衍生出来或创造出来的

大自然中的自然存在物及其运动不是文化，只有经过人类加工制作，或赋予其意义的才是文化。例如岩石、树木、河流本身都不是文化，但经过人类加工的岩画、园林、都江堰却是文化。奇石由大自然雕琢而成，本来只是纯粹的自然物，但在人类基于自身的价值取向，赋予其特定的意义之后，便具备了一定的观赏价值，成为文化。火是大自然的产物，不是文化，但人类钻木取火的技术却属于文化。黄河本来只是大自然的一条普通河流，但因其对中国人的特殊意义，遂成为中国文化的重要象征。总而言之，文化是人类在进化过程中衍生与创造而来的。

（二）文化不是天生的，是习得的

习得性是文化最重要的特点。文化不是先天具有的，而是后天习得的，比如人的经验、知识、技能、价值观等，都是社会化的产物。人从出生开始，就通过家庭、学校等多种方式学习待人接物、知识技能、思想观念等文化要素。比如，人说话的能力是天生的，这不是文化。但是说哪种语言如英语或汉语却是后天习得的。人类天生就有性别差异，这不是文化，但如何理解两性的差异，如何做才符合社会对男性或女性的要求，却是要后天习得的，这就属于文化的范畴。

（三）文化是一个群体或社会全体成员所共同享有的

文化是在人类的实践活动中，为了满足群体需要而创造出来并为群体所共同遵守、享用与传播，例如制造工艺、语言文字、礼仪规范、规章制度、价值观念等。文化为群体所共享，也规范与限制着个体的行为，以协调社会关系，保障社会的正常运行。如果个别人具有一些特殊的习惯与行为模式，并且仅限于其自身，则这仅仅是个人的一种习惯，而不能成为这个社会所共享的文化。

（四）文化是一份社会遗产，是一个连续不断的动态过程

文化是一个长久积累的过程。在漫长的社会发展历程中，人们习得了制造与使用工具的能力，获得了生存与发展的经验，形成了一定的风俗习惯与制度规范，创立与发展了艺术、宗教、哲学等学科与门类。这些都随着时代的发展继承与积累下来，成为人类弥足珍贵的社会遗产。同时，随

着时代的变化，文化也在继承中不断改造与更新，摒弃或增加新的内容，这也使文化自身具有了强大的生命力与适应性。因此，我们绝不能用孤立与静止的观点去看待文化，更不可因循守旧，故步自封。

（五）文化具有多样性与共同性

一方面，文化是具体的、特殊的、多样的。不同地域、不同民族、不同时代的文化存在着不同程度的差异。例如中国文化与美国文化就有较大差异，中国传统文化与现代文化亦有较大不同。这些差异体现了文化的多样性，也提醒人们要尊重文化之间的差异，避免用本民族的价值标准去评判其他民族的文化现象。

另一方面，文化是人类活动的产物。人类的类本质决定了不同民族、不同时代之间，都存在着一些带有普遍性与共同性的文化理念与现象，例如人类早期的灵魂万有观念、巫术信仰等，人类对于公平、正义的认同与追求等，这些都使得文化具有共同性的特点。

四、文化的功能

文化的功能是指文化在人类的社会生活实践中，为满足人类生存发展的需要而表现出来的价值和作用。一般来讲，文化在人类社会发展中的功能主要表现为五个方面：

（一）满足需要的功能

文化的一个重要功能是满足人类生理和心理的各种需要。根据美国心理学家马斯洛的理论，一个健康人的生理与心理需要由低到高可以分为五个层次：生理的需要、安全的需要、归属与爱的需要、尊重的需要、自我实现的需要。这些需要的满足都离不开文化。前述文化的构成有三个层面，即物质文化、制度文化与精神文化，它们对人类的衣、食、住、行等生理需求进行满足，协调与规范人与人之间的关系，并通过价值观念、思维模式等方面的构建，共同承担着满足人类以上五个需求的工作。

（二）传播功能

文化不是静止不变的，而是动态变化的。它一经产生就会在群体中与群体之间传递与共享。而传播学中的“传播”（communication）一词本身即有“交流、沟通、流传”之意。文化的习得性、群体性与共享性，决定了文化是在传播的过程中得以传承与发展的。

（三）认知功能

文化在人的一生中有着极为重要的作用。它可以丰富人们的知识，启发人们的思考，提高人们认识世界与改造世界的能力。它是人类世世代代知识与经验的积累，其在社会发展进程中形成的知识技能、礼仪风俗、思维模式等，都深切地影响着人们，引导人们去认知不断变化的客观世界，影响着人类改造世界的能力。

（四）教化功能

文化一经被创造，便持续而深刻地塑造和影响着人们的思维模式、价值观念、审美情趣和行为方式。所以“文化”又有“教化”之意，这也是文化被创造出来的一个重要目的。正如美国人类学家露丝·本尼迪克特所说，每一个人“从他出生之时起，他生于其中的风俗就在塑造着他的经验与行为。到他能说话时，他就成了自己文化的小小的创造物，而当他长大成人并能参与这种文化的活动时，其文化的习惯就是他的习惯，其文化的信仰就是他的信仰，其文化的不可能性亦就是他的不可能性。”①

（五）协调功能

为了保证人类的生存发展与社会系统的良好运行，人类需要运用文化来调控社会实践和人与人之间的社会关系。首先，人类在改造大自然的过程中，必须遵循自然规律，与自然和谐共处。为此，人类形成了一系列习俗，来协调与大自然的关系。比如在古代，人们基于对自然的神秘感与认知水平的制约，形成了祭祀、祈神等习俗，以希望与自然和谐共处，平安顺遂。其次，为了保障社会生活的正常进行，所有的社会成员必须遵守一定的社会规范，包括伦理道德、礼仪风俗、法律制度等，以调节人与人、人与社会之间的关系，使社会得以和谐发展。

（六）传承与创新功能

文化具有传承的功能。在人类社会发展历程中，人们继承与总结前人的知识与经验，以便指导目前的生活，减少生活中的困顿艰险，使现在的生活更加美好。悠久的历史文化是整个民族的宝贵财富。同时，文化不是一成不变的，它总是随着时代的变化而不断发展创新，呈现出新的内容，促使人类的文明不断进步。这是一个民族文化绵延不断的重要源泉。继承与创新是文化的重要功能，两者对立统一于文化传承的全过程。

（七）凝聚功能

文化的凝聚功能来自于文化的共享性所形成的文化认同感。在相同的

---

① ［美］露丝·本尼迪克特著，何锡章、黄欢译：《文化模式》，2页，北京，华夏出版社，1987。

文化下，人们一般具有相同的语言、习俗、思维模式、价值观念等，这使得这个群体具有巨大的凝聚力。由于文化群体具有多层次性，因此，文化的凝聚功能也具有多层次性。一般而言，文化的凝聚功能在国家和民族中表现得最为明显。此外，在不同的地域与不同的社会群体之间，也体现出文化的凝聚功能。

第二节　传播

一、传播的定义

在人类社会生活中，传播行为无时无刻不在发生。正如我们离不开空气一样，我们也离不开传播。那么，究竟什么叫做传播呢？

在中国古代，“传”与“播”最初是分开使用的。一般来讲，“传”，可指信息的纵向传递，如“传旨”“传法”“传诏”，也可指信息的横向传递，比如“传奇”“传布”。“播”指广泛地宣传和散布，如《国语·晋语三》：“夫人美于中，必播于外而越于民，民实戴之”①。

“传”“播”连用，最早见于《北史·突厥传》：“宜传播天下，咸使知闻。”② 其义为长久而广泛地宣布、传扬。但在我国古代，“传播”一词使用并不广泛，大量使用是近现代的事。如今，“传播”已是一个出现频率极高的日常用语，意指某种事物或思想的传递和散播。在汉语中，“传播”强调信息从一方到另一方的单向流动。比如传播疾病、传播知识、传播思想等等。

然而，传播学中的“传播”一词，却是译自英语“communication”，含义与汉语中的“传播”有所不同。“communication”起源于拉丁语的communis，含有双向的、共享的意义。与汉语“传播”相比，它的词义更加丰富，包括“通信”“会话”“交流”“交通”“交往”等十几种含义，更加强调“交互”“双向”的交流方式。19世纪末，“communication”成为日常用语，主要指人类传递或交流消息、观点、感情或与此相关的交流活动。

由于“传播”是传播学的基本概念，因此，至晚在20世纪初，学者们开始将其作为学术考察的对象进行研究。他们基于不同的学科背景，从不同

---

① 徐元诰：《国语集解·晋语三第九》，305页，北京，中华书局，2002。

② 李延寿：《北史》卷九十九《突厥传》，第十册，3294页，北京，中华书局，1974。

的角度给传播下了不同的定义。早在1976年，就有126个各不相同的传播定义问世。西奥多·克莱文杰（Theodore Clevenger）曾经说过："从学术或科学的角度对传播下定义方面遇到的困扰不解的问题来自这一事实，即动词'传播'（to communicate）在普通词汇中沿用已久，因此很难把它作为科学用语使用。真的，它是英语中使用最为频繁的词语之一。"①

下面介绍几个有广泛影响的"传播"定义：

1909年，美国社会学家、社会互动理论的创始人库利（C. H. Cooley）在其著作《社会组织》中，提出了一个著名的关于传播的定义："传播指的是人与人关系赖以成立和发展的机制——包括一切精神象征及其在空间中得到传递、在实践上得到保存的手段，包括表情、态度和动作、声调、语言、文章、印刷品、铁路、电报、电话以及人类征服空间和时间的其他任何最新成果。"② 在这个定义里，库利突出强调了传播的社会关系性，把传播看作人际关系赖以成立和发展的基础。

1911年，美国学者、符号学创始人皮尔士（Charles S. Peirce）在《思想的法则》中提出："直接传播某种观念的唯一手段是像（icon），即使传播最简单的观念也必须使用像。因此，一切观点都必须包含像或像的集合，或者说是由表明意义的符号构成的。"相比库利对社会关系的侧重，皮尔士更加强调符号在传播中的特殊作用，认为传播是运用符号来传递意义的过程。

库利和皮尔士对传播的描述开创了界定传播概念的两个传统。一个是社会学的传统；一个是符号学或语义学的传统。后来这两个传统逐渐融合，比如有的学者认为传播是"通过符号或象征手段而进行的社会互动"，有的学者则认为传播是"通过社会互动而共享意义"③。

20世纪40年代，信息科学诞生，关于"信息"的概念被引入传播学领域，传播的信息属性得到传播学者的高度重视。比如，传播学的集大成者、美国学者施拉姆（Wilbur Lang Schramm）在《传播是怎样运行的》中认为，当人们在进行传播的时候，也就是试图在与其他人共享信息——某个观点或某个态度。他指出，传播至少要有三个要素，即信源、讯息、

---

① ［美］斯蒂文·小约翰著，陈德民等译：《传播理论》，9页，北京，中国社会科学出版社，1999。

② Charles Horton Cooley, *Social Organization: A Study of the Larger Mind*, Charles Scribner's Sons, New York, 1909, p. 45。

③ 郭庆光：《传播学教程》（第二版），3页，北京，中国人民大学出版社，2011。

信宿。传播学者阿耶尔则在《什么是传播》中认为，传播在广义上指的是信息的传递，它不仅包括接触新闻，也包括表达感情、期待、命令、愿望或其他任何什么。我国学者也十分重视传播的信息属性，如认为“传播是社会信息的传递”，“传播是信息的双向流通过程”，“传播，即传受信息的行为（或过程）”等，强调信息流动的双向性。①

因此，将社会学视点与信息科学视点相结合，可以得出传播的定义，也就是“所谓传播，即社会信息的传递或社会信息系统的运行。”②

二、信息

信息是信息科学的基本概念，也是传播学的基本概念之一。其英文对应词为“information”。与“文化”“传播”的概念一样，关于信息的定义，学术界也是众说纷纭，莫衷一是，提出了诸多定义。

控制论创始人维纳（Norbert Weiner）指出，信息就是信息，既不是物质，也不是能量。也就是说，物质、能量和信息是构成客观世界的三个要素。其中物质是基础，是实体，能量是物质运动的形式，驱使物质不断运动。信息则以物质为载体，以能量为动力。人类利用信息改造与创造物质，提高能量的利用率，发现新的能量形式。正如美国安东尼·欧廷格（A. G. Oettinger）教授所说：“没有物质，就什么东西也不存在；没有能量，就什么事情也不发生；没有信息，就什么东西也无意义。”③

按照信息论创始人香农（Claude Elwood Shannon）的理论，信息是用来消除不确定性的东西。对于信息的发出方所发送的信息，信息的接收方最初并不知情，只有在接收到讯息之后，这种不确定性才被消除。例如，考试过后，A对不知道考试成绩的B说：“你考了98分”，B就得到了信息。同时，信息量与不确定性减少或消除的程度相关。消除了多少不确定性，便可获得多少的信息量。不确定性消除得越多，获得的信息量便越大。对此，施拉姆曾经在《传播学概论》中以一个名为“二十问”的游戏举例说明。在这个游戏中，A先想好一个物品的名称，B则负责询问二十个问题，以猜出这个物品究竟是什么。例如，B问：“是动物、植物还是矿物?”A回答：“动物。”B再问：“是不是人?”A回答“是人”。B再问

---

① 胡正荣、段鹏、张磊：《传播学总论》（第二版），51页，北京，清华大学出版社，2008。

② 郭庆光：《传播学教程》（第二版），4页，北京，中国人民大学出版社，2011。

③ 邵培仁：《传播学》（第三版），156页，北京，高等教育出版社，2015。

"一个人还是一群人?",A 回答"一个人"。B 再问,A 再答。[1] B 对这个物品的认知,由一开始的一无所知到逐渐清晰,不确定性被逐步消除,直至得出正确答案。在这个过程中,B 所得到的就是信息。

国内学者钟义信在《信息科学原理》一书中提出了自己的信息定义体系,认为信息是"事物运动的状态和状态变化方式的自我表述/自我显示"。这个定义是本体论层次的信息,是广义的信息。其中"事物"泛指一切可能的研究对象,包括外部的物质客体,也包括主观世界的精神现象,"运动"泛指一切意义上的变化,包括机械运动、物理运动、化学运动、生物运动、思维运动和社会运动等。在这一界定下,信息所指的种类十分丰富,诸如自然界的风吹雨打、生物界的鸡叫蛙鸣、人类社会的沟通交流等,皆属此类。除本体论层次的信息,还有认识论层次上的信息,即"主体所感知或表述的关于该事物的运动状态及其变化方式"。[2]

根据信息系统和作用机制的不同,有学者将信息分为非人类信息和人类信息,也有学者将其分为物理信息、生物信息、社会信息三类。作为一门社会科学,传播学的信息概念虽然引自于系统论、信息论与控制论,但其与"三论"的信息概念侧重点还是有所不同,它所研究与关注的是人类社会的信息活动。

在这里,我们还要注意信息与讯息的不同。讯息的英文对应词为 message,在传播学中,讯息指由一系列有序性的符号(如语言、文字、图像等)组成的表达特定信息的符号系统。讯息是信息的载体,其形式是具体而多样的,如各种语言、文字、图像等等。信息则比较抽象,是指包含在各种具体的讯息之中的抽象量。当传播者想要传递信息时,他需要根据一定的规则编制一系列有序性的符号(即编码),使其成为一则讯息。而受传者在接收到讯息之后,要将这些有序性的符号"翻译"、还原成传播者想要传递的信息(即译码),将信息从讯息中"提炼"出来。然而,由于传受双方不一定会拥有基本相同等级的符号系统和经验系统,受传者不一定能将信息如实地译读、还原出来。例如,传播者用德语说一段话,这段话就是一则讯息。而受传者是中国人,不懂德语,便无法理解传播者的意思,也就是无法从传播者所发出的讯息中读取出所含的信息。再如,两军

① [美]威尔伯·施拉姆、威廉·波特著,何道宽译:《传播学概论》(第二版),40页,北京,中国人民大学出版社,2010。

② 钟义信:《信息科学原理》,51页,北京,北京邮电大学出版社,2002。

交战，一方截获了敌军的密码电报，这份密码电报即是讯息。但只有在密码电报被破译之后，该方才能获得蕴含其中的信息。同一则信息可以由不同形式的讯息来负载，如一场足球比赛可以用文字报道、广播语言、电视图像等来表述。而一则讯息也可以负载不同的信息，比如一个姑娘对一个小伙子说："讨厌！"这则讯息可能是指姑娘真的很讨厌小伙子，但也有可能是反话，实际上是表示喜欢的意思。具体信息究竟为何，要结合语境进行理解与分析。

三、传播的主要类型

传播活动的普遍性决定了传播类型的多样性。根据不同的标准，传播可以分为不同的类型。依据传播的范围及规模，传播可以分为人内传播、人际传播、群体传播、组织传播和大众传播等不同类型。

（一）人内传播

人内传播也称内向传播、内在传播或自我传播，指的是个体接受外部信息并在人体内部进行加工的过程，是个体的思维活动。人类社会由无数个体组成。这些个体在不断进行人际互动的同时，也在频繁地与自我进行着交流，比如思考、反省、自言自语、自我陶醉、自我安慰、内心冲突等。即使是在梦中，人们也在无意识地进行着思维的活动，即所谓"日有所思，夜有所梦"。基本上，人所有的心理活动都属于人内传播，因此人内传播属于心理学的研究范畴。

人类之所以能进行人内传播，是与其自身的生理机制分不开的。就人类的生理系统而言，人体可以用眼、耳、口等感官系统来接收与输出信息，由神经系统来传输信息，由大脑来记忆和处理信息，形成接下来行动的信息决策基础，已经具备了信息传播系统的特点。

根据美国社会心理学家乔治·赫伯特·米德（G. H. Mead）的理论，自我可以分为两个方面：主我（I）与客我（Me），"主我"是意愿和行为的主体，"客我"则代表着他人的社会评价与社会期待。人内传播就是个体头脑里"主我"同"客我"之间的信息交流活动。人的自我便是在"主我"与"客我"的互动中形成的。比如，A的职业是教师，但却非常想当一名商人。在他决定是否要兼职做商人之前，需要考虑这份兼职是否符合他的教师形象，他的同事、亲人、朋友会如何看待此事，他们对他的角色期待是什么。此后，他才会做出是否兼职的决定。而无论结果如何，在这个决定背后，都体现出"主我"与"客我"之间的充分互动。同时，"客我”可能会促使“主我”发生新的变化，而“主我”也有可能会改变“客我”。二者的互动促使一个新的自我产生。因此，人内传播具有社会性、双向性和互动性，互动的介质是信息。

作为人类最基本的传播活动，人内传播不仅伴随着人际传播、群体传播、组织传播、大众传播等其他类型的传播，并且不可避免地会对它们产生影响。因此，人内传播是其他一切传播活动的基础。

（二）人际传播

人际传播是作为社会个体的人与人之间的交流活动，是人类传播中最基本、最复杂、最重要的形式。有了人际传播，人际关系才得以建立、维持和发展。人际传播的渠道非常广泛，可以是面对面的信息传播，比如交谈、讨论等，也可以是凭借传播媒介如书信、电话等进行的信息交流活动。“20世纪后半期，互联网的出现与普及对于人际传播具有革命性的意义，它使人际传播从现实走向网络，网络人际交往已经成为一种常见的人际交往方式。随着互联网技术的升级，传播手段不断更新迭代，从邮件、论坛、即时通讯到社交网站、微博、微信，网络人际传播不断向多媒体、人性化、拟真化的方向发展。如今，在现代的生活方式中，网络人际传播已经和传统的人际传播方式相互交融，难以分割。”①

人际传播的动机是多方面的。首先，认识自己，是人生而具有的渴望。为此，人们除了进行人内传播，自我反思，还要通过与他人的互动来认识自己，完善自我。库利的“镜中我”理论认为，人的行为在很大程度上取决于对自我的认识，而这种认识主要是通过与他人的社会互动所形成的。人与人之间相互可以作为镜子，都能折射出他面前的人的形象。他人对自己的评价、态度等等，是反映自我的一面“镜子”，个人通过它来认识和把握自己。因此，人的自我是通过与他人的相互作用形成的。其次，人生活在人群中间，需要与他人和谐共处，相互协作，进行情感的沟通与交流，以获得安全感与归属感，这就需要通过大量的人际交流来保证。再次，个体在生活中，需要不断掌握周边环境（包括自然环境与社会环境）的变化，并据此调整自身的行为，以适应环境。为此，个体需要通过各种方式获取信息，而人际传播便是其中一个非常重要的途径。

人际传播的主要特点是：（1）传递和接收信息的渠道多，方法灵活。也就是说，在人际传播过程中，无论是传播者还是受传者，都可以运用语

① 胡春阳：《人际传播研究的新思潮》，《中国社会科学报》，2015（2）。

言、姿态、表情、语气、动作、外在形象等多种渠道和手段，使所传播信息的意义更加丰富。(2) 人际传播双向性强，反馈及时，更适合进行沟通和说服活动。在人际传播过程中，传播者与受传者可以随时根据交流情况而互换位置，也可以随时根据现实情境而调整传播的内容与方式，互动频率高，反馈迅速、及时，因此，更适合进行说服活动与沟通感情。(3) 与组织传播和大众传播相比，人际传播属于非制度化的传播。它主要是建立在自愿和合意基础上的信息交流活动，相对自由和平等。

人际传播是人类的基本社会活动，对个人和社会都具有十分重要的意义。它是个体完善与发展自我的重要工具，人与人之间信息交流的重要途径，实现社会协作的重要纽带，也是传承社会文化的重要渠道。

（三）群体传播

1. 定义与分类

人自出生起即生活在群体中，在群体中从事各种社会活动。关于何为群体，日本学者岩原勉认为，群体指的是“具有特定的共同目标和共同归属感、存在着互动关系的复数个人的集合体”①。群体的范围非常广泛，不仅包括范围比较窄的家庭、朋友、邻居、工作伙伴、同学等群体，也包括范围更加广泛的社会性群体，比如以性别、年龄、种族、职业、阶层等为标准划分的群体；不仅包括自然形成、联系松散的群体，也包括有制度化的管理与正式结构的职能群体即组织。依据不同的标准，可以将群体分为不同的种类：

依据群体成员间亲密程度的不同，可以将群体分为初级群体和次级群体。人首先属于“初级群体”（primary group），或者说“首属群体”，即由面对面的互动与合作形成的，具有亲密的人际关系与深厚的感情基础为特征的社会群体，包括家庭、邻里、儿童游戏群体、亲密的朋友等等。成员之间相互熟悉、了解，感情深厚。次级群体又称次属群体（secondary group），用来表示与初级群体相对应的各种群体，即人们为了某种特定的目标集合在一起，通过明确的规章制度结成正规关系的社会群体，如学校、职业群体、社团等。成员之间在面对面的互动与感情联系等方面皆不如初级群体强。

依据群体正规化程度及成员间互动方式的不同，群体可以分为正式群

---

① ［日］见田宗介、粟原彬、田中义久编：《社会学事典》，439页，东京，弘文堂，1988。

体与非正式群体。正式群体是按照正式的社会规范建立起来并具有正式的群体结构与规章制度的群体，正规化程度较高。成员具有明确的地位与角色及相应的权利与义务，成员之间的互动制度化、规范化。比如企业、部队、机关、学校等。非正式群体则没有正式结构，是为了满足社会交往而自然形成的，通常是以共同的利益、兴趣、观点等为基础，成员间的互动比较随意，感情色彩较为明显，其权利、义务与彼此间的关系并没有明确的尤其是成文的规定。如同乡会、学习兴趣小组等。

依据成员身份归属的不同，群体可以分为隶属群体和参照群体。前者指的是个体实际参加或所属的群体，规定着个体的身份及其日常活动。后者指个体作为行为标准与指南并加以模仿与效法的群体，是个体认同并用作参考标准的群体，而他本人可能并不属于这一群体。比如，如果有人认同城市白领群体，就会在衣着、谈吐、行为等方面都对其进行模仿。

依据成员对群体心理归属感的不同，群体可以分为内群体和外群体。内群体又称“我群”，指个体经常参与其中，并且具有情感认同与强烈归属感的群体，日常生活大多是以内群体为中心的。外群体又称“他群”，泛指内群体成员之外的任何他人所组成的群体。内群体成员对外群体没有参与，也没有归属感，对其常常怀有疑问或偏见，感情淡薄，甚至蔑视、回避与仇恨。

依据群体内人际关系发生缘由及其性质的不同，可以分为：血缘群体，即基于婚姻或血缘关系而形成的群体，如家庭、家族；地缘群体，即基于地缘关系而形成的群体，如邻里、同乡群体；业缘群体，即基于职业或工作之间的联系而形成的群体；趣缘群体，即基于兴趣、爱好等形成的群体。

此外，根据群体的规模大小，可以分为大群体与小群体。根据组织性的强弱，可以分为组织群体与非组织群体，等等。

2. 群体规范与从众

在群体中，存在着大量的信息交流，也就是群体传播。群体传播广义上包括组织传播，但是，由于组织与非组织群体的结构、功能与传播机制有比较明显的不同，所以群体传播还有一个狭义的指向，即除了组织之外的其他群体中所进行的传播活动。

在群体中进行的大量的信息交流活动，促成了群体意识的产生，即群体成员所共有的意识，包括群体感情、群体归属感，以及关于群体目标和群体规范的合意。其中群体规范是群体意识的核心内容。群体规范指的是群体成员所共同遵守的行为方式的总和。任何群体都有为群体成员所认可并遵守的规范体系，它规定了群体成员应该如何行动，以及如果违反了规范意味着什么。如果成员个人积极维护群体规范，对群体做出贡献，则可得到群体的奖励，在群体中的地位得到提升。反之，则会受到群体的惩罚，比如遭到其他成员的冷遇甚至孤立，直至被排除于群体之外。研究表明，成员个人的群体归属意识越强，越会积极维护群体规范，对来自外部的与群体规范不相容的宣传抵制态度越强。

当个体处于群体中时，不可避免地会受到来自群体的压力。在巨大的群体压力下，个体很可能会跟随群体中的其他人，采取与之相一致的态度或行动，即使这并不是出于他的本心，也就是我们常说的从众现象。

“从众（conformity）指人们采纳其他群体成员的行为和意见的倾向”①。社会心理学家认为，导致从众的因素有两种：一是信息性影响（informational influence）：人们都希望自己的主张准确无误，以了解在特定情境下正确的应对方式。一般情况下，人们倾向于认为大多数人提供的信息和判断会比个人或少数人的更加准确，因此会采取从众行为。二是规范性影响（normative influence）。也就是说，人们都希望被别人喜欢、接受与支持，因此倾向于做别人做的事或是别人要求自己做的事，希望与群体中的多数意见保持一致，以避免被群体所孤立甚至惩罚。这两种因素导致了大量从众现象的发生。

美国心理学家所罗门·阿什（Solomon Asch）的实验向我们展现出了在群体压力之下人们可能发生的从众现象：

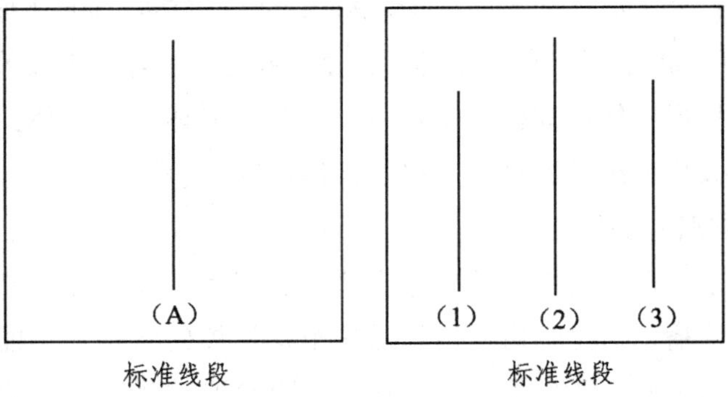

图 1-1　标准线段与比较线段②

---

① ［美］理查德·格里格、菲利普·津巴多著，王垒、王甦等译《心理学与生活》，483 页，北京，人民邮电出版社，2003。

② 资料来源：［美］理查德·格里格、菲利普·津巴多著，王垒、王甦等译：《心理学与生活》，485 页，北京，人民邮电出版社，2003。

阿什准备了两张卡片，一张卡片画有一张标准线段，另一张画有3条线段，其中有一条与标准线段的长度相等。被试需要找出哪一条线与标准线段长度相等。线条的长短差异足够明显，被试不需费力就可以得出正确答案。

结果显示，在没有设置群体压力的控制组，被试可以很好地作出正确判断。37人中有35人全部答对。但在群体压力出现时，结果却大为不同。在实验阶段中，被试与另外6到8人一组，坐在最后。其中，除了被试，其他人都是实验者的同伙，而被试却并不知情。在前三次实验中，所有人都做出了正确的比较。但在第四次，除被试外，所有人都有意选择了同样的错误线段作为答案，以此来观察被试在面临多数意见的压力下可能会有的反应与选择。结果显示，在123位被试中，大约有76%的人屈从群体压力，至少给出了一次错误答案。全部答案的错误率大约为36.8%。

阿什的研究引发了大量的后续研究，这些研究表明了从众效应的影响因素①：

一是社会支持：当群体中出现异议者时，从众的概率就会减少。在上述的实验中，阿什做了一点儿改动，他使参加实验的七名助手中，有一名助手给出正确答案，与被试的意见一致。结果表明，当群体中有一位与被试意见一致时，仅仅有5%的被试会屈从群体压力，同意群体的一致性意见。

二是群体的吸引力以及成员的归属感。个体越为群体所吸引，群体归属感越强，越有可能顺应该群体的态度与行为。

三是群体的规模。从众的倾向性会随着群体规模的增加而提高，但这仅限于人员数量为6—7个的群体。当人员数超出此规模，从众效应的水平不再增高，甚至在某种程度上会有所降低。阿什认为，这可能是因为随着成员数量的增加，人们会开始怀疑其他成员是在有目的地影响自己的行为，从而开始抵抗这种压力。

四是性别。有早期研究认为，女人似乎比男人更愿意从众。但后来人们发现，当时的研究大多由男性设计，无意中创造出了对男性而言更加熟悉与舒适的实验材料。而当实验在更好的控制条件下进行时，人们并未发现从众行为存在性别差异。

五是文化对从众有重要作用。在集体主义文化中，人们的从众概率要

① ［美］罗杰·霍克著，白学军等译：《改变心理学的40项研究》（第五版），347—349页，北京，人民邮电出版社，2010。

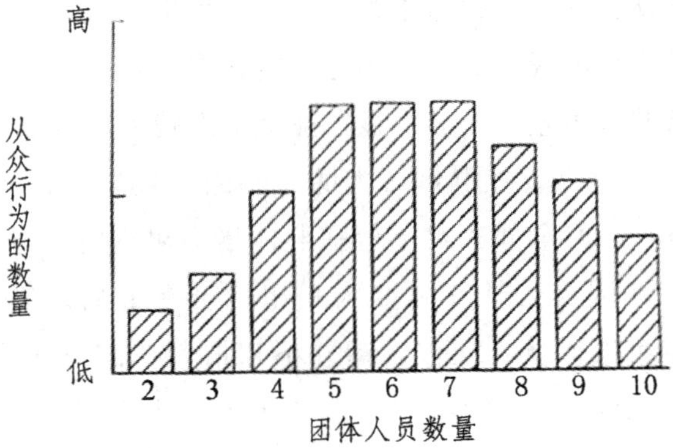

图 1-2 团体规模与服从的关系①

高于个人主义文化。

此外，在做与从众有关的决定时个体所获得的信息总量、社会规范、个人隐私等都会影响到从众行为。

（四）组织传播

1. 定义

组织是群体的一种，但与一般的群体不同。它是“人们为实现共同目标而各自承担不同的角色分工，在统一的意志之下从事协作行为的持续性体系”②。一般具有以下几个特点：专业化的部门分工、职务分工和岗位责任制，以及组织系统的阶层制或等级制。诸如机关、企业、部队、政党等都属于组织。组织包括正式组织与非正式组织。

在现代社会，人们一般都隶属于某个组织，甚至同时属于几个组织。早在 1964 年，社会学家阿玛蒂·埃蒂斯尼（Amatai Etzioni）就在《现代组织》中说：“我们的社会是一个有组织的社会。我们出生于组织中，在组织中接受教育，我们中大多数人一生中大量时间在为组织工作。我们很多的闲暇时光用于在组织中娱乐、祈祷。我们大多数人会在组织中死亡，而当举行葬礼的时刻来临时，必须得到所有组织中最大的组织——国家的正式认可。”③ 可见组织对于现代人的重要意义。

组织的形成与发展离不开组织传播。组织传播是群体传播的一种，指的是组织所从事的信息活动。据统计，一般而言，组织成员会把 70％的工

---

① 资料来源：罗杰·霍克著，白学军等译：《改变心理学的 40 项研究》，348 页，北京，人民邮电出版社，2010。

② 郭庆光：《传播学教程》（第二版），89 页，北京，中国人民大学出版社，2011。

③ ［美］斯蒂文·小约翰著，陈德民等译：《传播理论》，538 页，北京，中国社会科学出版社，1999。

作时间花在传播活动上。组织理论学家维克（Karl E. Weick）指出，组成组织的过程其实就是传播过程，组织组成之后，组织成员必须通过适当而有效的传播和信息交流来维系组织的稳定和发展，达到组织的目标。巴纳德（C. I. Barnard）认为，传播是组织的轴心。罗杰斯（E. M. Rogers）则指出，没有传播就没有组织。① 可见组织传播的重要性。

2. 分类

组织传播包括组织内传播和组织外传播。

（1）组织内传播

组织内传播有正式渠道和非正式渠道两种形式。

①正式渠道

正式渠道是信息沿着一定的组织关系（比如部门、职务、岗位及其隶属或平行关系）环节在组织内流通的过程。企业召开部门会议，领导向下属传达会议精神、布置工作，皆属此类。

按照信息传播的方向，正式渠道可以分为纵向传播和横向传播。

纵向传播包括两个方向。一是下行传播，即信息自上而下的流动。例如上级部门向下级部门传达指令，人员的任免与奖惩，领导向下属安排工作，等等。二是上行传播，即信息自下而上的流动。例如，下级向上级汇报工作、反馈情况、提出建议等。纵向传播的这两个方向畅通与否，影响到整个组织的运作效率。而组织的层次与环节，又会影响这两个方向的畅通程度。过多的组织层次与环节，会造成信息的失真与变形，以及信息传递速度的缓慢。因此，减少组织的层次与环节，由金字塔型转向扁平化管理，是现代组织颇为重视的方面。

横向传播也称水平传播，是指在组织内同级部门或成员之间进行的信息交流。由于工作的需要，组织的各职能部门之间需要相互协作，才能保证组织的顺畅运行。比如，在一个 IT 企业内部，销售部门在争取拿到一个政府机关的项目的时候，可能需要技术部门的协助。因此横向传播不可或缺。同时，由于传播双方在权力、地位、角色等方面大致相近，因此平等的协商与联络是其主要表现形式。横向传播可以影响部门或成员之间的协调与合作程度。如若横向传播出现问题，则部门或成员之间可能出现互踢皮球、各自为政，甚至互相冲突的局面，这对减少内耗、提高组织的运

① 胡正荣、段鹏、张磊：《传播学总论》（第二版），105 页，北京，清华大学出版社，2008。

作效率都是非常不利的。

②非正式渠道

除了正式渠道之外，组织中还存在着大量的非正式渠道传播。它主要有两种形式：

第一种是组织内的非正式人际传播。组织内的人际传播分为正式与非正式两类。正式的人际传播与工作内容有关，比如，领导与员工的工作谈话，或者组织成员为协调工作而进行的谈话。这一类的人际传播会形成上下级关系、同事关系。而非正式的人际传播则有组织成员工作之余的交谈、单位内外的私人交往等形式，更多地具有平等性和感情色彩，交流的内容也极其广泛，可以涉及兴趣、私事、国家大事等不同领域。

第二种是非正式的小群体传播，比如自发的兴趣小组，或联谊会中的信息交流等等。

与正式渠道相比，非正式渠道的组织内传播更加自由，也更加平等，交流内容广泛，感情交流较多，有助于营造良好的工作氛围，满足组织成员情感交流的需要，提高工作效率，是“组织关系的黏合剂”，以及“组织功能的润滑油”[①]。因此，非正式渠道传播对于组织而言具有相当重要的意义。

非正式渠道组织传播的一个主要功能是传送小道消息，即所谓“葡萄藤”(grapevine)。“葡萄藤”是小道消息（包括谣言）传播的代名词。这种传播通常采用小群体交叉传播的形式，传播速度快，精确度高，信息量大。研究指出，通过“葡萄藤”传播的信息，准确度可达80%以上。谣言与小道消息类似，传播范围广，速度快，但其基本上是捏造事实。相比之下，小道消息一般更具有真实性。

(2) 组织外传播

除了组织内部的信息传播，组织还需要与外界保持联系，以保证组织的生存与发展。这就是组织外传播。

组织外传播是组织与外部环境进行的信息互动，包括信息输入与信息输出两个方面。

一方面，组织需要建立有效的信息输入渠道，从外界搜集与处理信息，以便及时了解外部世界的情况变化，提高组织的应变能力与生存能力。例如企业一般会设有市场调查部等部门，专门负责搜集、处理与分析

---

① 居延安：《信息·沟通·传播》，135页，上海，上海人民出版社，1986。

外部信息。

另一方面，组织也需要向外界输出信息，以树立组织的良好形象，扩大影响力，实现组织的发展目标。比如，各种公关活动、广告宣传、企业标识系统（CIS）等等。

（五）大众传播

近代报纸的诞生标志着大众传播的产生。时至今日，大众传播已经成为现代社会人们获取外界信息的主要渠道。书籍、报刊、广播、电视、电影等大众传媒的信息传播活动，渗透于社会生活的每一个方面，是现代人获得外界信息的重要渠道。大众传播的覆盖范围之广、影响之大、作用之强，使其成为现代社会最重要的信息系统。

“大众传播”这一概念于1945年11月在联合国教科文组织宪章中正式出现。所谓大众传播，就是“专业化的媒介组织运用先进的传播技术和产业化手段，以社会上一般大众为对象而进行的大规模的信息生产和传播活动”①。它是科学技术发展到一定程度的结果，也随着社会的发展产生着变化。“进入网络时代后，大众传播的概念受到挑战，网络传播是以个人通信为基础的传播平台，包括虚拟界面的人际传播、小群体传播、组织传播、无组织的组织传播、大众传播和跨文化传播叠加起来的整合传播。”②尽管如此，大众传播在现代社会仍然十分重要。

1. 大众传播的特点

大众传播有以下几个特点：

第一，大众传播的传播者是传播组织（如报社、出版社、广播电台、电视台等）或个人，是职业传播者。他们大多受过专门的职业教育，在传播组织中扮演着不同的角色，负责收集、处理信息，并利用专门的机械化或电子化媒介（如书籍、报纸、杂志、广播、电视、电影互联网等）向大众传播信息。

第二，大众传播是运用先进的传播技术和产业化手段大量生产、复制传播信息的活动。讯息的传播迅速、广泛、公开。

第三，受众广泛，成分复杂。大众传播的对象是社会上的一般大众，即传播学所说的“受众”。虽然近年来大众传播的分众化趋势日益明显，“但就其根本来说，大众传播的内容仍然与诉诸小众的人际传播内容或艺

① 郭庆光：《传播学教程》（第二版），99页，北京，中国人民大学出版社，2011。

② 陈力丹、陈俊妮：《传播学纲要》（第二版），139页，北京，中国人民大学出版社，2014。

术创作有根本性的差异。”[①]

第四，大众传播的信息既有商品属性，又有文化属性。

大众传播作为生产信息产品的产业，是需要受众付费使用的，因此大众传播的信息具有商品属性。同时，“信息产品又与满足人的生理需求的一般物质产品不同，人们对它的消费主要是精神内容即意义的消费。意义是一定的社会文化的产物，具有鲜明的文化属性。”[②]

第五，大众传播的反馈比较间接，不够及时。受众虽然可以通过读者来信、热线电话、短信、网络投票等反馈，但信息通过媒介传送，传受双方并不直接见面，导致反馈比较间接，不够及时，而且这些反馈也不是所有受众的反馈。

2. 大众传播的功能

在当今社会，大众传播执行着相当重要的社会功能。关于这一点，拉斯韦尔（Harold Lasswell）、拉扎斯菲尔德（Paul Lazarsfeld）、默顿（Robert King Merton）、查尔斯·赖特（Charles Wright）、施拉姆等学者相继进行了探讨。综合他们的论述，大众传播的功能主要有以下几点：

（1）信息传播

这是大众传播的基本功能，其他功能都是在此基础上的延伸。在现代社会，人们工作与生活的范围扩大，环境更加复杂，需要了解的信息也越来越多。然而，只靠人的亲身体验并不足以了解周围的世界。大众传播正可以弥补这一点。它通过先进的技术，能够及时迅速地传播来自世界各地的信息。在信息已经成为重要的战略资源的信息社会，大众传播的重要性日益明显。

（2）环境监测

拉斯韦尔与赖特认为，大众传播为人类的生存与发展提供了必要的预警。它通过收集与传播信息，使人类及时了解与适应外部环境的变化，更好地采取应对措施，做出正确的决策。在这个意义上讲，大众传播能够起到“社会雷达”和“瞭望哨”的作用。

（3）社会协调

拉斯韦尔认为，大众传播有社会协调的功能。他认为，社会是一个建立在分工合作基础上的有机体，这个有机体的各个组成部分只有互相协调

---

① 胡正荣、段鹏、张磊：《传播学总论》（第二版），163页，北京，清华大学出版社，2008。

② 郭庆光：《传播学教程》（第二版），100页，北京，中国人民大学出版社，2011。

才能维持社会的正常运转，大众传播则是执行联络、沟通和协调社会关系功能的重要角色。赖特则从“解释与规定”的角度指出，大众传播并不只是起到“告知”的作用，更重要的是对事件的“解释”，并提示人们应该采取何种行为反应。它对信息加以筛选、解释和评价，以引导和协调社会成员的行为。

（4）文化传承

关于大众传播的文化传承功能，拉斯韦尔与赖特分别从“社会遗产传承”和“社会化”两个方面做出了诠释。

人类社会的生存与发展，离不开对前人知识与经验的继承与学习。早期的家庭、教会、学校等等是文化传承的重要形式，而在现代社会，大众传播以其巨大的影响力，担当了社会表层范围的文化传播责任。

社会化是个体在与社会的相互作用中，将一定社会的价值观念、行为规范和知识技能内化，以适应社会的需要，并发展自身个性的过程。个体在由儿童成长为合格的社会成员的过程中，需要学习和掌握大量的知识、技能、礼仪、行为规范、价值观等，经历社会化的过程。而在现代社会中，大众传播的影响力甚至超越了家庭、教会、学校的影响。“媒体文化已经成了社会化的主导力量，它以图像和名流代替了家庭、学校和教堂作为趣味、价值和思维的仲裁者的地位，制造新的认同榜样以及引人共鸣的风格、时尚和行为的形象等”[①]。“相当程度上，大众传播代替了传统的社会化机构，执行着文化传播和文化守护的功能。”[②]

（5）提供娱乐

大众传播的一个重要功能是提供娱乐。娱乐是人的本性之一，在人的一生中占有重要的位置。英国哲学家赫伯特·斯宾塞（Herbert Spencer）指出，人类在完成维持和延续生命的主要使命后，尚有剩余的精力存在，这种剩余精力的释放，主要是娱乐。大众传播提供给受众的信息中，有很大一部分是为了满足人们放松、娱乐的精神需要的。20世纪90年代以后，娱乐化成了席卷全球的传播潮流。正如美国著名媒体与娱乐咨询顾问米切尔·J·沃尔夫在《娱乐经济——传媒力量优化生活》一书中所指出的，现代社会，在娱乐导向的消费趋势下，消费者不管购买什么，都在寻求其中的娱乐成分。

---

① ［美］道格拉斯·凯尔纳著，丁宁译：《媒体文化——介于现代与后现代之间的文化研究、认同性与政治》，31页，北京，商务印书馆，2004。

② 陈力丹、闫伊默：《传播学纲要》，114页，北京，中国人民大学出版社，2007。

(6) 社会地位赋予功能

拉扎斯菲尔德与默顿认为，事实、人物、商品、意见等，只要得到大众传媒的广泛报道，都会获得知名度与社会地位，成为众人瞩目的焦点。而这种地位赋予功能，会给大众传媒支持的事物带来一种正统化的效果。

(7) 麻醉功能

拉扎斯菲尔德与默顿认为，大众传播具有明确的负面功能。人们每天花费大量时间接触媒介，看报纸，看电视，听广播，上网，过度地沉溺于媒介提供的表层信息和通俗娱乐之中，满足于这种间接的接触与“被动的知识积累”，却也失去了参与社会实践的热情，失去了社会行动力。而当人们过多依赖媒介带来的间接交流时，人与人之间的直接交往也随之减少，造成了人与人之间关系的冷漠，甚至与社会、社群的疏离。同时，大众传媒为争取更多的受众，提供的很多信息都是消遣性的，这也导致其水准常常会逊色于正规教育和高层次的文化。

第三节 文化传播与文化传播学

一、文化与传播的关系

文化与传播的关系十分密切，二者犹如一枚硬币的两面，互为表里。不存在无文化的传播，也不存在无传播的文化。正如美国学者爱德华·霍尔（Edward Twitchell Hall）所说，人类的任何传播都离不开文化，没有传播就没有文化。“我们会选择什么样的传播行为在很大程度上取决于我们生长的文化环境。记住，我们并非生来就知道如何着装、玩什么玩具，吃什么食物、崇拜哪路神仙、怎么花钱，或怎么用时间。文化既做先生又当课本。从应该有多少目光接触，到怎么讲清生病的原因，文化在生活中占据主导地位。文化是传播的基础。”①

（一）传播是文化的重要功能

文化实际上是人类借助符号来传达意义的行为。它是动态变化的，一经产生就会在人群中传递与共享，发展与变化。而“传播”一词本身即有“交流、沟通、流传”之意。一切文化都是在传播的过程中得以生成、发展和变

---

① ［美］拉里 A·萨默瓦、理查德 E·波特主编，麻争旗等译：《文化模式与传播方式——跨文化交流文集》，6 页，北京，北京广播学院出版社，2003。

迁的。正如美国语言学家、人类学家爱德华·萨丕尔所说："每一种文化模式、每一个社会行为都涉及交流，都与传播有或明或暗的关系。"①

（二）在传播过程中，文化得以发展创新，保持活力

文化作为人类的生存方式，依靠纵向与横向的传播发生作用。通过对下一代的教育与指导，文化得以代代传承；通过与异文化的交流，文化得以筛选、吸收与改造对方系统中的文化因子，使之成为自身的一部分。传播促进了文化的整合、变迁与增殖，使文化推陈出新，不断丰富与发展。

（三）传播媒介的不断革新大大促进了文化的丰富与变迁

随着人类社会的进步，传播媒介不断革新，尤其是电子媒介的出现，使得传播的速度与效率都出现了质的飞跃。人们获取信息的途径大大增多，不同文化系统的交流极为频繁，这大大促进了文化的丰富与变迁。传播媒介的发展催生了新的文化形式产生，例如网络文化的产生，即与此前的文化形态有着极大的不同。

传播与文化的互动表明，文化与传播在很大程度上是同质同构、兼容互渗的。没有传播就没有文化的传承与增殖、整合与变迁。甚至有学者提出了文化即传播、传播即文化的理论。文化的社会性和符号性以及传播的特点，使文化传播成为可能。

二、文化传播

人类文化的丰富性，很大程度上归功于文化传播的存在。在文化传播过程中，文化特质或文化要素从一个区域传播到另一个区域，从一个群体传播到另一个群体，从一个时代传播到另一个时代，呈现为文化传递、扩散和流动的现象，大大促进了人类社会的发展与进步。

同时，文化传播归根到底是人的一种社会活动，是沟通人与人的共存关系的文化交往活动。它是"一个极为复杂的由无数相互交错、相互作用的个人因素所形成的文化动力学过程。文化传播不仅受社会集团的共同意识制约，也受个人社会心理、思想意识、价值观念的影响。"②

文化传播学是文化学与传播学交叉的产物，是一门研究社会文化信息系统及其运行规律的学问。它致力于研究文化和传播的相互影响，关心社会成员如何分享并传播知识、态度、习惯、行为模式、价值观念等文化因

① ［美］威尔伯·施拉姆、威廉·波特著，何道宽译：《传播学概论》（第二版），3—4页，北京，中国人民大学出版社，2010。

② 林坚：《文化学研究引论》，86页，北京，中国文史出版社，2014。

素及其效果。鉴于文化有广义与狭义之分，文化传播学所研究的问题也有广义与狭义之分。

三、文化传播学的研究范畴

文化传播的研究范围比较广泛，凡是社会成员分享并传递的知识、态度、习惯、行为模式及效果等，以及与此相关的社会交往活动，都可以加以研究。

文化传播既包括一般性的文化传播，即体现在日常生活中、渗透在衣食住行、婚丧嫁娶间的一般性的文化传播，也包括专门性的文化传播，即职业化的文化传播活动，如文化教育活动、文化基本活动等。

从文化传播的方向来看，文化传播基本上可以分为文化传承与跨文化传播。

文化传承指的是同一文化内知识、观念、价值规范等要素的继承。文化不是生而具有的，而是后天习得的。我们现在的文化，正是在世世代代传承与创新的基础上形成的。这种从上一代到下一代的文化传播过程，就是文化传承。比如，在中国传统社会中，农业活动至关重要，前人总结出很多农耕的经验，制作出各种农具，创造了诸如“瑞雪兆丰年”“三伏不热，五谷不结”等诸多农业谚语。后人在继承这些经验、知识与技艺的同时，也不断地推陈出新，创造出新的农具，总结出新的经验。再比如语言文字的历代传递、民间艺术的世代继承、礼仪风俗的传承等等，都是文化传播的重要组成部分。在传承的过程中，社会以及个人会根据需要对原有文化进行选择性的吸收，而不是全盘复制。比如儒家思想是中国社会的传统思想，在它的传承中，一直有思想家根据时代的需要对其做出选择性的继承与诠释，因此我们可以看到，从孔子时期的原始儒家到董仲舒的改造，到宋明理学，儒家学说一直在传承与发展之中。由于传统社会发展缓慢，几代人所面对的文化可能都是相似的，对原有文化选择与扬弃的内容不多。而在现代社会，传播媒介日新月异，文化传播的速度大大加快，人们对原有文化的选择和扬弃日渐增多，同时出现了年轻一代用新的知识与观念“反哺”上一代的“反向社会化”现象，从而使文化得以超越式地传承。人类文化就是这样在继承的基础上不断发展前进的。另外，人类文化的传承一直都有两条线索，一是所谓精英文化的传承，主要依靠教育来实现；一是民俗文化的传承，大多靠口传身授。这两种文化的传承问题都是值得深入探讨的。

人类社会中存在着诸多不同的文化，它们有着不同的信仰、态度和价值观，对于外来讯息的处理也就不同。当来自不同文化（尤其是价值体系差异较大的文化）背景的人进行互动时，就很有可能出现较大的误解、隔阂，甚至族群关系的失和与冲突，从而导致跨文化传播问题的产生。现代社会，技术的进步与文明的进步，使不同文化背景的人接触越来越频繁，跨文化传播所导致的问题也越来越引起学者的关注与研究兴趣。

跨文化传播指的是“来自不同文化背景的社会成员之间的交往与信息传播活动，也涉及各种文化要素在全球社会中迁移、扩散、变动的过程，及其对不同群体、文化、国家乃至人类共同体的影响。这一定义主要关联到两个层次的传播：第一，日常生活层面的跨文化传播，主要指来自不同文化背景的社会成员在日常交往和互动中的融合、矛盾、冲突等；第二，人类文化交往层面的跨文化传播，主要指基于文化系统的差异，不同文化之间进行交往与互动的过程与产生的影响，以及由跨越文化的传播过程所决定的文化融合、发展与变迁。”①

跨文化传播与以下几种传播类型有着重叠及交叉之处：一是跨种族传播，即不同人种之间的传播。通常不同的人种所属的文化也会不同，比如白人与黄色人种一般属于不同的文化。但是如果二者已同化于同一文化，则不在此类。比如完全被美国主流文化所同化的黄色人种与白色人种，便属于同一文化系统，共享共同的意义，因此不算是跨文化传播。二是跨群体传播。在一个文化系统内部，除了主流文化之外，还有很多不同的群体文化或亚文化。它们与主流文化相比，往往有不同的生活方式与观念，如同性恋群体、移民群体等。这也属于跨文化传播的范畴。

跨文化传播研究所涵盖的范围十分广泛。它可以发生在不同文化背景的人与人之间。比如中国人在表达不同意见的时候讲究给人面子，比较委婉，而美国人则比较直接。在中国，拍孩子的头是喜爱孩子的表现，但在泰国，头是很神圣的部位，即使是小孩子的头也不能随便拍。跨文化传播也可以发生在具有不同文化背景的群体与组织之间，比如不同文化背景的组织往往具有不同的企业文化、行为方式和社会规范。在全球政治、经济、文化交流日益密切与频繁、跨国公司或驻外机构交流日益增多的今天，不同文化之间的交流越发重要。跨文化传播还可以发生在大众传播过程中。多数情况下，人们对于外国人的了解大多是通过广播、电视、电影、报纸、图书、网络等途

① 孙英春：《跨文化传播学》，14 页，北京，北京大学出版社，2015。

径获取的，从而形成对于外国及外国人的印象。在这个过程中，刻板印象有可能形成，比如人们常常以为英国人绅士、犹太人精明、法国人浪漫、德国人严谨等。在大众传播的研究中，与阶级、性别、种族等“身份政治”有关的偏见和刻板印象等都是其批判的对象。其他诸如不同文化的比较研究、国家形象的构建等，都是跨文化传播研究的重要问题。总之，凡是不同文化的交流问题，都可纳入跨文化传播的研究范围。

跨文化传播研究始于第二次世界大战之后的美国。第二次世界大战以后，全球格局变动，美国在世界许多地区建立了海外基地，面临着与不同文化的冲突与碰撞，特别需要了解各个驻地的政治、经济、文化等情况。于是，美国国会于 1946 年通过《外交法令》，决定在国务院下设外事学院，以便为美国的援外技术人员与外交官提供语言与人类学意义上的文化培训。这件事被一些学者认为是跨文化传播研究的正式开始。此后，美国启动了马歇尔计划，即欧洲复兴计划，派遣了大量的经济专家和科学家到西欧各国参与重建工作。但是，在这些专家与技术人员中，有很多人却因为文化的差异而与当地人发生很多沟通与交流的问题，无法适应派驻国的生活。与此同时，第二次世界大战后的美国成为超级大国，吸引着全球的留学生、游客和移民。这些人有着不同的肤色，持有不同的相处模式，秉承不同的价值观。这既给美国文化带来了新鲜血液，也促进了文化的多元化，导致不同文化尤其是价值观念的冲突与碰撞。这使得跨文化传播的问题日益凸显，成为摆在美国政府和学者前面的重要课题。1958 年，威廉·莱德勒（William J. Lederer）与尤金·伯迪克（Eugene Burdick）出版的《丑陋的美国人》，描写了美国驻东南亚某国的美国外交官与援外人员对当地文化的无知与傲慢。作者在序言中提到，这是一本虚构的小说，但却是有事实为依据的。书中提及的事情，不仅发生在亚洲，也发生在全世界。这本书成为美国国务院要求驻外使节需要阅读的书目。当时美国人的形象，还可以从美国文化人类学学者爱德华·霍尔的名著《无声的语言》中看出：“尽管美国在各种援外计划上花费了亿万美金，可此举既没有赢得世界上别国人民的爱戴，也没有受到他们的尊重。相反，如今许多国家的人民却从内心厌恶美国人，而在另一些国家里，人们对美国人的态度也仅是容忍而已。”①

---

① ［美］爱德华·霍尔著，刘建荣译：《无声的语言·导言》，1 页，上海，上海人民出版社，1991。

爱德华·霍尔是美国外事学院所聘请的学者之一，主要从事选拔与训练去国外从事政府与商业工作的美国人的工作。他发现，美国人之所以在与别国人民相处时遇到诸多问题，主要是因为美国人以其自身文化的标准与他人交往而引起的。为此，1959年，他出版了影响广泛的著作《无声的语言》，为第二次世界大战后10年中美国的外援机构培训外事人员时使用。在这本书中，他第一次使用了“跨文化传播”（intercultural communication）（也译作“跨文化交际”或者“跨文化交流”）这一术语。

20世纪60年代，美国总统肯尼迪建立“和平队”，其宗旨是为愿意接受“和平队”帮助的国家与地区提供训练有素的人员，促进受助国家对美国人民的了解，也促进美国人对世界各国人民的了解。该计划意在改变美国的不良形象，向外传播美国文化及价值观念。这让学者们对于不同文化背景之间的有效传播产生了更大的兴趣，跨文化传播研究逐渐从人类学中分离出来，成为传播学研究的重要组成部分，旨在为来自不同文化背景的人们提供如何进行交流以及研究如何提高跨文化交流技巧，跨越跨文化交流障碍的方法和途径。随着世界各国的交往越来越密切，跨文化传播已经从专为解决美国的国内和国际事务问题发展为影响遍及世界各国的专门研究，并逐渐走向成熟。

近些年来，跨文化传播研究面临着新的时代背景：全球信息传播技术的突飞猛进、全球范围的移民、大规模的难民风潮、城市化进程的大力推进、新媒体的飞速发展对社会的影响、文化认同的危机、文化传播强国与弱国在文化交流中的不平衡……不同文化的交流与碰撞，使跨文化传播的紧迫性越来越凸现，也拓展并深化了跨文化传播研究的课题和空间。跨文化传播的问题成为文化传播学者十分重视的问题。

与以往的文化传播方式相比，现代文化传播的技术含量越来越高。数字信息技术、虚拟现实技术逐步取代传统的印刷技术、电子技术，成为文化传播的主要技术支持系统。传播媒介日新月异的发展，不仅推动了人类文化的发展，也为文化传播提供了更加多元化的渠道，大大提高了文化传播的效率。比如，一部小说问世，经媒体宣传、造势，很快就为大众所知，并可通过电影、电视剧等形式，迅速拓宽受众面，扩大影响。传播技术和传播媒介对文化传播的影响如此之大，使得任何文化意义体系只有借助现代媒介才能发扬光大。随着信息革命的发展，现代文化传播的媒介化程度越来越高，不知不觉改变了人类生存的社会文化环境，逐渐成为独特的媒介文化，成为当代文化的有机构成部分，并对社会结构造成了深远影响。

媒介文化指“在社会总体文化系统中，以大众传播媒介影响人的生活方式、行为方式和思维方式为主要原因而构成的亚文化系统，它包括具有多重功能的整个体系、媒介运作方式及其中的符号、意义和价值观，还包括媒介生存于其中的政治、经济、社会结构等多种变数”①，具有技术复制性、商业消费性和感性愉悦性等特征。它是“当代社会中的文化的主导性形式与场所”②，成为当代日常生活的仪式和景观。在传统社会，人们主要通过家庭、邻里、村落、学校、教堂等学习经验知识、风俗习惯、价值观念。而在现代社会，广播、电影、电视、报纸、电脑、手机等传播媒介充斥于人们的生活，主宰着人们的视听。它们负载着各种各样的文化信息，联系着整个社会生活，建构起了新的意义世界和社会文化系统。“更有甚者，媒体文化已经成了社会化的主导力量，它以图像和名流代替了家庭、学校、教堂作为趣味、价值和思维的仲裁者的地位，制造新的认同榜样以及引人共鸣的风格、时尚和行为的形象等。”③

媒介文化以不同的媒介形态分为电影文化、电视文化、网络文化等不同的文化类型，是大众文化发展到一个新阶段之后出现的文化形式，它与新媒介的出现息息相关。媒介文化是文化传播学研究的一个重要领域，也是其他人文和社会科学关注的热点。

在现代社会，一件文化作品如果要在短时间内为大众所知，必须要借助于现代传播媒介。而现代传媒也同时深刻影响了文化传播的内容。比如，媒介在贴近大众的过程中，其娱乐功能与信息功能日益凸显，新媒介的飞速发展使传播内容愈加个性化，信息碎片化的趋势日趋明显。媒介自身也在主动参与社会生活，对各种文化现象进行解释和宣传，引导社会舆论与文化潮流。同时，现代媒介越来越成为某些组织、政府和跨国公司所控制的专门力量。在现实的文化传播活动中，哪些内容可以传播、哪些内容不能传播、哪些内容只有经过处理才能传播等等，大都处于媒介系统行为规则或“潜规则”的控制之下。总之，现代传播媒介的诸多特点已经进入文化的深层结构，使当代文化呈现出媒介化的特征。对媒介文化形成、发展和演变的机制及其规律的探索等问题，也是文化传播研究的重要内容。

---

① 庄晓东：《文化传播：历史、理论与现实》，130页，北京，人民出版社，2003年。

② ［美］道格拉斯·凯尔纳著，丁宁译：《媒体文化——介于现代与后现代之间的文化研究、认同性与政治》，61页，北京，商务印书馆，2004。

③ ［美］道格拉斯·凯尔纳著，丁宁译：《媒体文化——介于现代与后现代之间的文化研究、认同性与政治》，31页，北京，商务印书馆，2004。

第二章　文化传播的基本问题

第一节　文化传播的特征、功能与环境

从历史发展来看，人类历史就是文化传播的历史。文化的产生与发展、变迁与转型、差异与冲突、整合与创新，都与文化传播紧密关联。没有文化传播，便没有人类的文明。因此，文化传播研究具有重大的理论意义和实践价值。

一、文化传播的特征

自人类社会产生之日起，文化传播就已产生，其内容、方式与范围不断拓展，推动着人类文明的发展。文化传播具有社会性、目的性、创造性、互动性、永恒性等特征①：

（一）社会性

文化传播是人类交流信息、分享精神与物质成果的过程，是在人与人之间进行的社会交往活动，具有社会性。

（二）目的性

在文化传播过程中，传播者根据自身的需要，依据一定的原则进行信息的搜集、筛选与加工，通过一定的渠道传送给受众。这是在一定的意识支配下有目的、有指向的活动，而与动物本能性的机械生成传递有着本质的不同。

（三）创造性

文化传播是文化创新与发展的动力系统。在文化传播的过程中，文化一方面依靠自身的动力实现新陈代谢，另一方面也在不断吸收其他文化系

① 庄晓东：《文化传播：历史、理论与现实》，5—6页，北京，人民出版社，2003。

统的文化因素，实现自身文化的创新。

（四）互动性

文化传播是传播者与受传者之间信息共享和双向交流的过程，具有互动性。

（五）永恒性

自人类产生之始，文化传播便已出现，并随着人类的繁衍生息而不断发展，贯穿于人类社会发展过程的始终，具有永恒性。

二、文化传播的功能

（一）社会交往的功能

文化传播是人与人之间分享并传递知识、态度、习惯、行为模式等信息的行为，是一种社会交往行为。人类无法离开文化信息及其传播。

（二）社会沟通和社会化的功能

在个体由儿童成长为成年人的过程中，无论是其所处的家庭、学校、教堂还是传媒，都在源源不断地将知识、经验、礼俗、价值观等文化信息传授给个体，使其完成社会化的过程。个体接受文化传播的影响越多，社会化程度就越高。人们通过交流和沟通共享人类的智慧与文明，使个体间达成一种普遍的共识和认同，以保持社会系统的动态平衡和稳定。

（三）社会调适的功能

文化反馈对于社会有机体有着重要的调适功能，这主要是通过信息反馈而实现的。《周易》说："观乎人文以化成天下。"通过文化信息可以看出社会发展的趋势与存在的社会问题，从而可以采取有效措施，以保持社会机体的有序运行。

（四）社会控制功能

文化传播对社会的控制，实质上是加强社会自我组织能力的问题。所谓社会控制，是使人的行为、活动及其相互关系稳定在某种规范之内，以保持社会的平稳发展。而社会正是通过对社会意识形态、道德规范和文明规则的启蒙和宣扬，也就是文化传播，是社会实现自我控制的重要途径。加强或削弱某种文化信息的传播也和实现自我控制有关。在现代社会，可以依靠家庭、学校、现代传媒等不同途径，通过风俗、伦理、宗教、哲学、法律等精神文化的传播，将人们的思想与行为纳入社会规范体系，协调和控制人们的社会活动，实现社会的稳定与平衡。

（五）社会储存功能

在文化传播过程中，文化信息的传承、储存与交流，为人类文化的生产与创造提供了极为丰富的积累，并为人类文明的进步创造了非常有利的条件。

三、文化传播的环境

文化传播活动必须在一定的环境中进行，环境也会在一定程度上影响或制约文化传播的活动及其效果。相传孟子的母亲为了孟子的教育问题，相继由“其舍近墓”到“迁居市旁”，再到迁居“学官之旁”，即孟母三迁，为孟子接受文化教育营造了一个良好的成长环境，终使其成长为名宿大儒。良好的传播环境是文化传播成功与否的重要因素。根据不同的标准，文化传播环境可以分为不同的类别。

（一）大环境与小环境

文化传播环境有大、小之分。大环境指与传播相关的各种状况与条件分布在较大的空间领域，其作用比较隐晦、间接。小环境则指紧贴文化传播活动周围的与之密切相关的因素和条件，对文化传播活动的影响比较明显、直接。从空间上看，大环境包容小环境，小环境则融入大环境。它们就“像一种圈层结构，小环境与大环境是一圈套一圈地分布在传播活动的四周的，而传播正是在这种层层叠叠的环境氛围中进行的”①。二者对传播活动的过程与效果都有着重要的影响。

大环境更多地强调社会文化环境，通过间接的方式对文化传播活动起作用。社会文化环境是某一特定社会在长期的历史发展过程中形成的，包括社会结构、社会风俗和习惯、信仰和价值观念、行为规范、生活方式、文化传统、人口规模与地理分布等因素。主要包括：政治因素，比如政治的开明程度、言论自由程度、法制的建设状况、媒介受控的程度等；经济因素，比如经济运行的状况及走向、媒介产业化的程度、人民生活水平等；文化因素，包括教育、道德、宗教、民俗、价值观、文艺、科技等；信息因素，包括信息的来源、真实程度等。适宜的大环境可以促进文化传播活动的发展，反之则会起到阻碍的作用。通常情况下，在文化传播活动中，外来文化移植所激起的排异反应的剧烈程度与本土文化所构筑的文化传播环境密切相关，传播环境越优化，传受双方的积极性和主动性就越

① 邵培仁：《传播学》（第三版），343页，北京，高等教育出版社，2015。

高，文化传受的效果就越好。

小环境则更加倾向于媒介环境及物理环境。媒介环境主要包括：媒介的威望、媒介的团队精神及求真务实的精神，媒介从业人员的价值观念、职业道德与行为规范等。良好的媒介环境有利于文化传播的顺利进行，反之则会产生消极影响。物理环境是指人们进行文化传播活动的物理空间，比如教室、办公室、书房、演播厅等。几乎所有的文化传播活动都要在一定的物理空间内进行，而物理空间的状况，比如布置的凌乱或是整洁、味道的好或坏、温度的冷或热、光线的强或弱，空间的大或小，是否可以使用多媒体等等，都会影响到文化传播活动的开展及效果。比如图书馆安静专注的氛围，非常有利于人们对文化信息的吸收；安静舒适的书房，适合进行学习、写作等文化传播的活动；在学术气氛浓厚的高校教室里做一场学术讲座，比在剧院里听讲座效果要好；进行爱国主义教育时，参观革命圣地，置身于当年重大事件发生的场所（比如西柏坡、遵义会议会址）或是拥有巨大威望的人物（如毛泽东、周恩来等）旧居，比单纯的宣传灌输效果要好得多。同时，针对不同的物理环境，文化传播的策略往往也需要有所改变。比如，就同一个题目进行演讲，在电视讲坛上举行，与在大学的教室里讲课，策略是不同的。中央电视台科教频道的《百家讲坛》在2006—2007年曾经引起巨大轰动，风靡全国。作为一栏电视讲座节目，《百家讲坛》在进行学术传播时，采用了与在大学课堂传播相当不同的传播策略。讲座按照戏剧化的结构来制作，“悬念性、单线条、戏剧性”是其特征。根据需要，往往在一讲时间内设置一个总悬念和若干个分悬念，三到五分钟抛出一个悬念，并在多媒体制作中采用多种形式，采用通俗化的语言、故事化的讲述，力争将受众牢牢地吸引在电视机跟前。这与在大学课堂里的讲授是明显不同的。大学课堂的讲授更注重学术性、专业性、思想性、逻辑性，分析更加透彻、深刻与全面，一般不会采用戏剧性的讲演方式。可见，物理环境的不同，可能会影响到文化传播活动的策略与开展。

（二）自然环境与人文环境

文化传播环境还可分为自然环境及人文环境。

自然环境是人类生存和发展所依赖的气候、水文、地理位置、地貌、生物等各种自然因素的总和，在这里主要是指同文化传播活动相关的自然条件的那一部分。人文环境包括政治状况、科教水平、社会状况、文化传统、国际关系和国际环境等，也就是社会文化环境。

自然环境影响主体文化的形成，是文明赖以产生与发展的客观条件，并在文化传播的过程中可能改变传播方式或路径，有时还可阻碍文化的传播。人类历史，尤其是早期的人类活动，更是受到自然环境的深刻影响。比如，中国位于亚欧大陆的东端，北面是西伯利亚荒原，东面是太平洋，西面与南面环绕着沙漠与高山。内陆则幅员辽阔，分布有大规模的江河流域和肥沃的平原地带，非常适宜农业生产，导致自给自足的生产方式——农耕文明的产生。而欧洲文明的摇篮希腊文明则不同。希腊位于欧洲东南部巴尔干半岛南端，包括附近许多岛屿，海岸线长，河流众多，且境内多山，缺少开阔的平原，不适合农业，因此造就了古希腊人的冒险精神，形成了海洋文明。《全球通史：从史前史到21世纪》的作者斯塔夫里阿诺斯曾经说："中国在其有史以来的大部分时间里，四面一直被山脉、沙漠和辽阔的太平洋所隔断。这种与世隔绝的意义在于，它使中国人能在较中东或印度诸民族更少面临外来入侵的情况下，发展自己的文明。因而，中国的文明更具连续性，也更为独特——中国与欧亚其他伟大文明之间，有着较后者相互之间更为根本的差别。"① 这都是自然环境对主体文化的影响。

在人类文化形成的早期，自然环境在文化传播中起着主要作用。随着社会的进步，自然环境的阻碍逐渐被先进的传播手段所克服，文化的传播会更多地受到人文环境的左右，这在现代社会尤为显著。

四、当代传播语境中的文化传播

"我们所处的时代是一个文化传播的时代。20世纪人类最大的嬗变是文化传播对人类社会和人类生活的全面渗透。文化传播将是21世纪文化研究最重要的主题和中心视界之一。"文化传播无所不在，深度地卷入到人们的日常生活之中。"可以说，文化传播是人类生活的主要样式，是人类社会最普遍、最重要、最深层和最复杂的现象之一"②。

在传统社会，人类生活节奏缓慢，文化传播的速度也十分缓慢。当代社会，大众传播凭借先进的技术，大大加快了文化传播的速度，拓展了文化传播的内容，促进了多元文化的生成与发展。而近年以来，新媒体的发展日新月异，进一步拓展了文化传播的渠道，打破了传统媒体的霸权，促进了传统的文化传播系统的整合。新媒体的时代特征与大众文化、消费文

① ［美］斯塔夫里阿诺斯著，吴象婴等译：《全球通史：从史前史到21世纪》（第七版修订版），下册，359页，北京，北京大学出版社，2012。

② 庄晓东：《文化传播：历史、理论与现实》，4页，北京，人民出版社，2003。

化密切相关。人们的生活方式与生活理念已经发生了巨大的变化。相比于更加趋向精英文化的传统社会，在技术发达的当今社会，无论是平民还是精英，都可以通过网络等途径接触各种文化信息，根据自己的喜好筛选、定制内容，可以通过贴吧、论坛、朋友圈等形式与志趣相投的人聚在一起，可以学习、写作、发表看法、批判质疑、激烈辩论。权威被消解，传播内容更加个性化，文化更加多元、包容，平等意识深入人心，新的文化价值观开始形成。

基于经济全球化、通信技术全球化和文化传媒的高技术化，现代文化传播已逐步打破地域的限制，可以把某个地区的信息迅速传播至全球，人们足不出户便可知天下事，传播范围大大拓展。现代传媒把经过包装之后的“地域文化”传播至全球，促进了文化之间的交流。然而，值得注意的是，这种互动与交流，还不是所有民族文化传播的全球化，而是文化传播强国的文化单向辐射、传播的“全球化”。例如美国是一个文化传播的强国，它通过文学作品、电视剧、电影等形式，不遗余力地向全球输送自身文化的价值观。即使是在借助他国题材改编的作品，也巧妙地嵌入了自身文化的特质。例如，由美国迪士尼出品，根据中国古代民间传说改编而成的动画电影《花木兰》，虽然有长城、宫殿等标志性的中国建筑与清雅悠远的东方景致，但却处处渗透着美国文化的精神。中国《木兰辞》中的木兰，因为父亲年迈、家无长兄而代父从军，是为“孝”；男扮女装，沙场征战十年而归，得到可汗嘉奖，是为“忠”；解甲归田，恢复女装，又透露出女性的娇俏与妩媚。为国忠，为家孝，这正是中国传统文化的重要内核。而美国迪士尼动画片中的花木兰，不会女红，没有传统女性的温婉内敛与礼仪风范，浑身上下透着一种独立的个性与现代的气息。她的代父从军，更多地是为了成就个人梦想：“也许我不是为了我的父亲而来，也许我只是想证明我能行。这样当我看到镜子里的我自己时，我会看到一个值得尊敬的人”，全剧体现出一种独立、反叛、追求自我的个体精神。同样，取材于中国文化的《功夫熊猫》虽然包含很多中国文化的元素，其精神内核仍然是美国式的，一只笨拙贪吃的熊猫，通过不断的个人奋斗，终于成为自己想要成为的人，并且凭一己之力拯救了中国功夫，这正是好莱坞大片的套路，体现的仍然是个人英雄主义的精神。

现代传媒特别是新媒介的飞速发展，也给文化传播带来了不少问题。比如：文化的“媒介化”现象以及大众文化的芜杂与低俗化倾向；网络文化传播中的网络暴力问题；文化主权与文化霸权之争，表现为强势文化与弱势文化、传统文化与现代文化、西方文化与东方文化日趋激烈的冲突……这些现象都与文化传播紧密关联。而且各种因素和信息通过网络传播交叉重叠，错综复杂，成为人类社会不可忽视的问题。

第二节　文化传播的途径与方式

人们在传播知识、信息、观念、信仰等文化信息，以及进行有关社会交往活动时，需要借助一定的途径与方式，如教育、迁徙、贸易等。纵观当今世界，文化发展水平最高的民族，未必是在历史上独立发现和发明最多的国家和民族，而是那些最善于进行文化交流和文化借取的国家和民族。因此，我们有必要了解文化传播的途径与方式。

文化传播的途径与方式是多种多样的。在传统社会，由于传播技术和媒介的局限，文化主要经由人群的流动与迁徙进行传播。人作为文化的重要载体，在人口迁徙与流动的过程中，将自身携带的本文化系统的知识、经验、风俗习惯、价值理念等，带到另外一个文化系统，并吸取对方文化系统中对自身有益的文化因素。随着社会的发展，人们的交往范围不断扩大，传播技术飞速发展，传播媒介日新月异，全球化、信息化的大潮席卷各国，文化传播的途径与方式也越来越多。概括而言，主要有以下几种：

一、迁徙传播

群体或群体中的一部分，在某种原因的驱使下，有组织或自发地离开其原始居地而较大规模地向其他地区移动的现象称为迁徙。

迁徙分为不同的种类。一般迁徙活动更多地表现为和平的方式，由人群自发地流动。原因可能是自然条件的恶化或者自然资源的日益紧张，也可能是人文或者社会环境的恶化，已经严重影响到了人们的生存与生活。比如灾难、疫病，或者人多地少等等。在古代社会，人们的生活很大程度上依赖于大自然的馈赠。当人口数量大大增多而可开垦的土地日益减少，或者发生旱灾、水灾、蝗灾等天灾和疫病时，往往会发生人群的迁徙与流动。在迁徙过程中，人们会将原居住地的文化携带到新的居住地，并与当地文化进行交流。

在中国历史上，这种迁徙是屡屡发生的。例如历史上著名的“闯关东”。“闯关东”指的是清朝顺治年间到中华民国期间，山东、河北、山西、河南及皖北、苏北等地的贫苦百姓去关东谋生的历史。在这股迁徙浪潮中，以山东人最多，达2500万，占总数的80%左右。一个重要的原因是天灾频仍。仅举几例：1925年8月，黄河泛滥，灾民200万人。1927年山东旱灾、蝗灾并发，灾民2086万人。因此，1927年和1928年两年间，闯关东的山东人高达188万人。大量的人口迁徙将中原文化传播至东北当地，与当地的关东文化相互交流、碰撞，辽阔的东北大地从此进入了一个新的文化交流的阶段。

除了人群自发的迁徙，还有一种由征服引发的迁徙。这是一种较为极端的文化传播方式，往往与战争及军事行动密切联系。一方面，征服者大举侵入，将自身的文化带入被征服的地区；另一方面，被征服者为了逃避战乱或异族压迫而大量逃离原居住地，迁徙到新的居住地，产生文化的传播。这在历史上屡见不鲜。

除此之外，有时各国政府出于各种考虑，也鼓励甚至强制移民。例如，中国为进行三峡工程建设，就曾进行了大规模的移民，带来了不同地区文化的交流。山西洪洞“大槐树”移民的故事也是一个典型事例。元朝末期，战乱频仍，水、旱、蝗、疫灾接连不断，黄河多次决口，中原地区百姓非亡即逃，村庄城邑多成荒墟。明朝建立后，面临中原地区劳动力严重不足、土地荒芜、财政收入剧减的情况，朱元璋深知增加户口，恢复生产，才是经略中原之急务，于是采取了移民屯田的战略决策。建文帝年间，朱棣发动靖难之役，又加剧了中原地区的荒凉局势。而元末明初的山西却是另外一种景象。中原地区的兵乱、灾疫很少波及山西，社会安定，经济繁荣，人口稠密。因此，洪武初年至永乐十五年，明朝政府在山西洪洞县广济寺设局驻员，集中办理移民事宜，将山西境内居民分流，迁到中原地区。大槐树下遂成为移民集聚之地。五十余年间，明朝政府一共组织了八次大规模的移民活动，移民主要分布在河南、河北、山东、北京、安徽、江苏、湖北等地，少部分迁往陕西、甘肃、宁夏地区。从山西迁往上述各地的移民，后又转迁到云南、四川、贵州、新疆及东北诸省。“问我祖先何处来，山西洪洞大槐树”，这句流传数百年的民谣，在华北老一代人中尽人皆知。

迁徙造成了土著居民与外来居民聚居、本民族与外来民族杂居的状况，生活方式的相互影响，观念的互相渗透，势必带来不同文化的交流与碰撞，促进人类社会与文明的发展与进步。

二、商贸活动传播

商贸活动首先是物质文化传播的重要途径，同时，精神文化也以贸易活动作为重要的传播途径，只是其目的并不是传播文化，而是赚钱，文化的传播只是伴随商人的赚钱目的而产生的副产品。

物质文化传播的影响不只是局限于物质层面，它还可能会影响到人们的精神世界和生活方式，甚至产生传播者意料之外的效果。因为这些物质产品体现了创造者的精神理念、审美趣味和价值追求，体现了他们所在文化系统的文化特质。在喜欢这些物质产品的同时，也会引发受传者对对方文化的兴趣。1600 年，英国为了在东印度地区大量掠取资源与原料，成立东印度公司。1602 年荷兰人征服印尼，并驱逐当地的葡萄牙人，也成立东印度公司。几百年间，东印度公司向欧洲输入了茶、丝织品、陶瓷、工艺品等大量的中国商品。1698 年，法国东印度公司商船“昂菲德里特号”首航中国，进行海上漆器、瓷器等贸易活动。以至于后来法语以船名同音词来称呼精美的中国漆器。这些“闪现于江西瓷器的绚烂彩色，福建丝绸的雾绡轻裾背后的南部中国的柔和多变的文化，激发了欧洲社会的喜爱和向慕”①。中国商品的外销，为欧洲民众带去了中国式的生活方式与审美情趣。18 世纪，轻巧优美、精致奢华的洛可可风格在法国风靡，并迅速影响到欧洲各地。而洛可可艺术风格的形成，正是法国人出于对中国文化艺术的钦慕，在中国物品上寻求启迪和灵感，于传统欧洲艺术风格中融合东方艺术风格所产生的艺术流派。

商品的交换不仅促进了地区之间的贸易往来和经济发展，也促进了该区域内文化的交流与沟通。不同文化地区之间的商道同时也成为文化传播的通道。以中国古代为例，中国通过陆上与海上两条“丝绸之路”、茶马古道等，向世界大量输出丝绸、陶瓷、茶叶、棉布、漆器、笔墨纸张等商品。有时如文学艺术、书籍文献等也经商人之手向国外输出。它们对输入国的社会生活、政治思想、文化发展等，产生了直接或间接的影响。

有人认为，用商品来充当文化传播的载体，要比宗教、战争、科学、哲学和艺术等形式来得更加通俗、中立、积极和具有说服力，而且体现出一种“表面的平等价值”，“因为它用价钱而不是种族、性别、教育甚至社

---

① ［德］利奇温著，朱杰勤译：《十八世纪中国与欧洲文化的接触》，21 页，北京，商务印书馆，1962。

会阶层来遴选自己的归属者。商品很容易让人们忘记意识形态，但是商品是特定意识形态的最有效、也是最有力而又轻易不会得罪人的捍卫者和传播者。很简单地说，全球化商业第一次实现了这样一种可能：谁是商品上的强者，谁就是文化上的主导者。爱玩什么，爱用什么，决定着爱听什么，爱想什么和爱做什么”①。由此看来，现在“中国制造”的产品在国外消费者眼中形成了“便宜”“质量差”② 的负面刻板印象。这显然不利于中国文化的传播。

三、战争与扩张传播

文化传播主要表现为文化的和平传播，但是，历史上很多大规模的文化传播都与战争或异族入侵相联系。尤其是在人类文化传播的手段尚不发达的古代，战争经常成为文化扩散的有力手段。

公元 751 年，唐代安西四镇节度使高仙芝在怛逻斯城被阿拉伯的军队击败，大批唐朝士兵被俘往阿拉伯地区，其中有不少织匠等技术工匠。他们把中国的丝织技术带到了阿拉伯世界。此后穆斯林的丝织作坊的产品控制了 9 至 14 世纪的欧洲丝绸市场。被俘的唐朝工匠还把造纸术传入阿拉伯世界，进而远播西方，对欧洲文艺复兴运动的发展起了很大的促进作用。

发生于 1096—1291 年的十字军东征，给相关国家的人民带来了巨大的灾难，但客观上却对文化的传播有着重大意义。东方的航海罗盘、造纸、火药、印刷、农业种植等技术就是在这个过程中传入西欧的。大量的阿拉伯语文献流传至欧洲，西欧国家获得了失传几个世纪以上的一些古希腊的古典文献，以及阿拉伯人和拜占庭帝国的学者在哲学、天文、数学、建筑和医学等方面的研究成果。欧洲文学也受到了东方故事和东方史诗的影响。这些都间接地促进了欧洲文艺复兴的出现。

公元 13 世纪，成吉思汗及其子孙进行了三次西征，建立了横跨欧亚

---

① 张宇丹、魏国彬：《文化营销传播论》，《思想战线》2015（5），18 页。

② http：//news.mydrivers.com/1/239/239959.htm，据网易科技报道，2012 年，全球知名广告公司智威汤逊（JWT）发布一份民意报告，报告的研究内容是英美消费者对“中国制造”的印象。结果显示，60％以上的英美消费者认为“中国制造”的商品意味着“海量生产”。55％左右的英、美消费者认同中国的商品给人的印象是“便宜”；45％的人认为“安全水平低”；35％的人认为“质量差”；35％的人认为“不可信赖”；33％的人认为“低档次”；20％的人认为中国商品“有趣”。相比之下，英、美消费者对“日本制造”和“美国制造”普遍持正面看法。

大陆的蒙古帝国。这次征服给相关国家的人民造成了严重的灾难，但客观上也将亚欧大陆联成一片，打开了中西文化交流的陆上通道，造成了儒家文化与基督教文化、伊斯兰文化以及其他文化直接会面的地理与交通便利，促进了文化的传播。

诚然，战争是残酷的，历史上也不乏自身的文化发展被战争所打断甚至消亡的事例。但不可否认的是，战争在打通世界、传播文化中有一定作用。不过，这仅仅是一种伴生作用，其客观结果是它的发动者所始料不及的。

从军事的角度来看，军事上的强者通常会成为战争的征服者。然而，就文化的传播过程而言却异常复杂。有时，征服者可以集军事征服和文化征服于一身，成为双重征服者。但是，军事上的征服者也很有可能会成为文化上的被征服者，如北魏孝文帝的改革，鲜卑族虽然用武力征服了汉族及其他少数民族，但却最终被汉族发展程度较高的文化所征服。

四、宗教传播

伴随着宗教传播的文化传播古已有之。宗教信徒出于自身的虔诚信仰，往往置生死于不顾，远赴异域求法或传教。在这个过程中，他们不仅传播了宗教，同时也传播了与宗教有关的文化成果，使宗教成为文化传播的重要途径，在人类文化交流史上起到重大作用。

佛教由印度传入中国，是中国人的主要信仰之一。很多僧人远赴印度求法，玄奘是其中的杰出代表。他还搜集与翻译了大量的佛教典籍，撰写《大唐西域记》，对东亚文化的发展影响深远。也有僧人远赴海外弘法。鉴真历经六次东渡到达日本，与其弟子传授佛法，并将中国的语言文字、建筑、雕塑艺术等传播到日本。随着佛教在中国的传播，印度富于思辨性的哲学、逻辑学、文学、音乐、绘画、雕塑、舞蹈等都传至中国，大大丰富了中国人的思想学术与社会文化生活，甚至有“不懂佛学就不懂中国文化”之说。而佛教的哲理部分则与儒家、道家等相结合、融会、激荡，汇入源远流长的中华文化，成为中华文化的主流之一，并传播至周边国家和地区，产生了巨大影响。

基督教在中国的传播，也促进了中西文化的交流。明清时期来华的传教士，大多利用其科学知识和技能作为接近上层建筑的敲门砖，有些传教士还担任官吏、译员和教师，把西方的数学、文字学、天文学、地理学、医学、制图学、火器制造、音乐、艺术等知识传入中国。与此同时，为便于传教，传教士们改穿汉服，学习汉语，阅读中国文献典籍，成为第一批西方汉学家。他们把在华见闻和中国古籍介绍到欧洲，向西方传播了中国的传统文化、现行制度、礼仪风俗等，引起了西方对中国文化的喜爱和向慕。

宗教教义与思想的传播，对于区域民族文化的整合也有极为重要的意义。在宗教的传播过程中，常常伴随着其他世俗文化因素的引进，其文化传播的客观效果往往为传教者自己所难以预料。例如，佛教在从印度传入中国之后，受到儒家思想与道教的强力阻击，不得不因应形势，与儒家、道家思想相结合，最终转变成为中国化的佛教，并远播日本、朝鲜、越南等周边国家，对这些国家产生了巨大的影响。

作为文化传播的重要载体，宗教有时是以和平的方式，有时是以激烈的方式，比如宗教战争，来推进宗教传播。以战争的方式传播宗教十分残酷，对当地人民造成了巨大苦难，这在历史上屡见不鲜。然而，不可否认的是，在这种残酷的宗教战争背后，仍然进行着文化的接触和沟通。这虽然不是宗教战争发动者的目的，但却在客观上推动了文化的发展。

五、教育传播

教育是文化传播的重要手段。春秋时期，孔子周游列国，除了游说国君，还广收门生，利用教育来传播儒家学说。通过教育，人类累积的知识、经验、价值观念与行为规范才可以一代一代承接下去，人类文化才可以发展与壮大。

教育的方式有很多。学校是其中一个主要的方面。教育者根据特定的计划与安排，选择合适的内容，把知识、技能、思想等传授给特定的教育对象。由学校教育出来的士人或知识分子随之成为文化的传播者。还有些人没有接受过学校教育，但可通过家庭、宗族、村落等学习知识、技能、礼俗与价值观。另外，随着传播媒介的飞速发展，现代传媒开始逐步成为文化传播的主导和中心。

留学生的留学活动也是文化传播的一个重要方面。一般而言，留学生的文化水平较高，通过在异国他乡的居住与学习，可以对异国的文化有较为深刻与系统的了解，并在专业领域内有所精进。等他们学成归国后，将自身所学应用到自身文化中，便会不同程度地促进文化的传播。7 世纪以前，日本学习中国文化主要靠中国移民的传播。至中国隋朝年间，日本开始直接向中国派遣“遣隋使”，公元 608 年，开创了随团派留学生来中国学习的先例。唐朝年间，日本“遣唐使”和留学生、留学僧的派遣达到高潮。日本先后派遣13次“遣唐使”，留学生跟随使团来到中国，被安排在国子监学习，几年甚至几十年后再回到日本。他们不但带回大批中国典籍，而且大部分为国效力，一展其在唐朝所学，促成了日本历史上著名的“大化革新”运动。日本留学生对中国文化的传播，大大促进了日本政治、经济、文化各方面的发展。

中国近代史上的留学潮也促进了文化的传播。中国近代留学教育发端于第一次鸦片战争之后，兴盛于甲午战争至抗日战争之间，对近代社会的变迁影响深远。留学教育造就了一批新型科技人才和管理人才，如铁路工程师詹天佑、北洋海军舰长刘步蟾等。留学生中还涌现出容闳、严复、黄兴、陈天华、秋瑾等资产阶级改良派和革命志士。同盟会就是在留日学生建立的华兴会等组织的基础上形成的，据统计，1905—1907年同盟会成员379人，其中留学生有354人，占93%。辛亥革命后，赴欧洲勤工俭学活动逐渐兴起，涌现出了周恩来、邓小平等我国最早的一批无产阶级革命家。这些留学生归国之后，积极参与到国家的图存救亡中去，对近代社会的变迁影响深远。

时至今日，留学生、访问学者等留学活动仍然是推动文化传播的重要途径之一。2016年3月，教育部发布《中国留学回国就业蓝皮书2015》。据统计，截至2015年年底，我国累计出国留学人数达404.21万人，年均增长率19.06%。回国人数也在不断增加，2015年是40.91万人，累计回国人数达221.86万人，年均增长率超过20%。留学回国就业人员平均年龄27.04岁，平均在国外学习的时间为21.47个月。按人数比例排列，主要留学国家为英国、美国、澳大利亚、韩国、日本、法国、德国、俄罗斯、加拿大、乌克兰、新加坡、荷兰和瑞典。80.7%的留学回国就业人员具有硕士研究生学历，9.5%为博士研究生学历，9.8%具有本科和专科学历。这样庞大的留学生群体，无疑会对中西文化的交流产生巨大的作用。

此外，外国专家、学者到国内工作，既可以传授专业知识、业务技能和管理经验，也可以进行文化的交流和沟通。

六、使节互访

因为政治目的出使他国而发展成为文化交流，这也是文化传播的一个重要途径。

中国历史上著名的张骞通西域就是一个例子。张骞奉汉武帝之命出使西域，原本是为了与大月氏结盟，一起抗击匈奴。张骞此行凶险曲折，且并未达到目的，但他在出使西域时所获得的关于中原外部世界的丰富知识，在汉廷此后的政治、军事、外交活动和对匈奴战争中，发挥了积极的作用，并产生了深远的影响。西进道路打通后，使者陆续被派往张骞报告中所提到的各国，开辟了中外交流史上著名的“丝绸之路”，大大促进了不同文化之间的交流与合作。而东汉时期班超、班勇和唐代王玄策等人也都是抱着外交目的出使他国，进而创造条件推动了中外生产技术和文化艺术的传播。

日本的“遣隋使”“遣唐使”也是使节出访推动文化传播的典型事例。日本从隋朝开始便不断派遣不定期的外交使团来华，学习中国的先进制度和灿烂文化。贞观年间起，日本先后派遣 13 次“遣唐使”，还有 6 次迎送唐朝的使者。每次所派遣唐使团规模都很大，最多时达到 600 人。大批留学生与留学僧也跟随使团来华，学习中国文化，推动了日本社会各方面的进步和发展。

在现代社会中，国与国之间领导人、政府部门、职能部门和专家学者的交流互访和参观考察，也都是在进行文化传播。

七、现代传媒传播

在当代社会，由于现代文化传播技术和信息网络的日益发达，文化传播的途径也越来越多，能够大量生产、复制和传播文化信息的大众传播媒介，已经超越传统的文化传播方式，成为现代文化传播的主要手段。人们借助于书籍、报刊、广播、电影、电视等大众传播媒介接收文化信息，学习文化知识，更新文化理念。相比之下，家庭、学校与社区在文化传播方面的影响力日益下降，大众传媒开始成为文化传播的主导和中心。近年来，互联网技术飞速发展，电脑、手机等媒介层出不穷，使人们能够接触到的信息大大增多。“互联网的诞生伴随来的信息爆炸，让大量的媒体已经沦为小众的媒体，道理很简单，它们已经失却了足以引发大众层级传播的话语权，或者说，影响力”①。以社交媒体为代表的新兴媒体强劲兴起，使文化传播出现了新的形态。

此外，探险（如哥伦布发现新大陆）、旅游观光、举行学术会议、图书交流和翻译等等，都是文化传播的途径和方式。

---

① 魏武挥：《社会化传播》，《21 世纪经济报道》，2009-10-26。

第三节　文化传播的模式与规律

文化传播研究离不开对文化传播模式的审视和分析，它有助于我们在深化和了解文化传播结构的同时，揭示系统内部各要素之间的相互关系，从中获得对文化传播活动宏观的把握和全面的抽象。

一、文化传播的模式

文化传播模式是对文化传播过程的一种概括，是从复杂多样的文化传播现象中提取出来的文化传播过程所具有的一般特性，作用如同人的骨架。不过值得注意的是，“没有哪个模式是全能的”①。

1948 年，美国学者拉斯韦尔在《传播在社会中的结构与功能》中提出了著名的“5W”模式，首次将人类的传播活动解释为由传播者、传播内容、传播渠道、传播对象和传播效果五个环节和要素构成的过程，据此引申出“控制研究”“内容分析”“媒介研究”“受众研究”和“效果分析”五个传播学的主要研究领域，界定了传播学的研究范围和基本内容，影响极为深远。尽管这个模式仅是一个单向线性的传播模式，而忽略了反馈这个要素，但时至今日，它仍是引导人们研究传播过程的一种方便的综合性方法。

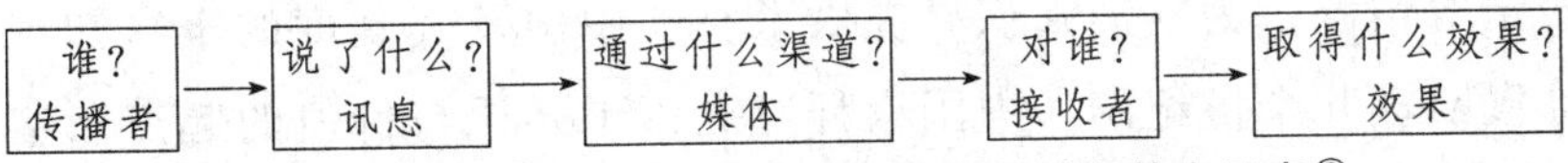

表 2-1　拉斯韦尔模式及其所对应的传播过程基本元素②

此后，传播学者们相继提出了数百个传播模式。英国传播学家丹尼斯·麦奎尔（Denis McQuail）及其助手温德尔（Sven Windahl）对这些模式进行了分析，将其分成 8 种类型 66 个模式。文化传播要比一般传播更为复杂。每个人的知识、经验、思维模式、价值观以及对文化信息的理解都有所不同，同时还受到群体意识与人际交往的影响。因此，文化传播是一个极为复杂的过程。一般来说，文化传播模式有直接传播、媒介传播和刺激传播三种：

---

① ［美］沃纳·赛佛林、小詹姆士·坦卡德著，郭镇之等译：《传播理论：起源、方法与应用》，59 页，北京，中国传媒大学出版社，2006。

② ［英］丹尼斯·麦奎尔、［瑞典］斯文·温德尔著，祝建华译：《大众传播模式论》，13 页，上海，上海译文出版社，2008。

（一）直接传播

直接传播是最简单最基本的文化传播模式，是指通过直接接触进行交流和借取而形成的文化传播。比如，两个相邻的文化群体，通过日复一日的接触与交流，学习与吸取彼此的文化要素，将其融入自身的文化之中。神话、传说、故事、笑话、谚语等民间艺术形式，很容易以直接接触的方式得以传播。这是一种古老而原始的传播模式。

（二）间接传播

文化还可以通过一定的载体与工具进行传播。在这种情况下，文化不是直接交往，而是通过第三者作媒介。它是直接传播的延续和扩展，是一种十分普遍的文化传播方式。比如，在人类历史上，有很多流动性比较强的人群，如传教士、使节、旅行者、商人、殖民者等，通过与异文化的接触，有意或无意地将本文化系统的文化要素传播给异文化系统，充当了“可移动的文化载体”的功能。13 世纪，威尼斯的旅行家和商人马可·波罗来到中国，根据他在中国的见闻，写成《马可·波罗游记》，引发了西方国家探寻东方宝藏的狂热。在中西文化交流史上，基督教传教士起到的作用是十分重要的。他们不但大力传教，还将西方先进的制图、天文历学、物理机械等知识与技术传入中国，并将中国文化介绍到西方社会，对后者产生了重要的影响。西班牙神父胡安·德·门多萨 1585 年出版的《中华大帝国史》，详细介绍了中国的自然环境、历史、风俗、礼仪、宗教、政治等情况，为欧洲知识界提供了有关中国及其制度的丰富知识，为此后弥漫欧洲几个世纪的“中国崇拜”提供了知识与价值的起点。鉴真东渡日本传播佛教，同时进一步传播了唐朝的建筑、雕塑、绘画等工艺技术与医药之学，成为中日文化交流的使者。当今社会，现代传媒充当了文化传播的重要载体。它通过报纸、广播、电视、网络等多种形式，向大众传播文化信息，其速度快，覆盖面广，影响力大，完全改变了传统社会面对面的人际交往模式和文化传播的模式，直接或间接地影响着人们的行为与价值取向。

（三）刺激传播

刺激传播也叫激起传播。它是一种特殊的文化传播方式，指的是某一社会掌握了某项知识以后，对另一个社会造成刺激，激发了他们的创造灵感，使之发明或发展出某个新的事件。或者说，刺激传播是由外来文化的传入所激发的新的文化因素的成长。“有时只要有一点点暗示，只要受到某种思想的隐约启发，就足以引起一连串的发展，而这些发展在以后的年代中，又会导致一些显然有完全独立的起源但又大体上相似的事物的出现”①。克罗伯（Kroeber）指出，在每一个激起传播的实例中，实际引起的都是一种新的模式的诞生，这种模式对产生它的那种文化来说是崭新的，但在整个人类文化中却并不是全新的。

比如，日本最初没有文字。后来中国汉字传入日本，促进了日本文字的产生。日语的文字由汉字和假名两套符号组成，混合使用。假名分为平假名和片假名。前者假借汉字的草书造成，用于日常书写和印刷；后者假借汉字楷书的偏旁部首造成，用于标记外来词、象声词以及特殊的词语。很显然，这是受到汉字的启发而成。而中国印刷术的传播所引发的许多民族对印刷术的日臻完善，也是一例。公元 11 世纪，北宋毕昇发明了活字印刷术，最初是陶活字和木活字。印刷术传至朝鲜，朝鲜人在其启示下作了创新，制造与使用了铜活字。后来，中国印刷术传入欧洲。15 世纪，德国人古登堡在中国活字印刷和油墨技术的基础上创造了活字排版印刷，并把造酒用的压榨机改装成印刷机，印刷了几百本《圣经》。此后，欧洲各国的印刷业如雨后春笋般生发起来，对欧洲社会的发展与变革起到了巨大作用。

至于为什么有的文化可以受到创新的启发而创造出新的事物，有的文化却做不到，李约瑟博士曾在其著作《中国科学技术史》中提到：激起传播的概念“在社会进化进程中所起的作用同脊椎动物的个体形态形成具有极大的相似之处。……刺激并不具有物种特定性，对应的组织是‘根据它自己的传统’作出反应的，也就是说，将根据它自己的遗传学机制而作出反应。同样，在社会进化的进程中，在技术史上一定也曾经多次发生过同样的情况——一种概念传入后，所发生的反应的性质取决于当地文化的特性。”②

二、文化传播过程的规律

文化在传播过程中呈现出一定的规律：

（一）文化传播呈现出由表及里、由局部到整体、由物质文化——制度文化——精神文化的传播层次

① ［英］李约瑟：《中国科学技术史》第一卷，255 页，科学出版社、上海古籍出版社，1990。

② ［英］李约瑟：《中国科学技术史》第一卷，259 页，科学出版社，上海古籍出版社，1990。

文化包含三个层次：物质文化、制度文化和精神文化。这其中，以精神文化最难改变，它涉及信仰、价值观等方面，是文化的核心与根本，具有一定的地域性、民族性和持久性。一旦与异文化相遇，就很有可能会发生文化理念与价值观念的冲突，表现出一定的排他性。相比之下，物质文化表现在器物的层面，是文化的物化形式，很少会有文化的情感特征和价值冲突，是一种普遍适用的价值成果，或者说是一种中性的工具价值。因此物质文化传播的阻力较小，传播的速度与规模也就更大，比如丝绸、瓷器、电脑等，不管是哪个国家的产品，都因其精致或先进等特点，而风靡全世界。制度文化则介于二者之间。

以外来文化在近代中国社会的传播为例，我们可以看到它充分遵循了由物质文化到制度文化再到精神文化的传播过程，凸显了文化传播由表层向深层循序推进的规律。“一部近代史，就这样分成三段：第一段，引进技术，停留在物质的方面；第二段，改革制度；第三段，深入到社会的心理。当然引进技术的同时，难免有一些理论和制度的问题，在第二阶段也难免继续引进技术，等等。但是，如果我们宏观地看一下，大体上是这样三段。这样一个历史的进程，它说明了一个什么问题？从文化史的角度，给我们提供了什么样的启发呢？我想说，这三个历史阶段，恰好是文化结构的三个层面的展开……不管什么类型的和何种发展程度的文化，就其结构来说，都包含三个层面。第一个层面是物质的层面；第三个最深的层面是心理层面或者说意识的层面；中间一个第二层，是表层和里层的结合和统一，就是物质化了的意识，或者是物质里面所包含的意识，如理论、制度、行为……洋务运动，或者说近代史的第一阶段，它着重去接受西方的物质文明，洋枪洋炮、中体西用。这是两种文化接触时首先容易碰到的问题……近代历史的发展和文化结构的展开的第二个时期，包括戊戌变法和辛亥革命这两个在政治价值观上不同的阶段。从政治上看，二者有改良与革命的根本差别；而从文化变迁上说，却都是发生在结构的中间一层上。五四运动是第三个时期，更深刻的时期，它的任务是解决文化深层的问题，即人们的心理状态问题，当时叫做‘国民性’”。①

（二）文化传播过程的走势是文化势能高的一方向文化势能低的一方的辐射与渗透

文化的交流是双向的，但一般而言，文化的流向更多的是从政治、经

---

① 庞朴：《文化的民族性与时代性》，37—40页，北京，中国和平出版社，1988。

济、军事、文化发达的一方流向弱势一方，呈现出由文化势能高的一方向文化势能低的一方辐射的态势。

文化的发展是一个复杂的问题，受到政治、经济等多种因素的影响。除此之外，文化的发展还有其内在的逻辑理路，有着相对的独立性。因此，综合国力强大的国家，文化未必比综合国力相对弱小的国家发达。然而，综合国力的强弱，却是和文化传播力成正比的。综合国力强大的国家，在国际关系中处于主动与核心的位置，其文化依托强大的国力作后盾，自然也表现强势，为世人所瞩目。当今世界，以美国为代表的发达国家在利用政治、军事、外交等手段对世界施加影响的同时，还非常注重文化传播的力量，利用自己先进的技术与文化传播方式，向世界输出自身的文化，不遗余力占据全球性的文化影响力，以谋求国际战略利益。“要征服一个民族，必须剥夺它的民族价值观”①。现代文化传播日益成为影响国家文化安全的相对独立的战略力量。而现代文化传播的高技术化、全球化和实力化，更加强化了综合国力强劲的国家的文化强势地位。

相比之下，综合国力较弱的国家在国际社会不占主导地位，即使其文化是优秀和有价值的，也难以被世界所注意与接受。尤其是在国力低微、文化弱势的社会，由于难以满足社会发展和民众生存的需求，导致民众对本土文化失去信心，而对外来的强势文化产生崇拜心理，形成所谓“国外的月亮比国内圆”的心理。在中国近代史上，国力衰弱，列强入侵，在救亡图存的浪潮中，人们对传统文化逐渐产生怀疑，甚至失去信心，对西方文化则由鄙夷转为仰慕，从而兴起了一股大规模的引进西方资本主义文化的浪潮，甚至出现了一些全盘否定中国传统文化的声音。可见，国力低下对于国人的文化自信心有着直接的影响。

（三）文化传播中受动的一方并非完全被动，而是有所选择

文化传播是一个有选择的过程，而不是全无筛选的全盘接受。任何文化系统都有既定的价值观念、礼仪规范、生活方式。当它接触到外来文化时，会衡量其与自身的文化传统、价值理念等是否相容，然后才是如何消化与吸收的问题。它会根据自己的需要，对外来文化进行筛选与改造，使其成为自身文化的一部分。日本在古代大力学习中国文化，近现代又极力向欧美靠拢，但其既没有被汉化，也没有被欧美化，而是保持了自身文化

---

① ［俄］B. A. 利西奇金等著，徐昌翰等译：《第三次世界大战——信息心理战》，298页，北京，社会科学文献出版社，2003。

的独立性，这正是有选择地学习外来文化的结果。佛教刚刚传入中国时，其无君无父的教义，与中国文化的“忠孝”思想相悖，遭到了很大阻力，不得不调适自己的理论，使之适应中国的文化价值观念。而且，“并不是更高效、更优越、功能更多的文化要素必然成为传播的内容的。也有的情况是，尽管对方的某个文化要素显现出很强的优势，但是人们出于习俗的惯性与约束，并不乐于进行传播。习惯会成为接受与传播的障碍。人们会习惯性地倾向用自己的老办法去解决问题，不一定会选择新的事物进行尝试与调适。”①

如何筛选、理解与诠释外来文化，也是一个选择性的问题。即使是在大规模的、全面吸收和移植外来文化的时期，本土文化也是有选择的。只有那些适应当时当地需要，且与当地文化传统相容的事物，才有可能被接受。本土文化在“接受外来文化时，总是选择引进那些既与本土文化相似的，又不是完全相同的，也不是完全不同的部分；最佳选择机制和态势是‘相似相近’的部分，而既有相同又有相异的文化要素，无论相同还是相异部分，都具有吸引力和‘附着力’。就本土文化来说，那些与外来异质文化具有相似性的部分，可称为‘相似块’。本土文化与异质文化的‘相似块’在‘传播—接受’过程中相遇而产生‘共振’‘共鸣’‘相吸’‘互渗’等文化现象，从而吸取之，以滋养自身、补充自身、壮大自身，从而滚雪球似地发展起来。”②

第四节　文化传播的历史演变

人类文化传播的历史源远流长。在漫长的历史进程中，文化传播经历了语言传播—文字传播—印刷传播—电子传播—网络传播依次递进和叠加的过程，深刻地影响了人类的生活方式与思维模式，推动了人类社会的发展。

一、语言传播

在语言传播产生之前，人类的祖先主要依靠信号传播的方式进行沟通

① 陈华文：《文化学概论新编》（第二版），218页，北京，首都经济贸易大学出版社，2013。

② 武斌：《文化传播论——以中华文化在海外的传播来讨论》，《社会科学辑刊》，1998（5），47页。

与交流。人类由一种古老的生物——类人猿——进化而来。这是一种高度社会化的动物。他们用嗥叫、咕哝、尖叫、表情及身体姿态来示意危险的出现和食物的存在，表明交配意图及协调活动，这是人类祖先进行沟通与交流的基本手段。直到有一天，人类发展出了口语交谈的能力。

人类从何时发展出语言能力，又是如何发展出的，如今已不可确知。据考古学家与人类学家的推断，大约在10万年前的某个时间，语言开始出现。人类从此进入口语文化阶段。这是文化传播真正意义上的开端。

在人类历史上，语言的产生无疑具有划时代的意义。苏联心理学家巴甫洛夫曾说，没有东西可以比语言更能使我们成为人类。德国哲学家莱布尼茨也说，语言是人类最古老的纪念碑。语言的产生，使人类的经验、技能与发展历程可以世世代代传承下来，成为人类认识与改造世界的有力武器；语言使人类具有了抽象思维的能力，进一步加深了人类对周围世界的认识，加速了人类社会化与发展的进程。从此以后，语言便成为人类社会最基础、最常用、最灵活的传播手段。时至今日，有一些民族或者部落仍然没有文字，部族成员的沟通与交流、部族历史与文化的传承，主要依靠口语来进行。

在以口语为主要传播手段的社会，传播者与受传者近距离接触，交流频繁，十分有利于建立两人之间的亲密关系。这一点在今天也时有所见。比如商家为推销自己的商品，一方面大做广告，一方面也在注意渗透入具体的人群，派人到人群中作不经意的传播，或利用意见领袖做群体的工作，等等。

不过，口语传播也有不可忽视的缺点。它只能在一定距离内进行，无法进行远距离的传播。另外，口语信息的保存只能依靠人类的记忆力，很有可能出现信息的变形、失真甚至丢失。因此，口语传播只能在近距离和较小范围内进行。

二、文字传播

在口语发展到一定阶段之后，人类发明了文字。这是人类文化传播史上第二次革命性的进步。

文字是在人类早期的刻画、结绳等符号基础上发展而来的。在文字产生以前，除了依靠口语，很多国家和地区还采用结绳记事等方式来传递信息，保存历史。例如，印加古国曾经发明了一套非常系统的结绳方法。帝国设有专职的结绳管理员，掌握着复杂的结绳规则和技巧，负责用结绳符号记录下所有重要事项，包括监控纳税义务、人口普查统计、历法信息以及军事机构等信息。在中国也有“上古结绳而治，后世圣人易之以书契”[①] 的记载。另外，早期的象征性图形符号也是文字的重要来源。那些刻在岩壁或是石器上的古老图画，逐渐演变成为象征性的图画文字，最终发展成为文字。

关于文字的发明，各文明古国大多归功于神，如古埃及人认为是智慧之神托特发明了文字，古印度人归功于创造神梵天。中国人虽然将文字的发明归功于仓颉，但也将文字视为惊天地泣鬼神的大事：“昔者，仓颉作书而天雨粟，鬼夜哭。”[②] 历史上也有“敬惜字纸”的传统，即爱护一切写有文字的字纸。古人对于文字的敬畏可见一斑。在古代，文字被视作知识和力量的象征，能够熟练运用文字进行阅读与写作的知识分子受到特别的敬重，在传播文化方面具有极大的权威。

文字的出现在人类的文化传播历史上具有里程碑式的意义。它大大增进了人类思维的抽象性，不断加深着人类对于事物的认识，同时也促进了人们个性与才能的发展。正如F·杰姆逊（F. Jameson）所说：“民间故事的时代是个集体化的时代，因为讲故事你需要听众围着你，而手里捧着一本小说阅读是典型的个人主义时代的表现，因为这时你只能独自地阅读。”[③] 英国历史学家杰弗里·巴勒克拉夫曾经在《泰晤士世界历史地图集》中指出，文字发明“是文明发展中的根本性的重大事件。它使人们能够把行政文献保存下来，把消息传递到遥远的地方，也就使中央政府能够把大量的人口组织起来，它还提供了记载知识并使之世代相传的手段。”[④] 文字使文化传播突破了口语传播在时空上的局限，拓展了文化传播在时间和空间上的维度，使人类文化的保存有了确切可靠的资料和文献依据。文字的发明被认为是人类古今意义最重大的成就之一。

随着文字的出现与使用，文字的载体也不断更新。以中国为例，从甲骨、青铜器，到竹简、木简、帛，再到后来的纸张，文字的载体越来越轻便易携带，信息的传递也越来越容易。尤其是纸张的发明，大大促进了人类文化的快速发展。

---

① 陈鼓应、赵建伟注释：《周易今注今译》，650页，北京，商务印书馆，2005。

② 何宁：《淮南子集释》卷八《本经训》，中册，571页，北京，中华书局，1998。

③ [美] 弗雷德里克·杰姆逊著，唐小兵译：《后现代主义与文化理论》，174页，西安，陕西师范大学出版社，1987。

④ [英] 杰弗里·巴勒克拉夫主编：《泰晤士世界历史地图集》，上册，53页，北京，生活·读书·新知三联书店，1985。

三、印刷传播

文字出现以后，由于复制困难，人类经历了很长一段手抄传播的阶段。例如在古埃及就有大量的抄写员。抄写耗时长，成本高，传播效率低下。这使文化的传播受到很大的限制，知识垄断在少数人手中，下层民众很少有机会接触与学习书本知识。直到印刷术出现，情况才有了改变。

唐朝年间，雕版印刷术发明，并在唐朝中后期普遍使用。北宋仁宗年间，毕昇发明活字印刷术。此后，印刷术远播海外，大大促进了人类文明的发展。15 世纪，德国工匠古登堡在活字印刷的基础上创造了活字排版印刷，开创了印刷机械化的时代。15 世纪末 16 世纪初，欧洲的主要城市几乎都有了印刷所，印刷传播业日益兴旺。文化传播从此走向大众，开启了一个新的时代。

印刷传播实现了文字信息的快速生产与大量复制，打破了少数人对知识的垄断和在传播上的特权，大大推动了教育的发展、科学的启蒙和社会的进步。“随着印刷术的出现，大大扩展了新思想的传播范围，结果有助于去挖传统权威的墙脚。因为用方言翻译出来的《圣经》印刷成书，很容易到手，教会不能再用花言巧语来继续维持它在信仰方面事务的监护人身份。至于一般学术，也出于同样原因的促动而回到现世主义。印刷术不仅给批评旧秩序的新政治理论提供了传播工具，而且还使人文主义学者们得以重新出版古代人的著作，随之促进了经典原著的广泛研究，有助于教育水平的普遍提高。”① 印刷媒介使新思想的传播大大超越以往的任何时代，并加速了欧洲封建社会的解体和资本主义的诞生。“书籍和报纸与 18 世纪欧洲的启蒙运动携手并进。报纸和政治小册子介入了 17 世纪和 18 世纪所有的政治运动和人民革命。人们对知识的渴求与日俱增，与此同时，教科书使大规模的公共教育成为可能。人们对权势者的不满情绪传播开来，此间，相继出现的报纸和电子媒介使普通人有可能了解并参与政治”②，“正是印刷术的发明（而不是别的）使历史从中世纪发展到近代；这期间，能够阅读的大众日益增多导致了思想的广泛传播，思想的广泛传播又推动了哲学与科技的变革。这些变革最终推翻了教士和贵族的统治，从而产生崭

① ［英］伯特兰·罗素著，马家驹、贺霖译：《西方的智慧》，222—223 页，北京，世界知识出版社，1992。

② ［美］威尔伯·施拉姆、威廉·波特著，何道宽译：《传播学概论》（第二版），16 页，北京，中国人民大学出版社，2010。

新的政治、经济、社会、文化和宗教制度。”[①] 这些话高度概括了印刷媒介的发展在经济、政治、文化和教育中的巨大作用。

关于印刷时代的特点，尼尔·波兹曼（Neil Postman）曾经有这样的说明：“对于印刷机统治美国人思想的那个时期，我给了它一个名称，叫‘阐释年代’。阐释是一种思想的模式，一种学习的方法，一种表达的途径。所有成熟话语所拥有的特征，都被偏爱阐释的印刷术发扬光大：富有逻辑的复杂思维，高度的理性和秩序，对于自相矛盾的憎恶，超常的冷静和客观以及等待受众反应的耐心。”[②] 他认为美国现代法治的奠基者约翰·马歇尔就是印刷时代的优秀代表——冷静、理智、崇尚逻辑、憎恶自相矛盾。“在 18 和 19 世纪，印刷术赋予智力一个新的定义，这个定义推崇客观和理性的思维，同时鼓励严肃、有序和具有逻辑性的公众话语。先后出现在欧洲和美国的理性时代和印刷文化并存，并不是什么巧合。”[③]

印刷机的出现也带来了近代报刊的诞生。报纸最初只适合上层阶级人士的口味，而与一般市民无缘。1833 年，“便士报”在美国纽约诞生，它价格低廉，以广大平民百姓为读者对象，这标志着人类的文化传播步入了大众传播时代。

进入 21 世纪，数字印刷技术全面取代传统印刷，书籍、报纸、杂志等印刷媒介的出版效率大大提高，对社会生活的各个方面都发挥着重要的作用和影响。

四、电子传播

印刷传播虽然实现了文字信息的大量复制，但却同样存在着局限性。它要求其受众必须识字，具有一定的阅读能力。同时，它很难做到远距离的快速传播。这些问题直到电子传播时代才得到解决。

电子媒介的出现是社会发展与科技进步的综合产物。19 世纪后半期，由于电的发现和无线电技术的发展，一大批电子媒介开始诞生。1844 年，美国人 S·摩尔斯用他发明的第一台实用电报机发出第一封电报。1876

① ［美］J·赫伯特·阿特休尔著，黄煜、裘志康译：《权力的媒介》，4 页，北京，华夏出版社，1989。

② ［美］尼尔·波兹曼著，章艳译：《娱乐至死》，83—84 页，桂林，广东师范大学出版社，2004。

③ ［美］尼尔·波兹曼著，章艳译：《娱乐至死》，68 页，桂林，广东师范大学出版社，2004。

年，贝尔发明电话。1877 年，爱迪生发明留声机。1882 年，法国人马瑞发明摄影机。1895 年，意大利人马可尼完成无线电试验。1920 年，世界上第一座广播电台——美国匹兹堡的 KDKA 广播电台开始播音。1936 年，世界上第一座电视台——英国广播公司（BBC）正式开播。……文化传播开始步入电子传播时代。

以广播、电视为主体的电子传播，彻底突破了时空的限制，实现了信息远距离的快速传播，使文化传播的速度与效率都获得了空前的提升。同时，电子传播无须像印刷传播那样，要求其受众必须具备一定的阅读能力，而其丰富的影像、生动的声音，又克服了印刷传播相对单调、抽象的缺点。随着摄影、录音和录像技术的进步，人类又实现了声音和影像信息的大量复制与传播，使人类的知识、技能与经验得以用更加丰富与直观的形式保存下来，使文化传播的效率与质量都得到了很大提升。

关于电子时代的特点，尼尔·波兹曼曾以电视为例，指出“娱乐是电视上所有话语的超意识形态。不管是什么内容，也不管采取什么视角，电视上的一切都是为了给我们提供娱乐”[①]。他认为，所谓“严肃的电视”这种表达方式是自相矛盾的，因为电视只有一种不变的声音，那就是娱乐的声音，这与印刷时代严肃、理性、逻辑性强的思维方式是“格格不入”的。

近些年，技术的发展使电子传播更加高效与丰富。卫星通信技术以及卫星广播、卫星电视的发展和普及，使大面积的跨国传播和全球传播成为可能。电子技术的发展还推动了电脑的诞生，使人类的文化传播进入了一个全新的、前所未有的网络信息化时代。

五、网络传播

网络传播是指以互联网为基础，利用先进的网络技术进行的传播。1946 年，埃克特等人成功研制出第一台电脑主机——“埃尼阿克”（ENIAC）。1957 年，苏联发射了第一颗人造卫星。1969 年，美国通过电缆实现两台电脑对接。1980 年，美国结成互联网络。1994 年，以美国为首的西方发达国家相继提出“信息高速公路计划”等规划。1994 年，中国通过一条 64K 的国际专线，全功能接入国际互联网，中国互联网时代从此

① ［美］尼尔·波兹曼著，章艳译：《娱乐至死》，114 页，桂林，广东师范大学出版社，2004。

开启。随着人类社会全球化、信息化的趋势日益增强，卫星通信、计算机等技术的飞速发展，电脑、IPAD、手机等新媒体设备与软件逐渐成为人们处理人际传播、组织传播、大众传播与全球传播的主要媒介，各种不同的媒介功能趋于融合，使人类进入了一个综合传播的新时代，文化传播态势发生了革命性的巨变。

网络传播是在信息高度数字化和网络化的基础上形成的。它具有综合性、主动性、参与性、操作性、开放性和交互性的特点。它突破了"大众传播时代大众化、非目标性、单向、区域传播的障碍，使得传播走向个人化、目标性、双向和全球网络传播。"① 在传统的大众传播时代，大众传播者收集、加工与传送信息，受众则被动地阅读、收听与观看信息，可选择的余地不多，个性化的需求被忽视。传、受双方的界限分明。传播方式主要是点对面的传播，呈现出单向性的线性传播。但在网络时代，传、受双方的严格界限被打破，受众可以根据自己的兴趣主动搜索、选择、分享、反馈与订制信息，表现出很强的参与性。传播方式由单向的线性传播发展到双向甚至是多向交流。诸如新闻网站、SNS网站（如人人网、开心网）、BBS论坛、即时通信工具（如QQ、微博、微信）等，都赋予了受众实时沟通与互动的可能。传播方式由曾经的"点对面"的传播，转化为既有"点对面"的传播，更有"点对点""面对面"的传播，实现了对受众个性化的信息服务。同时，随着技术的发展，网络传播中的各种媒介逐渐向一体化、多功能的媒介融合态势转变，人类逐渐迈入了综合传播与媒介融合的新时代。

网络传播也在深刻影响着人类社会，改变着人们的生活方式、思维习惯和精神面貌。它培养了人们的平等价值观念，淡化了人们的地位和身份意识；注重个性创新和个性文化的传播，推动了文化的多元性；创造出了跨越地域的"虚拟社区文化"，使人类文化的交流真正突破了时空的边界。网络传播连接着整个人类，消解着文化差异，扩展着思想观念，极大地改变了文化传播和交流的方式，也改变了文化自身存在的形态。

目前，技术的进步与时代的发展正在使移动通信工具逐步成为人类社会的主流传播媒介。"原本以便利性、可携带和私密性为特征的个人通信工具，已经进化为一种类似于电脑的个人通信平台和信息处理终端，从而作为社会沟通的基本工具再次改变我们的信息互动方式和工作生活方式。"②

---

① 胡正荣、段鹏、张磊：《传播学总论》（第二版），61页，北京，清华大学出版社，2008。

② 邵培仁：《传播学》（第三版），73页，北京，高等教育出版社，2015。

"传播领域正呈现出一些新的趋势：传播者从专业媒体机构扩展到非媒体机构和个人；内容生产模式从组织化到社会化；传播模式从单向大众传播到以社交关系为纽带的互动式群体传播；传播渠道从互相分隔到跨界融合；传播对象从被动接受到参与信息生产；传播范围从地方化到全球化；传播效果从传者基本可控到传受双方共同发挥作用。"①

从文化传播的历史演变，我们可以发现以下几个特点：

首先，在人类历史上，文化传播媒介的更新呈加速度发展态势。

原始人用了百万年才发明了语言。此后几万年，人类发明了文字。从文字传播到印刷术的发明，人类用了数千年。从印刷传播进入电子传播，经历了数百年。从电子传播进入网络传播，不过百年。新媒介产生的时间越来越短，传播方式越来越多，速度越来越快，信息越来越多，人类社会的发展也越来越快。

其次，文化传播媒介与传播科技始终呈叠加性状态发展。

人类文化传播的历程并不是新旧传播媒介依次取代的过程，而是依次叠加的过程，是人类社会信息系统不断发达和复杂化的历史。广播出现以后，报业一片恐慌，试图联合抵制广播进入新闻传播领域，以免被取代。电视出现以后，又让报业与广播业陷于恐慌。最终却是三者各具特点，并存于世。在当代社会，口语、文字、印刷、电子与网络媒介的共存与叠加，使得文化传播活动日益丰富与高效，有力地推动着人类文明的发展。"一部人类传播史，均可视为新兴媒介'叠加'而非'取代'传统媒介的复线演进过程"②。同时，这种叠加状态又导致了整合性状态。比如，电脑的发展会整合电话、报纸、杂志、广播、电视等传播媒介，而智能手机也在不断整合各种媒介形态。

再次，传播与人类社会文化的积累与发展密切相关。

从本质上说，一部人类文明史就是一部文化传播史，一部媒介发展的创造史和变迁史。文化发展的每一个阶段都受到特定媒介的支配，而新的传播方式和技术的兴起都毫无例外地引起文化的变革，推动着社会由低级向高级发展。文化发展速度越快，对传播的速度与规模要求也越高，传播的过程与结构也就越复杂。而传播媒介的发展，更是大大促进了人类社会文化的积累与发展。

① 李凌凌：《社会化传播背景下舆论场的重构》，《中州学刊》，2016（9），160页。

② 李彬：《传播学引论》（第三版），11页，北京，高等教育出版社，2013。

第三章 文化传播的理论与研究方法

第一节 文化传播研究的理论渊源

在进行文化传播实践的同时，人类也在不断思考与总结着文化传播的经验与教训。但是，将其作为一门科学来研究，却是在19世纪末才由西方学者发起的。

一、文化传播的文化人类学视野：进化论与传播论

文化传播是文化学与传播学的交叉学科。文化学研究的是人类的文化内容，它从文化人类学发展演化而来。“从严格意义上看，‘文化人类学’是现代美国学界对文化学这一学科的习惯称谓”[①]。在文化人类学领域，文化传播经历了从进化论到传播论的论争和演变，曾在欧美学界产生过很大影响。

（一）进化论学派

进化论学派形成于19世纪下半叶的英国，并很快扩展到欧洲大陆与北美，具有很大的影响力，一度在学术界居于主导地位。人类学的进化论包括人类生物进化论和人类文化进化论，前者以查尔斯·达尔文（Charles Darwin）、阿尔多斯·赫胥黎（Aldous Huxley）等为代表，其主要贡献是指出了人类与自然界的关系；后者以斯宾塞、泰勒和摩尔根（Lewis Henry Morgan）等为代表，并直接影响到人类学后来发展的一些理论。

1865年，达尔文的《物种起源》出版，书中提出的进化论思想引发了巨大轰动，不仅在生物学领域引发了理论革命，也对当时的文化人类学研

---

① 陈华文：《文化学概念新编》（第二版），14页，北京，首都经济贸易出版社，2013。

究产生了深远影响。在摩尔根、泰勒等学者的大力推动下，社会进化思想形成了一股强大的理论潮流。

进化论学派以人类在心理精神方面的类同性为前提，认为人类文化是按照从低级到高级（蒙昧—野蛮—文明）的逻辑顺序演化进步的历史，后一阶段较之前一阶段更具复杂性和合理性。同时，因为人类具有共同的心理，所以各地区各民族的社会和文化都是由低到高、独立平行地发展而来，都会经历同样的发展阶段。不同的人群会按同一顺序去重复发明相同的行为和习惯。这就导致了学者们在解释世界范围内的文化相似性时，不可避免地将其归结为独立发明的产物。进化论忽视了各民族文化发展的多样性，及文化要素的传播及其功用。这种简单的单线进化的观点，在后来受到了传播论者的猛烈抨击。

（二）传播论学派

19世纪末20世纪初，传播论兴起了反进化论的思潮。传播学派的研究者认为，人类的创造力是有限的，不同的民族有那么多相同的发明是难以想象的。因此文化间的相似性应该是物质、思想和行为模式从其起源地区向外传播扩散的结果。传播论学派一般分为德奥传播学派和英国传播学派。德奥传播论派以弗里德里希·拉策尔（Friedrich Ratzel）、弗罗贝纽斯（Leo Frobenius）、格雷布内尔（Robert FritzGraebner）和施密特（W. Schmidt）为代表，主要贡献是"文化圈层"理论的提出。英国传播论派有威廉·里弗斯（William Rivers）、埃里奥特·史密斯（Elliot Smith）和威廉·詹姆斯·佩里（William James Perry），是"极端传播论"的倡导者。

1. 德奥传播学派

德国人文地理学家弗里德里希·拉策尔强调地理环境对于人类文化的决定作用。他将文化要素的分布绘制在地图上，再分析这些文化要素的具体分布范围。拉策尔认为，文化要素是伴随民族迁徙而传播出去的，如果在相隔遥远的两个区域内存在某些相同或相似的文化要素，那么这两地的文化一定在历史上具有同源关系或者发生过某种联系。他十分重视物质文化现象的地理分布研究，因为物质文化更能揭示各民族之间的历史联系。物质文化本身是不会流动的，只有"通过人，同人一道，随着人，在人身上，特别是在人之中，即在人的心上，作为一种模式的思想芽，才能传播"。

拉策尔的学生弗罗贝纽斯发展了他的思想。根据对非洲的考察，弗罗贝纽斯对非洲各地区文化的成分和起源做了研究，发现文化上的关联不只是表现在每个文化要素，而是涉及整个文化。因此，他提出了文化圈的概念，认为每一个文化圈都具有一系列的物质文化特征。例如，他将刚果河流域、几内亚河沿岸的地区划为“西非文化圈”，特征包括两面坡顶的直角房屋，用植物做成弦的弓，编织成的盾以及假面具等。他认为，每一种文化都是活生生的有机体，经历着诞生、童年、成年、老年等时期，最后走向死亡。文化是从自然条件中诞生的，因此文化与人无关，是自身发展出来的。人与其说是文化的创造者，不如说是文化的产物或客体，是文化的体现者。文化本身无法移动，因为文化没有脚，要靠人来搬运，所以人是文化的搬运工。他还认为，文化作为一个有机体，也会有不同的“性别”。比如，西方文化具有发展、个人自由、远大感觉等特点，东方文化则具有洞穴感觉、停滞感觉、命中注定的思想等特征。

德国学者格雷布内尔在弗罗贝纽斯的基础上对文化圈理论进行了深入系统的研究，并在此基础上提出了“文化层”的概念。他提出，澳大利亚和大洋洲地区有六到八个独立的“文化圈”，其中每一个文化圈内都有一定数量的文化特质。格雷布内尔试图在地图上标出文化圈之内每一种文化要素的分布，结果发现文化圈一部分似乎相互重叠，形成“文化层”。文化向四周分布、扩散，并且新的文化同样在分布、扩散、重叠。这样，文化圈便可累积多层。在他看来，世界文化的历史，就是若干文化圈及其组合在世界范围内迁徙的历史。为了判断不同民族和区域的文化要素之间是否存在同源关系，格雷布内尔提出了鉴别“文化亲缘关系”的两个标准。一是形式标准，即文化现象的形式相同；二是量的标准，即相似事物的量的增加。他认为，世界上凡是相同的文化现象，不论在什么地方出现，都必定属于某一个文化圈；任何文化现象，都只能出现过一次。他断言，人的发明创造能力是有限的，两次独立地创造同样的事物是不可能的。因此，凡是不同地域出现的相似事物都是由于传播造成的。

施密特继承了格雷布内尔的“文化圈”理论，在其“形的标准”和“量的标准”基础上又提出了“性质标准”“连续标准”和“亲缘关系程度标准”作为补充。“性质标准”是形式标准的补充，指的是质的方面的相似性；“连续标准”就是指在两个相距较远或不接壤的两地，如果在中间地区能找到具有相似文化要素的民族，那么这两地从前极有可能有相互传播关系，中间地区的民族是这两地从前在空间上相连的残存物或痕迹；“亲缘关系程度标准”是指如果越是接近那两个相互隔绝的主要区域，文化元素在质与量两方面的相似点越多，那么便说明这些相似点并不是独立出现的，而是由于这两地曾经有过传播联系。因此，施密特提出了人类社会发展的四个阶段理论，即原始、初级、第二级和第三级，每一级中又包括几个文化圈。

2. 英国传播学派

英国传播学派是传播学派的一个派别，代表人物有威廉·里弗斯、埃里奥特·史密斯和威廉·詹姆斯·佩里。

里弗斯早期是一个进化论者，后来他发现仅仅依靠进化论无法解释不同文化的相似性，于是转向对文化传播现象的研究。他认为，民族与民族之间的联系以及文化的传播与融合，是促进人类进步的主要推动力。他认为格雷布内尔对文化传播的理解是简单和机械的，因为格雷布内尔认为文化传播区域内相同的文化元素都来自于同一个起源中心。里弗斯则认为有些文化内容是源于独特的原因而产生的，而并非传播的结果。例如秘密结社之所以在美拉尼西亚产生，是因为外来者处于少数，不得不瞒着当地人秘密履行自己的宗教仪式。因此，在极端传播主义和进化论之间，里弗斯持有一种折中的倾向。

史密斯与其弟子佩里是英国传播学派中“泛埃及学派”的代表。史密斯坚持认为，文明的起源是一致的，一经创造就只有继续传播而不能再有同样的创造。世界上只有一个将文化传播给世界的中心，那就是埃及。在他看来，世界上所有文化都起源于埃及，在世界其他地方发现的高级文化现象都是由古埃及传播过去的，尼罗河是全世界文明的发明中心。诸如农业灌溉、太阳神崇拜、航海造船和木乃伊制作等文化因素，都是在埃及发明，通过船舶传向世界各地的。在埃及人创造文明以前，世界上几乎完全缺乏可以称为文化的事物存在。

史密斯的弟子佩里进一步继承与发扬了史密斯的泛埃及说。他认为，古埃及人是航海民族，是“太阳之子”，是世界文明的发源地。他们为了寻找贵金属和其他珍宝而四处航行，从而把古埃及的文化如艺术、技术、宗教、科学、政治制度等传播到了世界各地。当他们找到了宝物，就在当地停留或定居下来。古埃及文化与所到之地的土著文化相融合，于是产生了各种新的文化。在埃及文化尚未发明和传播以前，全世界各地的人都可能像澳大利亚土著一样。埃及文化是世界上最高级的文化，其他各个民族都不可能依靠自身的独立发展而实现文化的进步，只有吸收了埃及文化的某些元素方能达成。

显然，史密斯与佩里的理论过于武断。他们将人类文化的起源完全归于埃及，认为所有的文化只能产生或发明一次，世界各地的文化都是由古埃及传播而来的，只要是不含埃及文明元素的文化就是退化的文化。这一理论遭到了来自其他学派的严厉批判。20 世纪 30 年代以后，英国极端传播学派趋于衰落。

传播论是作为进化论的对立物而产生的，曾在欧美学界产生过很大影响，甚至一度取代进化论而处于主导地位。但传播学派过分夸大了文化发展外在契机的各民族间文化要素的传播，否认相同的发明可以独立地发生于世界不同地方的可能性，其理论也是存在缺陷的。

（三）文化历史学派

文化历史学派也称为“博厄斯学派”“历史学派”“历史特殊论学派”或“美国历史学派”。它形成于 19 世纪末 20 世纪初的美国，盛行于 20 世纪初至 30 年代之间。该学派的创始人和代表人物是美国学者弗朗兹·博厄斯（Franz Boas）。文化历史学派的哲学思想基础是实证主义和经验主义，它注重研究特定民族的文化历史、事件、特点和规律，强调对具体事实的描述与记录，注重实证与归纳，反对以理论代替事实，以一般代替特殊。

博厄斯既批判以摩尔根为代表的古典进化论，也反对英国的极端传播论。他认为文化是自成一格的，每个文化系统都有自己独一无二的历史，这一部分取决于社会集团特殊的内部发展，一部分取决于它所受到的外部影响。因此，研究各个社会必须研究其动态变化。外表上彼此相同的现象，可能有根本不同的来源和根本不同的作用，不是任何相同性都说明“历史联系”或“传播”“借用”。在对人们的生活方式做出任何结论之前，必须调查、搜集第一手的、详细的历史资料。他批评进化论学派是将西欧的思想原则强加在其他民族之上，并提出了“文化相对主义”的方法论原则，指出人们不应该以自身的参照标准去衡量其他民族的文化。

博厄斯的学生进一步阐发了他的思想。比如罗维（Robert H. Lowie）十分重视传播的作用。他认为，1877 年就绝种的塔斯马尼亚人的文化是最低的，因为他们与外界没有联系，与临近的民族和文化缺少接触与交流，导致自身文化停滞，失去了活力。威斯勒（Clark Wissler）则提出了文化区、文化丛等概念。他认为可以将文化分解到最小单位，即文化特质。这是一种文化区别于其他文化的最小文化单位，包括物质产品，也包括非物质产品，比如筷子、作揖都是文化特质。而功能上相互整合的文化特质群是文化丛，如茶文化丛。具有相似文化特质的地理区域是文化区，比如南北美洲的印第安人可以分为原始狩猎文化区和农业文化区。他认为，文化区有中心与边缘之分。文化中心是文化区所共有的文化特质表现最为集中的地方。

文化历史学派的特点是："实证主义是他们方法论的哲学基础；长于批评是他们的风格；不做原则性的理论概括而局限于小范围的具体现象的研究工作是共同奉守的信条；文化的性质和它与个人之间的相互作用和影响是历史学派的研究重心。"①

二、经验学派与批判学派

"以往的文化人类学的文化传播研究，更侧重从宏观的层面考察文化特质的分布、传播和扩散，忽视了作为传播主体的人的作用。当代传播学则把传播视为符号的交流互动过程，将人引入到研究视野中来，更有利于从微观的层面分析文化传播。"②

20世纪40年代以后，传播学者和社会学者开始关心文化对社会影响的过程、机制、效果以及传播对文化发展的作用。代表人物有：美国的政治学家哈罗德·拉斯韦尔（1902—1977）、社会学家保罗·拉扎斯菲尔德（1901—1976）、社会心理学家库尔·卢因（又译勒温，Kurt Lewin，1890—1947）和卡尔·霍夫兰（Carl Hovland ，1912—1961），也就是传播学的四大先驱。进入20世纪50年代，美国著名传播学大师威尔伯·施拉姆（1907—1987）创建伊利诺伊大学传播研究所，标志着传播学作为一门学科正式出现。

（一）经验学派

20世纪60年代以前，经验学派是传播学的主流学派。该学派以美国为大本营，特点是：立足于具体的传播实践，注重挖掘传播活动的自身规律，强调切实可靠的经验材料或客观数据的重要性，坚持实用主义的研究目的，而对现行社会体制是否合理并不关心。

由于经验学派重实证，重实践效果的研究，所以其研究成果往往可以直接用来指导传播活动，对保证传播效果、指导具体的实践有很大的帮

① 吴泽霖、张雪慧：《简论博厄斯与美国历史学派》，322页，载中国民族学研究会编《民族学研究》第一辑，北京，民族出版社，1981。

② 陈建宪：《文化学教程》（第二版），163页，武汉，华中师范大学出版社，2011。

助，也涌现了大量的研究成果。但是，经验学派也存在着不足之处。人类社会文化现象极其复杂，变量极多，只靠实证的数据与材料是很难得出精确结论的。同时，该学派不去探讨现行传播体制及社会现状存在的问题，只是一味探究传播活动的实际操作与规律，在全面性与深刻性上显然是有所欠缺的。

（二）批判学派

20世纪60—70年代，欧洲开始出现以社会文化的批判性而备受人们关注的批判学派，并在20世纪80年代逐渐成熟。

批判学派是在法兰克福学派的影响下，以欧洲学者为主形成与发展起来的学派。法兰克福学派是以德国法兰克福大学“社会科学研究所”为主的一个学术派别。该学派从马克思主义理论出发，从哲学和社会学的角度研究和批判现代资本主义社会中的文化危机和现代西方文明，重点研究大众传播媒介在资本主义社会所起的作用，主要代表人物有M·霍克海默（Max Horkheimer）、H·马尔库塞（Herbert Marcuse）、T·W·阿多诺（Theodor Wiesengrund Adorno）等人。批判学派的特点是：批判既定的传播现实与现存的传播体制，对现行的资本主义制度持否定态度；更多地将传播理论与社会理论结合在一起，着重考察与社会结构和意识形态相关的宏观问题；在方法论上以思辨为主。不过近年来，不少批判学派的学者也开始接受辩证分析和经验调查相结合的办法。批判学派中流派众多，主要有以下几种：

1. 政治经济学派

代表人物是英国莱斯特大学大众传播研究中心的G·默多克（Graham Murdock）和P·格尔丁（P. Golding）等。该派主要依据马克思关于“一个阶级是社会上占统治地位的物质力量，同时也是社会上占统治地位的精神力量。支配着物质生产资料的阶级，同时也支配着精神生产资料”[①] 的论断，从经济基础对上层建筑的决定作用出发，分析与揭示媒介的所有制结构，探析媒介与权势集团的内在关系。

2. 伯明翰学派，亦称“文化研究”学派

该派以英国伯明翰大学“现代文化研究中心”（CCCS）而得名，主要代表人物有R·威廉斯（R·Williams）和S·霍尔（S·Hall）。文化研究

---

① 马克思、恩格斯：《德意志意识形态》，《马克思恩格斯全集》第三卷，52页，北京，人民出版社，1960。

"特指近几十年来，在英国的'伯明翰学派'推动下成熟起来的一种跨学科研究；这种研究不仅涉及20世纪资本主义的文化生产，而且涉及当代资本主义的意识形态建构和新的结构性压迫的形成，涉及它们和文化、经济生产之间的复杂关联。"[①] 该派反对简单的"经济基础还原"论，主张上层建筑和意识形态具有相对的独立性，以此出发来研究资本主义社会的大众文化传播。它认为大众传播具有"赋予意义"的功能，能够作为资本主义社会系统的一部分来构造合意。由于大众传播媒介是在一定的价值体系下构造信息内容的，因此可以归入"国家意识形态装置"。而受众对媒体内容的接收也可以有不同的解释，比如顺应媒介内容价值倾向的"主导—霸权式解读"、部分顺应媒介价值倾向的"妥协式解读"以及对媒介价值倾向做出完全相反的解释的"对抗式解读"。

加拿大传播政治经济学者文森特·莫斯可（Vincent Mosco）曾将政治经济学与文化研究比喻为人的两只眼睛，各有侧重，无分主次。"政治经济学的传播学研究关注的是一种社会关系（特别是权力关系），这种关系是与传播资源的生产、分配和交换互为因果的。……从政治经济学的角度，传播学研究着眼于在传播的领域人们如何夺取并运用权力；市场和商品如何影响甚至决定我们的传媒和传媒体系；受众如何成为商品，以及传媒工作者如何成为商品。……文化研究是有关赋予意义的研究。其关注的是人们如何阐释世界；受众如何界定自己，又如何解读媒体的内容。……政治经济学注重客观性，文化研究则侧重主观性，即人类特有的理解世界的能力。他们所关心的是在政治经济学的社会阶级划分以下的更小的社会群体，比如不同的性别群体对传媒的接收和阐释。政治经济学着眼于自上而下的决定因素，而文化研究则关注自下而上的解读。"[②] 在传播学研究领域中，二者可以相互结合，互补短长，以帮助人们更加全面地理解复杂的传播现象。

3. 意识形态"霸权理论"

"霸权"（hegemony）一词，原本是意大利共产党领导人格拉姆西用来指称国家的霸权或政治运动的主导权的，后来为批判学者所借用。批判学者认为，现代资本主义社会统治阶级的统治手段已经不再局限于"强制装置"如国家、军队、法庭等，而是主要依靠意识形态"霸权装置"来实现

① 李陀主编：《大众文化研究译丛》序，北京，中央编译出版社，2001。

② ［加］莫斯可、［中］黄煜：《政治经济学与文化研究在传播学领域的关系及应用》，《中国传媒报告》，2006（2），23—24页。

其统治和维护其利益。而大众传播媒介以其在构造社会合意过程中的巨大作用而成为重要的意识形态“霸权装置”之一。但它经常提示的是一些适合于统治阶级利益的“虚假的合意”，而意识形态“霸权理论”学者就是要揭露这些“虚假的合意”，唤起受众的觉醒，推动社会变革。

4. 哈贝马斯的批判理论

J·哈贝马斯（Jurgen Habermas）是德国著名哲学家和社会学家，法兰克福学派的第二代旗手。其代表作有《公共领域的结构转型》和《传播行为理论》。在这两部著作中，哈贝马斯提出通过改善“传播的合理性”来实现社会变革的观点。哈贝马斯反对导致人的异化的片面追求“工具合理性”的立场，提倡“综合的合理性”，即主张通过扩展“没有支配和强制的传播关系”来改革社会，建立基于“理性合理”的新型社会关系。

作为传播学两大学派之一，“20 世纪 60 年代以来，批判学派一直与当代各种思潮交相呼应，形同一体，从中汲取了丰富的批判性学术资源，如符号学、解释学、结构主义、解构主义、女权主义、存在主义、后殖民主义、后现代主义，特别是西方马克思主义。在传媒与当代社会的互动关系日益凸显的背景下，人文社会科学的几乎各个学科，如哲学、美学、史学、文学、法学、政治学、社会学、心理学、经济学等，无不从批判的立场涉足传播研究，从批判性的视角审视传播现象，从而形成一种交叉态势和一个全新领域。而这个领域也就是传播学批判学派赖以生成的学科土壤，正如现代媒介在政治、经济、文化、心理等方面诸多触目惊心的问题是批判学派赖以存在的现实土壤一样。”① 成为备受人们青睐、理论内涵丰富的社会思潮。

进入 21 世纪以后，文化传播研究又面临新的机遇和挑战。当今世界正朝着全球化与信息化的方向发展。新媒介层出不穷，文化传播态势大大改变，各种各样的文化冲突也日益凸显。如何适应当代社会和现代传媒的巨大转变，调整自己以应对挑战并谋求进一步的发展，成为人们共同关注的问题。

第二节　文化传播的原理

文化传播有自己的原理与机制，主要有：

---

① 李彬：《传播学引论》（第三版），248 页，北京，高等教育出版社，2013。

一、文化维模原理

在文化的发展进程中，需要形成一个相对稳定的结构模式，以保证文化在发展变迁及面对外来文化冲击的过程中，不至于造成自身民族文化传统的毁灭与断裂。这就需要文化的“维模”功能，也就是文化的选择与自我保护功能。

在文化传播中，“维模”使文化对外来文化的传入起到选择与自我保护的作用。如果外来文化有利于本土文化，则比较容易被作为新的文化营养为本土文化所吸收；如果外来文化对本土文化具有破坏性，“维模”就会拒斥外来文化的侵入。例如，古代日本接受了许多中国文化的特质，但也并不是毫无选择。它拒斥了不少与其文化特性不符的文化要素。美国文化人类学家露丝·本尼迪克特提到，7世纪以来，日本一再从中国引进伦理体系，比如“忠”“孝”等观念。然而，对中国人极为看重的“仁”却很不以为然。中国人要求父母对待子女、统治者对待臣民，都应该以“仁”为本，才可得到子女和臣民的爱戴。天子之所以能享有帝位，是因为他在施仁政。如果不“仁”，人民甚至可以反对他。“中国的伦理学把‘仁’作为检验一切人际关系的试金石”。然而，日本人对此从未接受，反而认为这是因为中国人性本恶，所以才需要树立“仁”这个标准来约束其劣根性。因此，“仁”被彻底排斥在日本人伦理体系之外，地位十分低下，失去了在中国伦理体系中的崇高地位。因为“在日本，这些观点显然与天皇制不相容，所以，即使作为学术理论，也从未全盘接受过。”①

作为文化的自我保护机制，“维模”时刻在发挥着作用。其作用的大小与其所在社会内部的运行机制有关。

一般情况下，当一个社会内部运行平稳，蒸蒸日上时，它对自身的文化会比较自信，也乐于接纳外来文化的进入，维模作用就会弱一些。比如我国盛唐时期，国泰民安，文化发达，政府对外来文化采取兼收并蓄的开明态度。首都长安居住着来自欧、亚各地的侨民，成为古代的世界大都会，摩尼教、祆教、伊斯兰教和景教等外来宗教也输入国内。通过对外来文化的吸收、筛选与加工，中国文化汲取了新的营养，促进了文化的勃勃生机。

① ［美］鲁思·本尼迪克特著，吕万和、熊达云、王智新译：《菊与刀》，82—83页，北京，商务印书馆，1996。

然而，当一个社会内部运行机制严重失调、危机四伏、文化势能由强转弱时，它对外来文化便充满戒心，维模作用比较强，导致文化的沟通与交流受阻。对外来文化的疏离甚至拒斥，会阻碍自身文化的发展与进步。久而久之，可使本土文化故步自封，缺乏活力。而对外来文化的长期拒斥，又会导致人们对自身文化缺乏清醒的认识，盲目自大，对外来文化便更加轻视，从而陷入恶性循环。

由此可见，维模对于文化的发展主要有两个方面的影响。一方面，它对自身文化有保护作用，对外来文化的文化要素，它会根据自身的文化特性进行把关，以保证自身文化的稳定。另一方面，当其作用过分强劲时，会阻碍文化的传播，使本土文化陷于封闭与惰性的状态，妨碍文化的发展。

二、文化适应原理

“橘生淮南则为橘，生于淮北则为枳”。一种植物要移植异地，必须要适应当地的水土，否则就可能存活不下去。同样，当一种文化与另一种文化相接触与沟通时，必须要适应对方的文化特性与接受能力等状况，否则就会被对方所拒斥，造成传播活动的失败。

以佛教在中国的传播为例。佛教作为一种外来宗教，其教义与思想已经深入到中国人的集体意识，渗透到国人思想意识、民族关系、文化艺术、生活习惯以及风俗传统等社会生活的各个方面，影响深远。然而，在它传入中国之初，却因为与中国本土文化存在很多冲突，而在很长时间内受到排斥。比如有名的沙门拜俗之争。印度佛教认为出世的僧人高于在世的俗人。人一旦出家，便割开了同社会、家庭的一切关联，不再受世俗伦理规范的束缚，因此可以不跪君主，不拜父母。这种“无君无父”的主张与中国传统文化对“忠”“孝”的重视与强调形成尖锐冲突。其他争议还有报应之争、佛性之争、顿渐之争、袒服踞食之争、神灭之争、夷夏之争等不同方面。对此，佛教采取了积极适应中国文化传统与思想内核的策略，积极与中国的儒、道思想相融合，佛教学者与高僧在佛经的翻译与教义的阐释方面做出妥协，逐步认同儒家思想与王权政治，甚至转而提倡忠孝。关于沙门拜俗，在东晋南北朝时期，就有佛教领袖提出“我非拜天子，乃礼佛耳”的调和主张。宋太祖有一次去相国寺，在佛像前烧香，问僧录赞宁是否应该叩拜佛像。赞宁答曰“不拜”，理由是“见（现）在佛不拜过去佛”。[①] 关于孝道，很多佛门中人把孝道作为修行的一项主要内容。明代的四大高僧之一智旭大师曾经明言：“儒以孝为百行之本，佛以孝为至道之宗。”[②] 最终，佛教会通了中国传统的哲学思想，形成了真正中国化的佛教——禅宗。同时，中国文明有着“独特的现世主义”，它是“唯一在任何时候都未产生过祭司阶级的文明”[③]，民众对宗教有着讲求实用、崇尚简易的功利思想。佛教顺应了这一特点，将佛教的仪式、佛性学说与修行方法都做了改革，这其中尤其以六祖慧能为代表。有这些对中国文化传统的顺应与妥协，佛教才得以在中国广泛传播，占据重要的地位。

再以天主教为例。天主教是一神崇拜，认为只有上帝才是真神，禁止崇拜偶像。中国社会却属于多神崇拜，天地日月、山川河流、圣哲贤人，甚至山精水怪、狐仙鬼魅，都可成为崇奉的偶像，祭天、祭祖、祭孔更是中国人日常生活中极为重要的事项。明朝年间，传教士利玛窦来华传教，意识到只有与中国文化传统相适应，外来宗教才可站住脚跟，并且得到发展。他穿儒服，学汉语，自称西儒，鼓吹“耶儒合流”，同时改革传教方式与策略，即所谓“利玛窦规矩”：主张以“天主”称呼天主教的“神”；并指“上帝”概念早已存在于中国上古文献；而祭祀祖先与祭祀孔子，只是追思先人与缅怀哲人的世俗仪式，只要不掺入祈求、崇拜等迷信成分，本质上并没有违反天主教教义。“利玛窦规矩”虽然在中国一度取得了成功，但却遭到来自天主教内其他教派的不满，引发了持续数百年的中西礼仪之争。1704 年，罗马教廷发布严厉的祭祖、祭孔禁约，康熙帝大怒，于 1721 年下令禁止天主教传教士在中国传教，这一禁教政策直至嘉庆、道光两朝仍然得到执行。1939 年，教宗庇护十二世颁布“众所皆知”通谕：允许教徒参加祭孔仪式；可以在教会学校中放置孔子之肖像或牌位，并容许鞠躬致敬；如果教徒必须出席带有迷信色彩的公共仪式时，必须抱持消极的态度；在死者或其遗像、牌位之前鞠躬，是被允许且是适当的。至此，礼仪之争才正式结束。

文化适应是十分重要的文化传播影响机制。外来文化若想顺利输入，必须适应本土文化的文化特性与文化传统，否则会遭到顽强的抵拒。而在

---

① 欧阳修：《归田录》卷一，1 页，北京，中华书局，1981。

② 曹越主编、孔宏点校，蕅益著述：《明清四大高僧文集·灵峰宗论》，420 页，北京图书馆出版社，2005。

③ ［美］斯塔夫里阿诺斯著，吴象婴等译：《全球通史：从史前史到 21 世纪》，155 页，北京，北京大学出版社，2012。

外来文化调整自己、适应本土文化的过程中，本土文化也在不期然中适应着外来文化。比如佛教在中国的传播，是一个逐渐被人们所接受的过程，并与儒、道思想相结合，融入中华文化的洪流。在本土文化与外来文化的相互适应中，最终达到文化的整合。

三、文化圈层原理

文化圈层是指同质文化的范围，即空间的延伸性。文化圈主要是一个关于文化空间的概念，指具有一定数量的、具有相同文化元素的地域范围。比如弗罗贝纽斯提到的“西非文化圈”。文化圈的概念来源于19世纪末20世纪初的古典传播学派。但在今天已经不再局限于传播学派所探讨的内涵与外延。我们可以根据研究的实际情况界定文化圈的空间大小，可以小到村落和社区，也可以大到国家乃至全球。文化层则是一个文化史学的概念。文化层是文化元素在特定的空间中进行历史累积的结果，展示的是相似的文化元素在不同的历史阶段中进行层层累加的过程。考古工作者经常会在同一个地点的不同层面，发现不同历史阶段的文化遗存。比如，2006年，在河南省焦作市的温县徐堡村，发掘出龙山文化时期到明清时期各个历史时期的城墙、墓葬等遗迹200多处。文化学者也经常在同一个地区发现各个时期文化共存的现象。实际上，文化层是现实的文化圈在历史上的积淀、凝结，文化圈则说明了文化层的秩序。文化本身具有的圈层性使得文化传播也具有了圈层性。

“文化圈层既表现在传播者中，也表现在受传者中。可从不同角度去划分。如从文化性质上分，有政治文化，经济文化，教育文化，知识文化，宗教文化。从社会结构上分，有工人文化圈层，农民文化圈层，知识分子文化圈层，还可以分为城市文化圈层，乡村文化圈层，大众文化圈层，精英文化圈层。不同文化圈层的交流与沟通表现也有所不同。”[①] 例如，城市文化圈层由于发展较快，文明程度较高，比较容易向乡村文化圈层传播。相比之下，乡村文化圈层比较难影响城市文化圈层。但与此同时，乡村文化圈层也有维模功能，可以在一定程度上抵御城市文化圈层的影响力。

四、文化融合原理

文化融合指两种或两种以上不同的文化经过接触交往后，彼此借鉴、

---

① 戴元光：《关于文化传播学的理论问题》，《兰州大学学报》（社会科学版），1995(4)，84页。

吸收、交融而形成一种新文化的过程。文化传播会造成文化的融合。

当不同的民族杂居一处，通过日常生活的交往、商贸活动、通婚等形式，不断进行文化的沟通与交流，则很有可能导致其文化体系中原有的文化要素或者被保存下来，或者被抛弃，或者发生变化，从而形成不同于原来文化体系的新的文化体系。传播不但是文化融合的前提，也是促进文化融合的重要机制。

一般而言，在文化融合的过程中，先进的、人数占优的、本土的文化更具优势。例如，古代中国的游牧民族进入中原之后，大多融入到了中原文化之中。而中原文化也从游牧民族的文化中汲取了不少营养，丰富了自身的文化形态。“文化融合的最终结果，并不是形成一种取代所有现存文化形态的全新文化形态，而是形成了一种可以包容原来若干文化形式的主要特征的东西。这种文化形态不可能完全取代原来的不同文化形态。恰恰相反，这种新的文化形态，使得文化的表现方式比以前更加丰富多样。”①

当然，在实际的历史进程中，不同文化的相遇、杂处，直至融合的过程中，并不只是有温情脉脉、自然而然的历史场景，同时也存在着大量的矛盾、冲突，甚至杀戮，呈现出在相互冲突中实现相互融合的矛盾运动过程。

五、文化增殖原理

文化增殖是文化在质和量上的“膨胀”或放大，是文化的原有价值或意义在传播过程中生成新的价值和意义的现象，是文化的再生产与创新。

文化在传播的过程中，经过时间的打磨与空间的流转，逐渐滋生与繁衍出新的价值与意义。“这一新意义，通过与原义一脉相传的继承创新，或与原义截然相反的破旧立新，推动达到文化价值的最终升华。”比如，日语中的汉字，韩国国旗上的八卦图等等，均表明中国文化在传播过程中增殖出来的新的文化内涵。中国晚清年间，一本在西方史学界地位不高的《泰西新史揽要》“成为晚清所有翻译西方史籍中销售量最大、影响最广的一部”著作。这本书原名《十九世纪史》，讲述了19世纪西方基督教的文化史和欧美各国资本主义的发展史，内容相当广泛，但史学地位不高。然而它对变通观、进化论的宣扬，却引起了19世纪末穷则思变、救亡图存意识强烈的晚清社会的共鸣，得到广泛的传播与推崇。“由于其内容上对

① 李晓东：《全球化与文化整合》，62页，长沙，湖南人民出版社，2003。

‘变通观’和‘进化论’的侧重以及与西方先进的自然科学相结合的特点，这本在西方并不为人看重的历史作品得以在较广范围和较深层次冲击了当时社会的各个方面和各个阶层，特别是对维新派人士产生了不可低估的影响。这一文化传播中的‘郢书燕说’现象也揭示了文化增殖的本质。”①

在现代社会，借助于先进的现代传播媒介，文化可以在短时间内迅速传播开来，甚至跨越国界，传遍全球。传播时间迅速缩短，传播空间大为拓宽，使文化得以增殖。

然而，文化传播只是为文化增殖提供了条件和可能，并不是任何文化传播都必然导致文化的增殖。“文化在传播中能否增殖取决于传体文化本身的价值和影响程度，文化历史，取决于传播的方式、频次、途径、范围，取决于文化受体的承受力、宽容度、政治环境、文明程度、宗教信仰等状况”②。如果一个社会总体氛围比较宽松与开明，则有利于在原文化基础上发掘更多的价值与意义，实现文化的增殖。

文化的增殖一方面可以使文化得到更为广泛的传播，使文化的价值与意义得到更多的挖掘。但另一方面，文化增殖会有虚假的现象，或是背离原文化的现象，甚至“闻一增以为十，见百益以为千”。大量的虚假文化的增殖是对原文化的破坏。因此，如果是原文化基础上的增殖，是原文化价值与意义的发展，对社会来说是积极的，有利于原文化的整合与重构。如果是背离文化母体的增殖，则会加速社会的解体。

六、文化积淀原理

在文化传播过程中，旧的文化因素得以保存与传承，新的文化因素不断增加，使文化财富不断累积，推动着人类社会的发展。这就是文化积淀。

文化产生的越早，传播的时间越久，文化的积淀就越深厚。正如摩尔根所指出的，人类是通过经验知识的缓慢积累，才从蒙昧社会上升到文明社会的。而在当今社会，先进的现代传播媒介使得文化知识与信息的传播、储存手段与累积方式日新月异令人瞠目。

一方面，文化的积淀促成了众多文化圈的发展。比如，汤因比在其著

---

① 张昭军、徐娟：《文化传播与文化增殖——以〈泰西新史揽要〉在晚清社会的传播为例》，《东方论坛》，2005（4），65页。

② 戴元光：《关于文化传播学的理论问题》，《兰州大学学报》（社会科学版），1995（4），85页。

作《历史研究》中所描绘的37个文明圈，其实就是文化圈。另一方面，随着人类一代又一代的延续，文化积累越来越深厚，文化圈越来越稳定，文化也容易变得封闭和保守。比如，中国经历了漫长的封建社会时期，形成了以儒家文化为主体的文化，较为适应封建社会的需要。这既是中国文化博大丰厚的历史财富，也使社会成员封建文化的心理积淀较厚，文化观念更新困难，给社会的转型发展增加了难度。美国立国仅二百多年，但却处于发达国家前列，其中一个原因就是其文化基础是工业文明后产生的多元文化，更加适应工业社会的发展，也更容易实现向信息社会的转型。

七、文化变迁原理

文化不是静态的、不变的。事实上，任何一种文化都处在动态的发展和变化之中，都不同程度地经历着产生、发展、衰退和再生的过程。“在整个人类历史上，随着人们需要的变化，传统的行为和态度不断在被取代或改变着。正如没有哪个人永远不死，也没有哪种文化模式永远不变。”[①] 文化自身的运动，必然导致文化不断地变迁。这是由社会发展所引起的一种内在的律动。

文化变迁指的是“文化在发展过程中，由于文化特质、文化因素的量的渐变以及进而导致的文化结构、文化模式的质的变化。”[②] 它可能是渐变式地发生，需要很长时间才能做到；也可能耗时较短，发生突变。文化变迁的过程或途径主要有发现与发明、传播、文化丧失以及涵化。其中文化传播是文化变迁的重要动力。比如五四运动与新文化运动，是中国近代社会一次大规模的文化变迁。这得益于西方的民主与科学思想在中国的传播。而马克思主义在中国的广泛传播，则深刻影响了中国革命的走向，最终导致中国社会发生了由半封建半殖民地文化向社会主义文化的大变迁。

文化变迁的一般过程与规律主要是从量变到质变、从物质层面到精神层面、从自发到自觉：第一，文化变迁要求在“量”与“质”上均发生重大变化。文化变迁首先要在“量”上发生变化，有了“量”的积累才可以产生“质”的转变。第二，一般而言，文化变迁首先发生在物质文化层

---

① ［美］C·恩伯、M·恩伯著，杜杉杉译：《文化的变异——现代文化人类学通论》，531页，沈阳，辽宁人民出版社，1988。

② 陈建宪：《文化学教程》（第二版），178页，武汉，华中师范大学出版社，2011。

面，因为这个层面是变化最快的要素，也最容易为人所接受，其次发生在制度文化层面，最后发生在精神文化层面。第三，文化变迁要经历一个从自发到自觉的过程。对于新事物，人们首先有一个陌生到熟悉、由隔阂到认可的过程，然后才进入到主动改变的阶段。在以上三个方面，文化的传播都起着不可或缺的作用。

第三节　文化模式与文化传播

我们的世界存在着各种各样的文化，这些文化各有特点，也存在着一些共性，影响着不同文化之间的传播过程与传播效果。从价值观的角度，学者们总结了一系列的文化模式，并探讨了这些模式对文化传播的影响。

一、文化模式

文化模式理论最初由美国文化人类学家克罗伯和克拉克洪提出。他们在对 160 个关于文化的定义进行了广泛而深入的分析之后，认为："文化由外显的和内隐的行为模式构成，这种行为通过符号而获致和传递，文化代表了人类群体的显著成就，包括它们在人造器物中的体现；文化的核心部分是传统的（即历史地获致和选择的）观念，尤其是它们所带的价值，文化体系一方面可以看作是活动的产物，另一方面则是进一步活动的决定因素。"

在此之后，很多学者都对文化模式理论做了进一步的阐述，这其中以露丝·本尼迪克特贡献最大。在其著作《文化模式》一书中，本尼迪克特正式提出了"文化模式"的概念。相对于克罗伯将文化中那些稳定的关系与结构看成一种模式，本尼迪克特认为文化模式是相对于个体行为来说的。她认为，人类行为的方式有多种多样的可能，这种可能是无穷的。但是，在这些无穷的可能性里，一个部族或者一种文化只能选择其中的一些可能性，这些可能性的选择是有自身的社会价值取向的。这些选择包括如何对待生、死、青春期或者是婚姻等，以及各种规矩与习俗，并且逐渐规范化、制度化、合理化，演变成为风俗、礼仪，并被强化为人的心理特征和行为特征，结合成为一个部落或部族的文化模式。她还认为，不同的民族和社会有不同的文化模式，每一种文化模式都有自己的特色和价值取向。因此，本尼迪克特所说的文化模式实际上是一种文化的整体意义和价值。

美国学者萨默瓦认为，文化模式“既指帮助人们感知世界、思考问题的条件，也指人们在这个世界中的生活方式。这些文化模式对跨文化研究的有用之处在于它们排斥散漫性和无常性，而具有系统性和重复性。它们为大多数本文化成员共同拥有，并影响成员们的行为”①。

所有文化的核心都具有自身的模式。理解这些模式有助于我们理解整个文化。比如萨默瓦指出，美国的主导文化模式有以下几个特点：个人主义，这是美国最重要的文化模式；平等价值观，在家庭内提倡平等而非等级关系，在大多数朋友和同事之间也是平等关系；物质主义，认为获得物质上的富足与身体上的舒适是个人的权利；推崇科学和技术，重视理性、客观、经验证据和科学方法；重视进步和变化，接受变化，强调未来而非过去，相信自身把握生活的能力；热爱工作和娱乐；鼓励竞争精神。这些特点的总结，有助于人们了解美国人的处事模式与态度信念，帮助人们与之交流与共处。

当然，有一点值得人们注意：由于一个文化群体内部成员在年龄、性别、地位、民族、宗教信仰、个性特征等方面各不相同，导致他们对事物的理解方式与价值观念各不相同。因此，一个文化的价值观并不一定是这个文化所有成员的价值观，同样，“如果说整个国家拥有共同的文化模式的话，那么这种共同性应该仅局限在每个国家的主导文化的范围之内”②。如上述美国的文化模式，也不过只是描述了美国的主导文化模式。在美国文化内部，存在着非裔美国人群体、华裔美国人群体、土著印第安人群体等许多不同的群体，他们的文化模式与美国的主导文化模式可能会有不同。另外，文化模式也可以随着时代的变化而发生变化。比如，中国传统的文化模式是以浓厚的家族观念、重人伦、对祖宗及传统权威的崇拜、重视历史与传统、集体主义等为特点，随着现代化的发展与跨文化的交流，人们的价值观念也在变化之中，文化模式也相应发生了一些变化。

关于文化模式，人类学家、社会心理学家与传播学者做了很多研究，他们设计了一些分类法，以便对特定文化的行为模式进行分析与研究。

（一）高语境文化与低语境文化

在文化传播过程中，传播者所传达的意义，除了来自于传播符号，还

---

① ［美］拉里・A・萨默瓦、理查德・E・波特著，闵惠泉等译：《跨文化传播》，48页，北京：中国人民大学出版社，2004。

② ［美］拉里・A・萨默瓦、理查德・E・波特著，闵惠泉等译：《跨文化传播》，49页，北京，中国人民大学出版社，2004。

来自于语境，也就是传播活动的时空环境以及社会文化环境。根据语境在文化中的突出倾向，美国学者爱德华·霍尔将文化分为低语境文化（low-context cultures）和高语境文化（high-context cultures）。

高语境文化中的社会成员在历史、传统、民俗等方面具有高度的重叠性，因此大部分信息都已储存于既成的语境中，为全体成员所共享，而极少存在于编码清晰的讯息之中。因此在人际交往方面，他们更擅长于借助共有的“语境”来进行交流，意义并不完全包含在言语之中，更加依赖和熟悉于手势、眼神、沉默等非语言交流，注重“意会”。中国是典型的高语境文化，尤其是在中国传统社会，因为中国传统社会是农业社会，人口流动少，世代聚居在一起，人们之间有着长期共同的生活经历和文化背景，有时候一个眼神、一个语气，就可以心领神会，因此不需要用语言表达得太清楚，有很多含义借助于语境就可以充分表达出来。比如传统的中国人，很少用语言直接表达“我爱你”这一信息，而是经常用眼神、动作等非语言符号，通过语境表达出来。同时，在这样的环境里，人们更加注重彼此关系的和谐，而回避冲突，因此有些话经常不便直说。出于人际关系的和谐与保全面子的考虑，人们会更多地采取委婉、含蓄的表达方式。所谓“听话听音”“意在言外”“此处无声胜有声”“微言大义”都是这个意思。日本、韩国等也属于高语境文化。

低语境文化与高语境文化正相反，大多数信息都是通过外在的语言方式进行传达，语境对传播的意义并不特别明显。美国就是典型的低语境文化。美国是一个移民社会，具有较低的同质性，不同族裔、不同文化背景的人聚在一起，彼此之间缺乏共同的经历，也没有共通的语境。因此，相较于高语境文化委婉、含蓄的表达方式，低语境文化的人表达方式相当直接，更注重“言传”“有一说一”，要求语言符号能够全面准确地表达出传播者所要传达的意义，以避免产生误解。

当高语境文化的人与低语境文化的人相遇时，交流往往就会出现冲突。比如，亚洲人的交流方式常常比较隐晦、间接和含蓄，而西方人的交流方式常常比较直接和坦率。哈瑞斯（P. R. Harris）和摩兰（R. T. Moran）说：“除非全球领导人都能够认识到这些微妙的差异，否则来自高低语境文化的交流者在交流时会产生误解。日本人在交流时含蓄间接，美国人则正好相反，他们坦白直言。前者重视对方没有说出来的话——非语言交流或身体语言、沉默和停顿、关系和感情，并从中揣摩对方的意图；后者强调通过语言清楚明白地直接发送、接收准确的信息。”[1] 对于沉默这一国际性的非语言符号，高语境文化与低语境文化也有着不同理解。“中国人喜欢保持沉默，也常常爱以沉默对待你，拒绝回答你的问题。他们这样做的意思只是礼貌地不表明态度，但是英语国家的人就感到受到了极大的侮辱。中国人要牢记在心里的是，在英语国家的人当中沉默是宝贵的，但它是对儿童在成人面前的态度而言的。在成人之间，无论如何文不对题，只要听清了问题就必须作出回答，因为听到提问后保持沉默，显然是对对方的蔑视。宁可说一句‘我不想告诉你’，也比沉默不语强。另一方面，英语国家的人不能忘记，中国人不明确表态的沉默或不回答问题往往被看成是礼貌地自我约束的表现，并不是蔑视他人。……可能由于生活总是喧闹不止，中国人好像要比英语国家的人更为珍惜沉默和安静，也不像英语国家的人那样动不动就怀疑沉默有什么不对。也许是因为中国人生活在比较统一的社会之中，相互之间无需解释就自会明白。英语国家的人，生活在极为杂乱不一的社会之中，相互之间常要不断作出解释才能避免误解，因此，就形成了爱解释的习惯。这样一来，他们就变得极为健谈。中国人却往往理智地保持沉默。”[2]

（二）霍夫斯泰德的文化价值观维度[3]

20 世纪 80 年代，荷兰心理学家吉尔特·霍夫斯泰德（Gerte Hofstede）对几十个国家与地区的十余万名 IBM 员工进行了调查，获取了大量的调查数据。霍夫斯泰德将其与其他国家与地区进行了详细的比较分析，试图找出能够解释导致大范围内文化行为差异的因素。1980 年，霍夫斯泰德出版《文化的效应》，从四个方面分析了各个国家的文化差异和特征：个人主义/集体主义、权力距离、不确定性规避、阳刚特征/阴柔特征，引起巨大反响。后来，霍氏又在加拿大籍香港学者彭迈克（Michael H Bond）研究的基础上，补充了第五个维度：长期目标和短期目标，并在此后的研究里对其维度模型进行了更为详尽的诠释。

---

① ［美］拉里·A·萨默瓦、理查德·E·波特著，闵惠泉等译：《跨文化传播》，65 页，北京，中国人民大学出版社，2004。

② ［美］莱杰·布罗斯纳安著，毕继万译：《中国和英语国家非语言交际对比》，182—183 页，北京，北京语言学院出版社，1991。

③ ［荷］吉尔特·霍夫斯泰德、格特·扬·霍夫斯泰德著，李原、孙健敏译：《文化与组织：心理软件的力量》（第二版），北京，中国人民大学出版社，2010。

1. 权力距离

权力距离这一名称来源于荷兰实验社会心理学家毛克·米尔德(Mauk Mulder)的研究，指的是上下级之间的情感距离。霍夫斯泰德将权力距离界定为“在一个国家的机构和组织中，弱势成员对于权力分配不平等的期待与接纳程度”①。根据社会成员与权力之间的关系，霍夫斯泰德制定了权力距离指数，将文化分为“权力距离较大”的文化与“权力距离较小”的文化。

在权力距离较大的文化中，地位和等级非常重要，权力高度集中，不同等级之间界限分明，决策过程中下属的意见不太受重视。在权力距离较小的文化中，人们认为彼此天生平等，所谓的等级制度不过是角色不同而已，制度只为了工作的方便而建立的，社会应该有保障每个人获取权力的机制。由于不同等级之间的界限比较模糊，因而人们总体的权力意识较弱，关系较为随和。因此，当这两种不同文化的人共处时，很可能会出现误解与冲突。

在霍夫斯泰德设计的表格中，我们可以看到各个国家和地区的权力距离得分排名。其中1指权力距离最大，74指权力距离最小。

表 3-1　74 个国家和地区的权力距离指数②

国家/地区	分数	排名	国家/地区	分数	排名
马来西亚	104	1—2	阿拉伯国家	80	12—14
斯洛伐克	104	1—2	孟加拉国	80	12—14
危地马拉	95	3—4	中国大陆	80	12—14
巴拿马	95	3—4	厄瓜多尔	78	15—16
菲律宾	94	5	印度尼西亚	78	15—16
俄罗斯	93	6	印度	77	17—18
罗马尼亚	90	7	西非	77	17—18
塞尔维亚	86	8	新加坡	74	19
苏里南	85	9	克罗地亚	73	20
墨西哥	81	10—11	斯洛文尼亚	71	21
委内瑞拉	81	10—11	保加利亚	70	22—25

---

① ［荷］吉尔特·霍夫斯泰德、格特·扬·霍夫斯泰德著，李原、孙健敏译：《文化与组织：心理软件的力量》，49页，北京，中国人民大学出版社，2010。

② ［荷］吉尔特·霍夫斯泰德、格特·扬·霍夫斯泰德著，李原、孙健敏译：《文化与组织：心理软件的力量》，47页，北京，中国人民大学出版社，2010。

续表

国家/地区	分数	排名	国家/地区	分数	排名
摩洛哥	70	22—25	加拿大魁北克省	54	49—50
瑞士法语地区	70	22—25	日本	54	49—50
越南	70	22—25	意大利	50	51
巴西	69	26	阿根廷	49	52—53
法国	68	27—29	南非①	49	52—53
中国香港	68	27—29	特立尼达岛	47	54
波兰	68	27—29	匈牙利	46	55
比利时瓦隆	67	30—31	牙买加	45	56
哥伦比亚	67	30—31	爱沙尼亚	40	57—59
萨尔瓦多	66	32—33	卢森堡	40	57—59
土耳其	66	32—33	美国	40	57—59
东非	64	34—36	加拿大（全国）	39	60
秘鲁	64	34—36	荷兰	38	61
泰国	64	34—36	澳大利亚	36	62
智利	63	37—38	哥斯达黎加	35	63—65
葡萄牙	63	37—38	德国	35	63—65
比利时弗拉芒	61	39—40	英国	35	63—65
乌拉圭	61	39—40	芬兰	33	66
希腊	60	41—42	挪威	31	67—68
韩国	60	41—42	瑞典	31	67—68
伊朗	58	43—44	爱尔兰	28	69
中国台湾	58	43—44	瑞士德语地区	26	70
捷克	57	45—46	新西兰	22	71
西班牙	57	45—46	丹麦	18	72
马耳他	56	47	以色列	13	73
巴基斯坦	55	48	奥地利	11	74

注：①数据只来自白人样本。

霍夫斯泰德认为，（1）一个国家的地理纬度越高，权力距离得分越低。这是因为在低纬度地区（也就是更接近热带气候的地区），农业社会所处的自然环境通常更优越，社会最主要的威胁是与其他部落为了领地与资源而展开的竞争，因此按照等级制度组织起来并依赖于核心权威来维持秩序与平衡的社会，可以更好地生存。而较高纬度的地区（也就是温带与寒带气候的地区），自然资源并不富足，人们首先要对抗的敌人是自然，而不是其他人群，因此社会成员学会的是如何保护自己，而不是过分依靠权势者。（2）人口规模越大，权力距离得分越高。因为在一个人口众多的国家，人们不得不接受一种更疏远、更不易接近的政治权力。（3）国家财富越多，权力距离得分越低。因为这样的国家通常有更发达的现代技术、更高的社会流动性、更完善的教育体系、更庞大的中产阶层等，能够较少地依赖掌权者。

2. 个人主义与集体主义

个人主义与集体主义作为国家文化的一个维度，是造成跨文化交往中许多误解的原因所在。霍夫斯泰德将个人主义界定为“人与人之间松散联系的社会：人们只照顾自己及其核心家庭”，而集体主义指“人们从出生起就融入到强大而紧密的内群体当中，这个群体为人们提供终身的保护以换取人们对于该群体的绝对忠诚”。①

个人主义与集体主义表示个人与群体间的关联程度。个人主义文化崇尚个性和自由，注重个体目标；认为个人权益不可侵犯，国家与集体的存在是为了更好地保护个人权益；重视个人动机和成就；在感情上不依赖组织或机构，强调独立性而非依赖性；更多地鼓励竞争而非合作。集体主义文化则更强调集体目标，认为个人利益应从属于集体利益；在感情上依赖于组织和机构；强调对组织的归属；强调合作，追求集体的和谐；个人服从集体的决策，即使以牺牲个人的权利为代价；社会等级分明，成员各安其位，以维护集体的稳定。

为衡量一个社会的个人主义与集体主义倾向，霍夫斯泰德制定了个人主义指数。这一指数的数值越大，说明该社会的个人主义倾向越明显；数值越小，说明该社会的集体主义倾向越明显。根据对调查数据的分析，霍夫斯泰德认为，国家的富裕程度与该国文化中个人主义的程度之间存在着密切关系。传统农业占据很大比例的社会绝大多数是集体主义社会，而现代化的工业社会主要是个人主义社会。不过也有例外，比如在东亚一些国家与地区，尽管工业化的程度很高，但也保留了相当程度的集体主义特

① ［荷］吉尔特·霍夫斯泰德、格特·扬·霍夫斯泰德著，李原、孙健敏译：《文化与组织：心理软件的力量》，80—81页，北京，中国人民大学出版社，2010。

点，这些国家与地区包括日本、韩国、新加坡、中国香港、中国台湾等。他还指出，权力距离指数与个人主义指数之间往往呈现出负相关，高权力距离国家很可能集体主义的程度更高，低权力距离的国家往往更加个人主义。霍氏认为，通过国家财富与地理纬度这两个因素，可以比较准确地预测一个国家的个人主义指数。国家越富裕，个人主义指数往往越高。这是因为国家富裕，人民也就有机会获得更多的资源，做自己的事情，从而使个人生活取代集体生活。更靠近赤道的国家，个人主义指数更低。因为处于温带与寒带的国家，人们的生存更主要地取决于他们照料自己的能力，因此会导致某种程度的个人主义。除此之外，历史因素也可以部分地解释这一纬度上的国家差异，比如儒家思想的影响使东亚各国至今仍然保留着集体主义的价值体系。

当然，并不是一个国家属于集体文化，这个国家的所有群体就都属于集体文化。萨默瓦指出，尽管美国属于个人主义文化，但在美国国内，仍然存在着许多可以定位为集体主义的群体文化，比如墨西哥裔与非裔美国人就有很多集体主义的特征。1990 年，泰安迪斯估算，大约 70%的世界人口属于集体主义文化。直到现在，集体主义仍然是我们这个世界的主流。

表 3-2　74 个国家和地区的个人主义指数①

国家/地区	分数	排名	国家/地区	分数	排名
美国	91	1	加拿大魁北克省	73	11
澳大利亚	90	2	比利时瓦隆	72	12
英国	89	3	法国	71	13—14
加拿大（全国）	80	4—6	瑞典	71	13—14
匈牙利	80	4—6	爱尔兰	70	15
荷兰	80	4—6	挪威	69	16—16
新西兰	79	7	瑞士德语地区	69	16—17
比利时弗拉芒	78	8	德国	67	18
意大利	76	9	南非①	65	19
丹麦	74	10	瑞士法语地区	64	20

① 资料来源：[荷] 吉尔特·霍夫斯泰德、格特·扬·霍夫斯泰德著，李原、孙健敏译：《文化与组织：心理软件的力量》，83—84 页，北京，中国人民大学出版社，2010。

续表

国家/地区	分数	排名	国家/地区	分数	排名
芬兰	63	21	罗马尼亚	30	46—48
爱沙尼亚	60	22—24	东非	27	49—51
卢森堡	60	22—24	葡萄牙	27	49—51
波兰	60	22—24	斯洛文尼亚	27	49—51
马耳他	59	25	马来西亚	26	52
捷克	58	26	中国香港	25	53—54
奥地利	55	27	塞尔维亚	25	53—54
以色利	54	28	智利	23	55
斯洛伐克	52	29	孟加拉国	20	56—61
西班牙	51	30	中国大陆	20	56—61
印度	48	31	新加坡	20	56—61
苏里南	47	32	泰国	20	56—61
阿根廷	46	33—35	越南	20	56—61
日本	46	33—35	西非	20	56—61
摩洛哥	46	33—35	萨尔瓦多	19	62
伊朗	41	36	韩国	18	63
牙买加	39	37—38	中国台湾	17	64
俄罗斯	39	37—38	秘鲁	16	65—66
阿拉伯国家	38	39—40	特立尼达岛	16	65—66
巴西	38	39—40	哥斯达黎加	15	67
土耳其	37	41	印度尼西亚	14	68—69
乌拉圭	36	42	巴基斯坦	14	68—69
希腊	35	43	哥伦比亚	13	70
克罗地亚	33	44	委内瑞拉	12	71
菲律宾	32	45	巴拿马	11	72
保加利亚	30	46—48	厄瓜多尔	8	73
墨西哥	30	46—48	危地马拉	6	74

注：①数据只来自白人。

当集体主义与个人主义这两种文化的人共处时，文化的差异会表现得非常明显。比如，表达不同的意见时，个人主义文化认为直言不讳是一种美德；但在集体主义文化中，却更为含蓄与委婉，更加注意给对方面子。

美籍华裔学者丁允珠（Stella Ting-Toomey）曾经提出“面子协商理论”，认为在每一种文化里都有某种用于协商的“面子”。面子是指在他人在场的情况下一个人的自我形象，包括有关尊敬、荣誉、地位和其他类似的价值的感受。营造面子是一套操作，包括面子策略的扮演、语言和非语言的动作、自我表现行为、印象管理互动等。影响面子的文化因素主要有两个：一个是个人主义—集体主义，一个是权力距离。丁允珠提出了留面子、给面子、丢面子、挽回面子等概念。她认为，“要面子”表示面子有极高的价值，人们生活在群体当中，有被接纳、被保护、被包容的要求。要面子被认为是合理的。“给面子”是鼓励支持并满足人们对被包容、被接纳、被承认的需求。这两者是积极的面子。“挽回面子”要求自我的自由、空间，避免他人侵害个人的独立自治，“留面子”则表现出对他人自由、空间的尊重。二者的主要作用是维护自我最起码的尊严，不具有对他人的控制和支配作用，因此是消极的面子。群体价值导向的高语境文化如中国、日本、韩国等东方文化追求积极的面子，面对冲突的时候一般采取协商妥协、避免冲突的策略，也就是通过不断的“给面子”，来满足人们的“要面子”，从而化解冲突。个体价值导向的低语境文化如西方文化追求消极的面子，处理冲突的策略一般是整合的、解决问题式的，或者通过竞争，谋求独断权威。也就是说，彼此都要保全面子、找回面子，只能订立契约；或者订立基本游戏规则，按照规则竞争。只要是按照规则竞争的，无论输赢，都有面子。① 可见，不同的文化类型对于冲突有着不同的处理方式。

3. 阳刚气质与阴柔气质

在阳刚气质的文化中，性别角色差别清楚，要求男性有主导能力、进取心强而且行事果断。女性应该细心、温柔、谦逊。在这种文化中，大多数的讲话由男性来做，男性在决策过程中占据主动地位。而阴柔气质的文化强调理解、关心别人的行为，认为男性无须行事果断，也可以担负起照顾别人的角色，提倡性别上的平等，认为人与环境的和谐非常重要。其性别角色与阳刚气质的文化相比更容易变化，两性相互依赖的行为被认为是合适的。

① 吴予敏：《跨文化传播的研究领域与现实关切》，《深圳大学学报》，2000（1），78—79页。

在表 3-3 中，得分高者为阳刚特征文化，得分低者为阴柔特征文化。霍夫斯泰德认为，最具阴柔气质的国家是瑞典、挪威、荷兰和丹麦，分别排名为第 71—74 名。最具阳刚气质的国家是斯洛伐克、日本、匈牙利与奥地利，分别排名 1—4 名。

表 3-3　74 个国家和地区的阳刚气质指数①

国家/地区	分数	排名	国家/地区	分数	排名
斯洛伐克	110	1	特立尼达岛	58	22—24
日本	95	2	捷克	57	25—27
匈牙利	88	3	希腊	57	25—27
奥地利	79	4	中国香港	57	25—27
委内瑞拉	73	5	阿根廷	56	28—29
瑞士德语地区	72	6	印度	56	28—29
意大利	70	7	孟加拉国	55	30
墨西哥	69	8	阿拉伯国家	53	31—32
爱尔兰	68	9—10	摩洛哥	53	31—32
牙买加	68	9—10	加拿大（全国）	52	33
中国大陆	66	11—13	卢森堡	50	34—36
德国	66	11—13	马来西亚	50	34—36
英国	66	11—13	巴基斯坦	50	34—36
哥伦比亚	64	14—16	巴西	49	37
菲律宾	64	14—16	新加坡	48	38
波兰	64	14—16	以色列	47	39—40
南非①	63	17—18	马耳他	47	39—40
厄瓜多尔	63	17—18	印度尼西亚	46	41—42
美国	62	19	西非	46	41—42
澳大利亚	61	20	加拿大魁北克省	45	43—45
比利时瓦隆	60	21	中国台湾	45	43—45
新西兰	58	22—24	土耳其	45	43—45
瑞士法语地区	58	22—24	巴拿马	44	46

①　资料来源：［荷］吉尔特·霍夫斯泰德、格特·扬·霍夫斯泰德著，李原、孙健敏译：《文化与组织：心理软件的力量》（第二版），126—127 页，北京，中国人民大学出版社，2010。

续表

国家/地区	分数	排名	国家/地区	分数	排名
比利时弗拉芒	43	47—50	危地马拉	37	61—62
法国	43	47—50	苏里南	37	61—62
伊朗	43	47—50	俄罗斯	36	63
塞尔维亚	43	47—50	泰国	34	64
秘鲁	42	51—53	葡萄牙	31	65
罗马尼亚	42	51—53	爱沙尼亚	30	66
西班牙	42	51—53	智利	28	67
东非	41	54	芬兰	26	68
保加利亚	40	55—58	哥斯达黎加	21	69
克罗地亚	40	55—58	斯洛文尼亚	19	70
萨尔瓦多	40	55—58	丹麦	16	71
越南	40	55—58	荷兰	14	72
韩国	39	59	挪威	8	73
乌拉圭	38	60	瑞典	5	74

注：①数据只来自白人。

4. 不确定性规避

人们在这个世界上生活，很难知道明天会发生什么，未来是不确定、不可知的，这难免会给人带来焦虑，而极端的不确定性更会给人带来难以忍受的焦虑。一直以来，人们都在寻找各种办法，以求摆脱这种焦虑。不同的文化对于这种未来的不确定性有着不同的处理方式。霍夫斯泰德用“不确定性规避”一词来指“某种文化中的成员在面对不确定的或未知的情况时感到威胁的程度。此外，这种感觉经常通过紧张感和对可预测性的需求（对成文的和不成文的规定的需求）表现出来”。他认为，人们抵抗未来这种不确定性的途径主要有三种：科技、法律和宗教。科技旨在帮助人们规避自然界的不确定性，法律法规用来阻止其他人行为的不确定性，宗教则被用来帮助人们接受自己无法抵御与控制的不确定性，与来世的不确定性。霍夫斯泰德将文化分为高度不确定性规避的文化和低度不确定性规避的文化。

高度不确定性规避的文化，焦虑和压力相对较高，对生活中的不确定性容忍度较低，会尽量避免不确定性和模糊性，它非常需要制定成文的规则、计划、规范、典礼和仪式，以增强生活的有序性。它常常向社会成员提供稳定性，制定正式的规则，不容忍偏离正道的观点和行为，寻求共识，并相信绝对的真理和专业技艺的成就。

低度不确定性规避的文化，焦虑水平相对较低。人们比较容易接受生活中的不确定性，不易为偏离主流的人或主张所困扰。他们喜欢主动性，不喜欢等级关系，乐于冒险，灵活性强，认为规则越少越好。他们对专家的依赖性不强，更多地靠自己、靠多才多艺与常识。整体而言，低度不确定性规避文化的心态较为放松。相较于高度不确定性规避文化中的人一般给人匆忙、多疑、不沉着、情绪化、富于攻击性的印象，这种文化中的人一般给人无趣、安静、易相处、懒惰、克制、懒散的印象。

霍夫斯泰德认为，第二次世界大战期间，德国、意大利和日本三国形成轴心国势力绝非偶然。因为这三个国家都属于高度不确定性规避文化，同时兼具阳刚气质的特征。因此，热衷战争、种族优越感、排外倾向、攻击倾向等思想比其他文化模式的国家更容易占上风。高度不确定性规避与显著的阳刚气质价值观是“最能滋生法西斯主义与种族主义的温床”。但同时，也正是这样的价值观促成了上述国家战后经济的迅速复苏。这也说明，一种文化的弱点在其他环境中可以转化为它的优势。

在霍夫斯泰德制定的表3-4中，74个国家按照得分高低，分属于高度不确定性规避文化与低度不确定性规避文化。霍氏认为，拉丁美洲、拉丁语系的欧洲以及地中海国家和地区得分较高（从希腊到厄瓜多尔），日本与韩国也得分较高，奥地利、德国和瑞士等一些讲德语国家得分中等偏上，属于高度不确定性规避的文化。得分中等偏下者，是除了日本和韩国之外的所有亚洲国家和地区、非洲国家，以及北欧国家和荷兰。

表3-4　74个国家和地区的不确定性规避指数①

国家/地区	分数	排名	国家/地区	分数	排名
希腊	112	1	俄罗斯	95	7
葡萄牙	104	2	萨尔瓦多	94	8
危地马拉	101	3	比利时瓦隆	93	9—10
乌拉圭	100	4	波兰	93	9—10
比利时弗拉芒	97	5	日本	92	11—13
马耳他	96	6	塞尔维亚	92	11—13

① 资料来源：[荷] 吉尔特·霍夫斯泰德、格特·扬·霍夫斯泰德著，李原、孙健敏译：《文化与组织：心理软件的力量》（第二版），178—179页，北京，中国人民大学出版社，2010。

续表

国家/地区	分数	排名	国家/地区	分数	排名
苏里南	92	11—13	泰国	64	44
罗马尼亚	90	14	孟加拉国	60	45—47
斯洛文尼亚	88	15	加拿大魁北克省	60	45—47
秘鲁	87	16	爱沙尼亚	60	45—47
阿根廷	86	17—22	芬兰	59	48—49
智利	86	17—22	伊朗	59	48—49
哥斯达黎加	86	17—22	瑞士德语地区	56	50
法国	86	17—22	特立尼达岛	55	51
巴拿马	86	17—22	西非	54	52
西班牙	86	17—22	荷兰	53	53
保加利亚	85	23—25	东非	52	54
韩国	85	23—25	澳大利亚	51	55—56
土耳其	85	23—25	斯洛伐克	51	55—56
匈牙利	82	26—27	挪威	50	57
墨西哥	82	26—27	新西兰	49	58—59
以色列	81	28	南非①	49	58—59
哥伦比亚	80	29—30	加拿大（全国）	48	60—61
克罗地亚	80	29—30	印度尼西亚	48	60—61
巴西	76	31—32	美国	46	62
委内瑞拉	76	31—32	菲律宾	44	63
意大利	75	33	印度	40	64
捷克	74	34	马来西亚	36	65
奥地利	70	35—38	英国	35	66—67
卢森堡	70	35—38	爱尔兰	35	66—67
巴基斯坦	70	35—38	中国大陆	30	68—69
瑞士法语地区	70	35—38	越南	30	68—69
中国台湾	69	39	中国香港	29	70—71
阿拉伯国家	68	40—41	瑞典	29	70—71
摩洛哥	68	40—41	丹麦	23	72
厄瓜多尔	67	42	牙买加	13	73
德国	65	43	新加坡	8	74

注：①数据只来自白人。

5. 长期导向—短期导向

在彭迈特对华人价值观调查与研究的基础上，霍夫斯泰德添加了第五个维度，也就是长期导向—短期导向。

霍夫斯泰德认为，所谓长期导向，是指培育与鼓励以追求未来回报为导向的品德，尤其是坚韧与节俭的品德。短期导向则是指培育与鼓励关于过去和当前的品德，尤其是尊重传统、维护面子，以及履行社会义务的品德。长期导向的文化注意坚韧、节俭的品质，愿意为了长远的回报而坚持努力，愿意为了最终目标而奉献自己。这种文化尊重环境，强调个人的适应性，注重谦卑，知廉耻。短期导向文化则希望付出的努力可以迅速见到成效，倾向于即刻的满足和消费，尊重传统，重视社会与身份赋予自身的责任，强调个人立场的坚定，重视面子。

霍夫斯泰德列出了 39 个国家与地区在这一维度上的得分。得分高者为长期导向文化，得分低者为短期导向文化。表 3-5 显示，中国（包括台湾、香港）、日本、越南、韩国排名前 6 位。在非亚洲国家与地区中，以巴西得分最高，因其拥有规模庞大的日裔少数民族。除菲律宾与巴基斯坦之外，所有其他的亚洲国家与地区都有比较高的长期导向得分，菲律宾与巴基斯坦属于短期导向。欧洲国家与地区处于中等。英国及其盎格鲁伙伴（澳大利亚、新西兰、美国和加拿大）属于短期导向，非洲国家津巴布韦和尼日利亚也属于短期导向。

表 3-5　39 个国家和地区的长期导向指数①

国家/地区	分数	排名	国家/地区	分数	排名
中国大陆	118	1	匈牙利	50	10
中国香港	96	2	新加坡	48	11
中国台湾	87	3	丹麦	46	12
日本	80	4—5	荷兰	44	13—14
越南	80	4—5	挪威	44	13—14
韩国	75	6	爱尔兰	43	15
巴西	65	7	芬兰	41	16
印度	61	8	孟加拉国	40	17—18
泰国	56	9	瑞士	40	17—18

① 资料来源：[荷] 吉尔特·霍夫斯泰德、格特·扬·霍夫斯泰德著，李原、孙健敏译：《文化与组织：心理软件的力量》（第二版），222—223 页，北京，中国人民大学出版社，2010。

续表

国家/地区	分数	排名	国家/地区	分数	排名
法国	39	19	葡萄牙	30	28—30
比利时（全国）	38	20—21	美国	29	31
斯洛伐克	38	20—21	英国	25	32—33
意大利	34	22	津巴布韦	25	32—33
瑞典	33	23	加拿大	23	34
波兰	32	24	菲律宾	19	35—36
奥地利	31	25—27	西班牙	19	35—36
澳大利亚	31	25—27	尼日利亚	16	37
德国	31	25—27	捷克	13	38
加拿大魁北克省	30	28—30	巴基斯坦	0	39
新西兰	30	28—30			

（三）克拉克洪和斯托贝克的价值观取向

根据各文化类型对人生五个基本问题的回答所体现出来的价值观，美国文化人类学者克拉克洪与社会心理学者斯托贝克划分了世界上的不同文化，称之为“价值观取向”。价值观是文化的核心部分，它帮助人们认定事物，辨别是非。克拉克洪和斯托贝克认为，所有的人都依靠自身的文化去回答一些相同的基本问题。这几个问题是：人的本性是什么？人类和自然的关系是什么？对待时间的倾向是什么？对行动持何种价值观？人与人之间的关系是什么？根据不同文化对这些问题的回答，克拉克洪和斯托贝克作了如下研究：

1. 人的本性取向

诚如史蒂文森（Stevenson）与哈勃曼（Haberman）所说，人的本性概念的差异导致我们在应该做什么和怎样做方面观点不同。那么，人的本性是什么？这是人类自诞生之日起就面对的问题。不管是从道德方面还是法律方面，几乎所有对人类行为的判断都始自这个核心问题。对这个问题，不同的文化有不同的回答，大体上可以分为三类：

(1) 人性本恶

有些文化认为，人性本恶，人与人之间不能相互信任，因此寻求通过宗教或政治制度控制人们的行为。例如，基督教认为，人生来是带着“原罪”的，人类来到世界上是为了赎罪的，通过忏悔和行善，可以洗脱罪孽，升上天堂。在这一观念的影响下，西方文化中有一种集体的反思与忏悔意识，人们相信，人性虽恶，但也可以改变，可以通过宗教与政治制度来控制人们的行为。人们自己也可以通过努力工作与自律走向善。

（2）人性本善

有的文化认为人性本善，比如儒家与佛教观念里都有人性本善的观点。《三字经》指出：人之初，性本善，性相近，习相远。之所以后来有了恶，关键在于后天的经历和教育。孟子也提出，恻隐之心、羞恶之心、恭敬之心、是非之心，人皆有之。所以，儒家讲“人人皆可以为尧舜”。虽然荀子曾经提出性恶论，但并不为儒家主流思想所接纳。性善论对中国传统社会的影响非常深远。

（3）善恶兼而有之

这种价值观取向处在善与恶之间，认为人是具有可塑性的，就像一张白纸，既可以为善，也可以为恶。善恶的选择关键在于人们生活中所经历的事情以及他们处理这些事情的方式。

2. 人与自然的关系取向

在人类的发展过程中，人与自然的关系始终是一个极为重要的问题。人们对这个问题的回答，直接影响到人类对待自然的态度与行为，也影响到人类文明的发展。对此，主要有三种价值观取向：

（1）服从

具有这种取向的文化认为，人类在大自然面前是无能为力的，人类不能驾驭自然，而只能从属于自然。自然是人们生活中最强大的力量，不管这种力量是上帝、命运还是魔力，人都不能战胜它，而只能接受它，只能听命于不可捉摸的神秘命运。生活在文明和科技不发达地区的人常持有这种观点。

（2）征服

具有这种价值观取向的文化认为，人是自然的主人，自然只是人类开发的资源，鼓励人类为了自身的利益去征服和主导自然，强调人对自然的控制与索取。这种价值观取向是西方式的。比如美国人认为自然是用来被征服的。他们推崇科学与技术，重视理性、客观、经验证据和科学方法，重视进步和变化，相信自身把握生活的能力。因此，他们对自然的态度是控制式的。

（3）和谐

具有这种价值观取向的文化强调与自然的和谐与合作，认为人源于自然，最终也将归于自然。自然是生命的一部分，人类在改造自然以维持生命的同时，也要尽力保护自然，尽最大努力与自然和谐共处。中国的传统文化即具有这种强烈的意识，倡导“天人合一”，讲究人与环境和睦相处。日本等东亚国家与地区、美国的土著印第安人也具有这种意识。

由于在对待自然方面有观点的分歧，不同的文化在交流中可能会出现冲突。比如，美国主导文化与一些土著部落之间的冲突。后者反对大量挖煤采矿，因为那会损坏地貌，惊走他们崇拜的神灵。①

3. 时间取向

时间在人类的生活中极其重要。如何看待时间、对待时间，过去、现在与将来，在人类生命中占有什么样的位置，是每个文化都没办法回避的问题。对此，人类文化基本上有三种不同的倾向。

（1）过去取向

过去取向的文化推崇历史，重视传统，相信过去会为现今决策的制定提供指导。对这些文化来说，历史、已确立的宗教和传统至关重要。例如，中国人对历史十分推崇，崇拜祖先，尊敬师长，强调“鉴古资今”，“温故而知新”，常常“厚古薄今”，注重用过去的经验教训指导现在的政策与措施，寻找应对的方案。中国极为丰厚的历史资源，使得历史题材的影视剧与小说非常多，而有关幻想未来的题材相对较少。日本、英国、法国等，都属于过去导向的文化。

（2）现在取向

现在取向文化中的人们不太关注过去已经发生的事情和将来可能发生的事情，他们最重视现在，认为现在才是最重要的。对这一取向的文化来说，过去已不可追，未来则难以预测、模糊不清，最真实的事物只存在于此时此地。因此，快乐来自于现在。菲律宾人、墨西哥人和拉丁美洲人大多属于这种文化。相比其他文化，他们在对时间的态度上更加随意。

（3）未来取向

未来取向文化强调未来，并且期望未来比现在更美好，对未来的看法比较乐观。美国即属于未来取向的文化，正如美国前总统约翰逊所说，“昨天不属于我们，我们不想恢复昨天，但是明天却是我们的，我们或者赢得它或者输掉它”。在美国的文学、电影和艺术作品中，有大量关于未

---

① ［美］拉里·A·萨默瓦、理查德·E·波特著，闵惠泉等译：《跨文化传播》，61页，北京，中国人民大学出版社，2004。

来的设想。

4. 行动取向

行动取向指的是某种文化关于行动的观点。克拉克洪和斯托贝克认为，世界上的文化存在着三种行动取向，即实践（doing）、存在（being）和成为（being-in-becoming）。

（1）实践导向

实践导向认为，行动主体的成就可以通过外在的标准进行衡量。这一导向重视行动，这也是美国文化的特点。美国是一个强调行动的社会，认为人必须不断地做事、不断地行动才能有意义。当他们发现问题时，倾向于立即找出解决问题的办法，然后实施。他们对能够迅速决策、大胆直言的人很有好感，而对沉默寡言、优柔寡断的人不是很欣赏。“老师提问时，那些回答的孩子会受到奖励，那些思考的孩子常常会被认为是畏缩和有问题。这种教育体系偏向于鼓励那些能够立即给出答案的同学，而非那些花时间思考问题的学生。”

（2）存在取向

存在取向与实践取向相反。在这种文化中，安然耐心被视为美德，而非无所事事的表现。比如，在中国文化中，倾向于静观其变，以静制动，以不变应万变，强调无为而治。

（3）成为取向

成为取向强调的是我是谁，而非我做了什么。在这种文化中，人类活动的目标是努力成为更加完整的自我。比如，很多印度教和佛教徒花费一生的时间进行禅修、冥想，目标就是为了追求生命内在的或精神的升华。

5. 社会关系取向

根据人们看待与处理人际关系的方式，克拉克洪和斯托贝克将文化分为三种价值观取向。

（1）等级制取向

在等级制取向的文化中，认为一些人天生就是领导别人的，群体被分成不同的层次等级，每个群体的地位保持稳定，不随时间的改变而改变。这一文化取向倾向于实行贵族统治。

（2）集体主义取向

集体主义取向的文化也十分注重群体，但与等级制取向的文化不同，这里所说的群体并不是指具有时间延续性的群体，而是指在时空中与个人关系最密切的群体成员。比如在中国文化中，人们将自己看作群体的一员，认为个人应该尽量合群，与群体保持和谐的关系，对群体的从属关系高于个人目标。当个人利益与群体利益发生冲突时，应该牺牲个人利益以保全群体利益。

（3）个人主义取向

个人主义取向与霍夫斯泰德的“个人主义文化维度”大致相同，个人被认为是独一无二的独立个体，相信所有人都应该拥有同等权利，强调个人的独立性，个人的目标与目的优于群体的目标与目的。美国文化即是其中的代表。

（四）其他维度①

霍夫斯泰德、霍尔、克拉克洪和斯托贝克等人分别提出了一些研究文化的重要方法，除此之外，还有其他一些维度对于我们分析、研究文化也很有价值。比如，非正式性与正式性；果敢与人际和谐。

1. 非正式性与正式性

非正式性与正式性表现在文化的方方面面，从如何称呼对方，到行事的方式，不同文化的人有不同的表现方式。

有的文化倾向于非正式性。这种非正式性表现在很多方面，比如称呼、着装、言行等。美国文化是典型的非正式性的文化。这种非正式性首先表现在称呼上，他们和陌生人第一次见面的时候就常常直呼其名。正如扎维迪所说，“北美人倾向于非正式地、率真地对待别人。在与别人的交流过程中，他们避免使用正式的行为举止、头衔、表示敬重和礼节的礼仪。”埃尔森也提到，“大多数场合下人们使用习语（常称为‘俚语’），正式的语言一般用在公共事务和比较正式的场合中。生活中各个层次的人都会习惯性地穿着牛仔服、凉鞋或其他非正式的服装。谈话时，人们并不正襟危坐，而是随意地坐在椅子上，倚在墙上或家具上”。

当正式性文化与非正式性文化相遇时，会出现非常多的误解与冲突。与非正式性相对，许多文化很重视正式性，比如，埃及、土耳其、伊朗、德国、墨西哥、日本等。如果不注意这种差异，就可能出现问题。例如霍尔指出：“美国人的不正式以及直呼别人名字的习惯会让德国人感到非常不舒服，尤其是当年轻人或地位低的人以名字称呼年长者或上级的时候更是这样。”在正式性文化中，人们还大量使用代表荣誉的头衔，如主任、

① ［美］拉里·A·萨默瓦、理查德·E·波特著，闵惠泉等译：《跨文化传播》，66—67页，北京，中国人民大学出版社，2004。

博士、教授等，以示对对方的尊敬。

2. 果敢与人际和谐

这一维度与人们向别人“展示”自己的方式有关。影响跨文化传播风格的维度有很多，果敢和人际和谐是其中两个，它们对跨文化传播的影响表现在各个方面。

美国文化以其果敢和进攻性的交流风格而著称。美国文化提倡个人主义，推崇自由、平等、竞争与言论自由，对此，文仲和克鲁佛分析说，“在美国这种提倡个人主义的文化中，为了提高个人利益和生活质量，人们事事争取主动，在和他人的交流当中也是直抒己见。社会和地理上具有高度的流动性，许多个人关系实质上都停留在比较浅层的阶段，这提供了一个环境，在这个环境下，人与人之间的竞争和一定程度上的交锋是容许的，甚至是人们期望的。”

与之相对，有些文化更倾向于和谐与一致，他们不喜欢公开的对抗，总是尽力避免冲突，而更加注重人与人之间的和谐。中国、日本、菲律宾、泰国、墨西哥等国家，都是更加提倡和谐相处的文化。当这两种文化相遇时，很有可能会发生误解与冲突。

关于文化，以上的划分是从各种不同的研究角度进行的，仅就某一文化的主流特征而言的，因此只具有相对意义。例如，美国主流文化提倡果敢、进攻性的交流风格，但美国的一些亚文化诸如印第安人等却并不喜欢这种方式。某种主流文化中会存在有众多的亚文化，并且文化价值观本身也在不断变化，在文化传播中应该有充分的认识。

二、文化误读

如上所述，世界上存在种种不同类型的文化。然而，在文化传播过程中，人们常常缺乏对异文化的敏感性，下意识地以为别人与自己一样，“以己之心，度人之腹”，从而按照自身文化的价值观、信仰、模式、风俗等规范去要求别人，从而造成传播活动的失败。然而，地理环境、民族特质、历史传统、政治制度、经济生活等各方面的差异，决定了不同的文化之间必然存在着不可泯灭的差异。对这些差异，我们应该有清醒的认识，不可出现文化的误读，与文化的偏见。

文化误读（cultural misunderstanding）是“基于己方的社会规范、观念体系、思维方式等对另一种文化产生的偏离事实的理解和评价。文化误读源于文化差异，受制于社会历史条件、文化交往能力，以及语言水平、知识结构等因素，也常常因为服务于解释者的某种利益需要，具有浓厚的政治和意识形态色彩—这种误读通常比较稳定，也往往会形成误导，直接导致偏见、歧视甚至敌意的产生”①。

在与异文化相遇时，由于对彼此文化背景的不了解，极有可能产生文化的误读，比如美国人的微笑是一种常见的交际符号，在公共场合一般并不具有特别的含义；而在中国，如果无缘无故面对他人微笑，就有被误解的可能。在跨文化传播中，这种“文化误读”的现象是非常普遍的。

造成文化误读的原因有很多，特殊的社会文化背景、特有的个体经验和知识结构、不同语言以及文化习俗的差异等，都可能导致对异质文化的误读。比如，马可·波罗在其游记中，曾经把东方的犀牛当成西方传说中的独角兽。政治与意识形态也会影响对异文化的误读。例如，在西方媒体的报道中，存在着大量的对中国文化的误读，造成了西方民众对中国社会及其文化的诸多误解。

文化误读的现象表明，在不同文化体系的解读之间存在着一定的障碍，这种障碍会带来意义解读的困惑、心理情感的隔膜及文化身份的疏离，因而使有效的文化传播难以达成，甚至可能导致文化族群的冲突。为消除这种障碍，不同文化之间要培养对文化差异的敏感意识，换位思考，“感同身受”，尽量减少文化误读的发生。

另外，在文化传播过程中，还要注意防止文化中心主义，即将自己所属的文化作为文化的中心，并作为评价其他文化的参照系和标准，用以衡量异文化价值观的优劣高下的观念与行为。文化中心主义表现为对异文化不屑一顾、缺乏对异文化的敏感和正视，不与异文化的人交往甚至敌视他们，从而造成文化传播的障碍。

三、文化休克

由于不同民族、不同文化所处的风土人情、生活方式、语言习惯、思维模式等存在很大差异，因此当不同文化背景的人进行交往时，不可避免地会产生不同程度的误解。随着全球化的迅速发展，信息技术与传播手段的日新月异，不同文化背景的人群接触越来越频繁，发生误解与冲突的可能性也日渐增大。中国游客在国外形象的下降，固然与部分游客的素质低下有关，但也有部分原因是与双方缺乏对彼此文化背景的了解有关。当一

① 孙英春：《跨文化传播学》，165页，北京，北京大学出版社，2015。

个人到异国他乡居住或者学习时，会因为对当地文化的不熟悉而产生困惑、迷茫与震荡，从而产生我们所说的“文化休克”现象。

（一）文化休克的内容

1960年，美国人类学家奥伯格（Kalervo Oberg）提出“文化休克”（culture shock）这一概念，用来概括跨文化交流的种种不适应症状。奥伯格认为，文化休克是由于人们失去所有熟悉的社会交流符号和标志所带来的焦虑引发的。人们在成长过程中，依靠各种语言与非语言符号、风俗、准则等符号和标志进行沟通和交流，从中获得安全感，维持内心的平静。而当人们进入一个陌生的环境，原先熟悉的符号与标志失去了作用，新的社会交流符号与标志又不熟悉，这不可避免地会引发人们的焦虑，影响正常的工作与生活，从而产生文化休克现象。奥伯格把文化休克分为六个方面的感受：压力感、迷失感、被拒绝感、迷惑感、焦虑感和无能感。

文化休克可以表现在生理层面，也可以表现在心理层面。在生理方面，文化休克可能表现为洁癖、饮食上过分小心、对小的病痛反应强烈，失眠、头痛、胃痛、恶心、腹泻等等。在心理方面，可以表现为兴奋、焦虑、沮丧、不安、惊奇、气愤、失落、疲惫、无力等感觉，它包括从浅层次的不适到深层次的心理恐慌和心理危机，包括：一种超出预期角色行为的混乱感觉；一种被新文化中的成员拒绝或至少是不被接受的感觉；一种失去原来熟悉的环境如朋友、地位等原有文化所有物的感觉；意识到全新文化的某些特征后所产生的惊讶、焦虑、厌恶或愤怒感，甚至轻微的偏执，认为当地人在故意给自己找麻烦；由于竭力做出心理调整而产生紧张与焦虑的情绪；由于无法适应新环境而产生的孤独与沮丧感；一种对原有价值观何时还能发挥作用的疑虑感；自我角色与自我认同的迷茫与混乱感等等。

当人们到异国他乡留学、工作或者定居时，基本上都会不同程度地遭遇文化休克的问题。尤其是本文化与异文化差异较大的时候，这一问题尤其明显。例如，中国文化与美国文化存在着较大差异。中国文化是集体主义文化，尊重传统，尊敬长辈，说话比较含蓄，避免冲突。美国文化是个人主义文化，注重未来，比较随意，说话直言不讳。双方在思想观念、待人接物等方面都有着相当大的不同。当中国人去美国，或者美国人去中国居住时，就非常容易产生文化休克的现象。

需要注意的是，文化的休克，不仅仅会体现在国与国之间。在同一个国家的不同地域、不同语言、不同社会阶层的文化接触中，也存在文化休克的现象。当今中国，面临着城市化进程中不同群体的迁移、少数民族与汉族的交流与融合、外国人在中国的居住等复杂情况，不同群体、不同文化背景的人在相处与交流过程中，都多多少少存在文化休克的现象。因此，“文化休克”不只是狭义的异国文化相互碰撞产生的现象，也包括不同“亚文化”圈中的双方发生交往时引发的思想震动、隔膜，以及行为上的对抗现象。

（二）文化休克的过程与阶段

根据奥伯格提出的U形模式，当一个人在其他文化中旅居的时候，必然会经历一定的困难和起伏才能够适应下来。“文化休克”大体上要经历四个阶段：蜜月期、危机期、恢复期和适应期。

1. 蜜月期

蜜月期也称为“幸福阶段”，指刚刚进入新的环境时，给人们心理上带来的兴奋和乐观阶段，这与人们开始旅行时的兴奋与愉悦颇有些相似。一般而言，在到其他国家之前，人们会对那里的生活充满好奇与憧憬。在进入新的环境之后，人们会备感新鲜与兴奋，对新环境里的人与事充满了好奇，情绪也比较高涨，这就是蜜月期。这一阶段一般会持续几个星期到半年的时间。

2. 危机期

在蜜月期以后，新鲜感已经减弱，人们越来越感受到文化差异所带来的冲击。语言上的障碍，生活方式的不同，饮食上的不习惯，处事方式的不同，思维方式、价值观念的差异，都使得原先兴奋与乐观的感觉慢慢消失，失望、焦虑、烦恼等负面感受越来越多。原来以为是规范、良好的生活方式在异文化中频频碰壁，这种无所适从感会使人们产生很深的困惑与挫折感，并对异文化产生某种程度上的反感与对抗。这一阶段一般会持续几个星期到几个月的时间。这一时期可能会出现两种情况：一种是经过自身的努力调节与来自外力的帮助，转入“文化休克”的恢复期；另外一种是由于心理适应能力比较差，因为情绪持续紧张而无法得到缓解，甚至可能导致精神的崩溃。

3. 恢复期

在经历了心理的困惑与震荡之后，人们会采取种种措施去适应异文化，以求重新获得心理与生活的平衡。在这期间，人们会尽力了解与适应当地的语言、风俗习惯与行为规范，努力调整自己原有的文化习惯与思想观念，与当地人建立友谊，逐渐找到应付新环境的办法，适应新的生活。

这一阶段所需要的时间比较长。这一时期，他们心理上的困惑、失落、焦虑等负面情绪渐渐减少，开始用一种较为平和的眼光来看待异文化。

4. 适应期

适应期是指经过了心理与行为上的调整之后，逐渐适应新的环境，认同或是接受异文化的阶段。在这一阶段，人们已经基本上适应了新的环境，适应了当地的风俗习惯，也能发现新环境积极的一面，焦虑感与孤独感基本消失，开始在新的环境中重塑新的自我。这一时期也称为同化阶段。

1963 年，在 U 形模式的基础上，约翰·古拉霍恩（John Gullahorn）等提出了 W 形模式，补充了人们在重新回到本文化环境后将会经历的“重返本文化休克阶段”（reentry culture shock stage）和“再度社会化阶段”（resocialization stage）。也就是说，人们在异国居住一段时间之后，重新返回家乡时，可能还会发生一种反向的文化冲击。这是因为，身在国外期间，人们客观地审视了本国的文化，并做出调整适应了国外的文化。在回国之后，他们要重新做出调整以适应本国的文化，这样就很可能会带来比较强的震荡，文化休克现象再次出现，称为“重返本文化休克”。不过，这个返回的过程对大多数回到原有文化的人来说较为短暂。当然，由于人的多样性与复杂性，并不是所有的人都必然经历文化的休克，也不是所有的人都必然经历“重返本文化休克”阶段。

1986 年，南希·阿德勒（Nancy Adler）概括了经历“重返本文化休克”的三种状态：疏远（alienation）、重新进入（re-entry）和积极主动（proactivity）。疏远是指人们因为已经吸纳了异文化的生活方式与价值观，而对本文化所采取的排斥态度。他们会将自己与他人隔离开，或者只同与自己有类似经历的人在一起。选择重新进入的人通常对自己在异文化中的经历有一些负面印象，因此会急切地想要回到本文化中去，以最快的速度摆脱自己受到的异文化影响。积极主动则是指人们主动创造有利环境，使在不同文化中的体验能够在自己的生活和工作中发挥积极作用。这是克服“重返本文化休克”的一种较为理想的方式。①

（三）文化休克的影响因素

影响“文化休克”的因素有很多：

① Nancy Adler, *International Dimensions of Organizational Behavior*, p. 233—235, Boston, MA: Kent, 1986。

首先，是本文化与异文化的差别。如果本文化与异文化之间的共同点比较多，"文化休克"就比较轻。比如，一个中国人到日本要比他到美国所经历的"文化休克"轻，因为中日两国在文化背景、待人接物等方面的共同点比美国更多一些。

其次，当人们进入一个开放性、包容度比较高的文化，"文化休克"的程度也比较轻。这样的文化对外来人比较友好，接纳度比较高。但在一些比较封闭、对外来人有拒斥的社会，外来人的"文化休克"程度相对会比较重一些。

最后，个人的特征会影响"文化休克"的程度。比如，儿童由于对本文化所知甚少，还没有将本文化的精神内核、文化习惯内化，所以比较容易适应异文化。有过在异文化环境中生活和工作阅历的人，"文化休克"的程度相对较轻。对异文化了解程度较高的，"文化休克"的程度相对较轻。心理结构比较灵活、开放的人，"文化休克"的程度相对较轻。等等。

（四）文化休克的应对措施

为避免和克服文化休克的消极影响，很多研究者都提出了具体的应对措施。比如，乔伊斯·奥斯兰（Joyce Osland）指出，可以通过下面的方法应对文化休克：对即将进入的文化与从事的工作提前加以了解；为自己找一位文化导师，以减轻对异文化的不适应感；在进入新环境的第一周保持正常的睡眠；避免接触可能对自己产生负面影响的人；在开展工作之前，安顿好自己和家人的生活；选择邻里和谐、自己觉得比较舒适的地方居住；做好经历6—8个月的文化休克的准备；为自己以前的喜好找到替代物或者相近的活动；培养较强的适应性与灵活性，准备接受一定程度的边缘感；不要对当地人做负面评价，尽量理解人们各种行为的原因；把注意力放在积极的事物上，尽量忽视负面的东西；充分利用新的环境能够提供的一切，尽快融入当地文化。[①]

第四节　文化传播的研究方法

作为文化学与传播学的交叉学科，文化传播学吸纳了多种学科的研究方法。目前，文化传播学研究主要有以下几个层次：一是哲学方法，即辩

① Joyce Osland, *The Adventure of Working Abroad*, San Francisco, CA: Jossey-Bass, 1995, p. 190.

证唯物主义与历史唯物主义的世界观和方法论。这是我们从事研究所需遵循的根本方法。二是学科方法，指运用某一学科的基本理论、知识和方法，从某一角度来分析所需研究的对象，比如文化人类学、社会学、心理学、语言学、政治学、民族学、文化学、传播学、历史学、信息论、控制论、系统论等研究方法。三是具体的研究方法。由于文化传播学是交叉学科，因此它一方面将其他学科的具体方法借用到自己的研究中，另一方面也会综合运用多种具体方法。基本上可以分为定性、定量两类。

（一）定量研究方法

定量研究也称量化研究或实证研究。它是指在占用大量量化事实的基础上，描述、解释和预测研究对象，通过逻辑推理和相关分析，提出理论论点的一种研究方法。定量研究方法主要来源于社会学、心理学、统计学等学科。主要的方法有：调查研究法、内容分析法、控制实验法、个案研究法等。

1. 调查研究法

调查研究法所包含的具体方法很多，可以从不同的角度作不同的分类：

从调查范围的角度，调查研究法可以分为典型调查和普遍调查两类。典型调查是指首先对调查的对象做出初步分析，然后有目的、有计划地选择若干具有代表性的对象，进行重点调查。普遍调查则是对相关范围内要调查的总体逐一不漏地进行调查。

从调查的方式，调查研究法可以分为抽样调查和问卷调查。抽样调查，是指从符合调查要求的人群（即“总体”）中抽取一部分人（即“样本”），把它们当作总体的样本加以研究，从而由样本推断总体的方法。抽样调查可以分为两种：一种是随机抽样，也就是按照随机的原则，从总体中抽取样本，每个样本被抽取到的机会都是均等的。简单随机抽样、系统抽样、分层抽样、多级抽样是几种主要的随机抽样方法。另外一种抽样调查法是有意抽样，也就是不遵循随机的原则，而是按照调查者的意图抽样，主观色彩比较浓，多用于事例研究或特殊题目的调查。

问卷调查是一种被普遍应用的调查方法。这种方法是由调查者设计一套由一系列问题组成的问卷，在统一条件下交付调查对象回答。这一方法要求对问卷进行科学、准确、客观的设计。问卷一般包含两部分内容，一是调查对象的特征指标，这在日后的分析中一般被视为自变量；二是调查对象的意见、态度、行为倾向等，一般被视为因变量。一份完整的问卷应该包括几个部分。首先是卷首语，即对问卷的简单介绍，包括调查者的身份、调查的内容及目的、调查对象的背景资料（如果需要）、调查对象的选取方式等。其次是指导材料，指导调查对象如何填写问卷。再次是问题，即问卷的主体部分，可分为三种形式：一是开放式问题，即问卷不提供答案选项，由调查对象自由回答。二是封闭式问题，由问卷提供答案选项，由调查对象从中选择。三是复合式问题，即开放式问题和封闭式问题的结合。问卷的最后是结束语，一般是向调查对象表示感谢。

问卷在制作时，应遵循一些基本的原则。东京大学教授铃木裕久在《大众传播调查研究法》指出，在以一般社会成员为对象的调查中，应注意：采用通俗易懂的口语体；避免使用属于特殊群体的语汇或专业语汇和缩写词；避免使用暧昧、多义的词语；避免非现实的或虚构想象式的提问；避免主观诱导式提问；避免提问调查对象记忆模糊的问题；在一个问项中避免双重提问（即询问性质不同的两个问题）；留意提问顺序的影响（前项提问可能会对后项提问的回答发生特定影响）；将调查对象容易拒绝回答的问题，尽可能放在后面。①

2. 内容分析法

内容分析是文献研究的一种类型，指的是“对各种信息传播形式的明显内容进行客观的、系统的和定量的描述与分析”。信息传播形式指的是“诸如书籍、杂志、报纸、诗歌、歌曲、绘画、电视节目、演说、信件、照片、广告等各种书面材料、宣传品和艺术品”。“明显”的内容指“这些形式外在的东西，比如它们的文字、颜色和实物本身，而不是这些文字、颜色和实物的含义。研究者所分析的只是这些外在的、表面的内容，而不是内容的深层解释”。它致力于将非定量的文献材料转化为定量的数据，“在内容分析中，其基本目标通常是决定内容中某一项目的频数，或者决定某一类别在整个内容中所占的比例等等”②。

精确而系统的内容分析法，由传播学先驱之一拉斯韦尔所创立。第二次世界大战期间，他组织了一项名为“战时通讯研究”的工作，带领助手大量收集与分析德国公开出版的报纸，获取了许多军政机密情报。1952年，美国学者伯纳德·贝雷尔森（Bernard Berelson）发表《传播研究的内

---

① 转引自郭庆光：《传播学教程》（第二版），267页，北京，中国人民大学出版社，2011。

② 风笑天：《社会学研究方法》（第三版），235页，北京，中国人民大学出版社，2009。

容分析》，确立了内容分析法的地位。真正使内容分析方法系统化的是J.奈斯比特（John Naisbitt），他的《大趋势》就是运用内容分析法写成的。

内容分析法适用于一切传播的讯息内容。以下试举几例：

劳文沙尔曾经对1901到1941年美国有代表性的大众周刊杂志所刊登的故事的主人公进行分析，发现在1901—1914年，政治家占了近一半，1922年后，文艺界体育界人士超过半数，劳文沙尔因此得出结论：过去的英雄是生产的偶像，当今的英雄是消费的偶像。

威茨曼对几个美国杰出作家在1967—1971年出版的学龄前儿童读物进行了分析，发现：以男性或女性为主角的相对比例为7∶2，插图中男性与女性的图像比为11∶1，男性常以领导人或救人解围的英雄角色出现，女性则多数从事服务性质的工作，或扮演被救护与被帮助的角色。威茨曼因此得出结论：在男女儿童还没有进入小学之前，这些读物所宣传的思想就已经在他们的心里留下了深刻烙印——男女有别，女不如男。

内容分析法有两种形式：对传播内容的分析和对传播方式的分析。在实际研究中，这两种形式常常结合在一起使用，具体步骤是：

（1）提出研究问题或假设，并确定研究范围。

经过反复阅读资料后，研究者形成研究问题或假设。在确定研究范围时，研究者应考虑对本课题关系最密切、信息含量大、系统连续、学术价值较高的资料。如果确定的范围中研究对象过多，可以采用随机抽样的方法进行研究。

（2）制定分类表。

研究者根据研究假设的需要，制定分类表。分类表一般包括两个层次：一是将资料内容分成若干大类，二是在各大类下再确定若干个分析单位。分析单位就是进行内容分析的最小单位，它可以是特定的单词、词组、句子、任务、事件名称等，也可以是电视节目的镜头、场景等。制定分类表时，一定要严谨、周密，并进行必要的测试与校正。

（3）将资料内容按分类表的分类方式编码归类，然后计算出各种类别所占的比例、各种分析单位是否出现及出现的频度。然后，用相应的统计方法进行分析。

这是一个把样本从形式上转化为数据化形式的量化处理过程。内容分析中主要的量化表示方法有：

第一，出现的有无。即观察某一事物或属性是否在内容中出现，出现时以1表示，未出现时以0纪录。

第二，出现的频度。即某种事物或属性每出现 1 次便加以累计，通常用来对两组资料内容进行比较。

第三，所占的时间量和空间量。即比如电视台在报道某问题时所耗时长，报纸在报道某问题时所占版面。由此可以看出媒介对特定问题的重视程度，也从侧面反映出其立场与态度。

第四，传播的强度。即除了某种属性出现的次数或频度外，还要把表现这一属性的强烈程度也考虑在内。比如“批评”“警告”与“严厉警告”三种用词的强度明显不同。在计算对于不同表达方式的强度的测量与比较时，通常使用加权的方法。

(4) 验证研究假设，得出结论。

内容分析法应用范围广，简便易行，其结果可以进行定量计算，但也有局限性。比如，一旦研究材料选择失误，则无法客观反映事实。并且在分类表的制定和实施过程中，难免会受到研究者主观因素的影响。因此，必须事先对分类表作单独的评估。

3. 控制实验法

这一方法伴随着对实验对象、实验环境和条件的严格限定和控制，所以称为控制实验。控制实验法原本是心理学中的方法，由卢因和霍夫兰这两位传播学先驱引入传播研究领域。霍夫兰等人关于传播效果的形成条件和制约因素的研究，大都是以控制实验的方式进行的。

控制实验的特点，一是研究对象较少，一般只有几十个人，属于“小样本”。二是控制实验法需要在经过特殊设计的专门的实验室中进行。实验室内应配有研究所需的必要设备与食品，如录音机、放映机以及各种记录、测量反应的仪器，对实验室的形状、灯光、色彩等也会有特殊的要求。

控制实验的基本过程，大致由以下几个环节或步骤组成：

(1) 确定假设命题。

(2) 简化众多的影响因素，选择具有重要影响的因素，确立自变量与因变量。

(3) 控制与实验。将选择出的研究对象分为“实验组”和“控制组”，尽量保持其成员人数、年龄、性别、教育程度等变量的相同，以排除这些变量在实验中可能产生的影响。两组的唯一区别是实验过程中接触的包含自变量的材料不同，以此来计算因变量是否会产生相应的变化。

(4) 统计分析。对实验所得的数据进行整理、分析，从中推出某些发现、结论，同时对实验的假设进行验证。

控制实验的优点是逻辑程序严密，研究者可对实验因素加以控制。然而，实验环境终究是人为设置的，与实际生活中复杂多变的状况存在一定距离，因此实验结果往往会有误差。近年以来，在研究中出现了转向自然实验或者综合运用两者的趋势，以图弥补这一缺憾。

4. 个案研究法

个案研究是指系统地研究个人、团体、组织或事件，以获得尽可能多的相关资料。它是研究者了解或解释某个现象时经常运用的方法，特别是在医学、人类学、临床心理学、管理科学和历史学中被广泛使用。

个案研究可以详细、深入、全面地占有研究对象的资料，提供很多材料、观点、见解，对一些文化传播现象的观察也具有较高深度与较强力度。但个案研究只涉及某一个别事例，没法像抽样调查那样，可以由此推导出合乎逻辑的一般性结论。

个案研究有五个实施步骤：①设计；②实验性研究，即撰写研究方案，确定研究设计和实际研究过程；③资料搜集；④分析资料；⑤撰写报告。

（二）定性研究方法

定性研究是“建立一套概念体系，借助理论范式，进行逻辑推演，据此解释或解构假设的命题，最后得出理论性结论”[①] 的方法。

人类的文化传播活动非常复杂，牵涉非常多的因素。仅仅以量化研究去研究与诠释是不够的。定性研究正可以补充传统定量研究方法的不足，因此也越来越被应用于社会与文化过程的分析。

文化传播学定性研究方法的发展和应用受到多种研究传统的影响，如文化人类学、现象学、解释学、符号学、语言学、政治经济学、象征互动论、文化研究、结构主义、后结构主义、意识形态批评、女性主义研究等。由于定性方法的研究传统繁多，其种类也有历史法、个案法、观察法、文献资料分析法、经验总结法等几十种。下面介绍几种常用的方法：

1. 观察

观察是指“带着明确的目的，用自己的感官和辅助工具去直接地、有针对性地了解正在发生、发展和变化着的现象。它和日常生活中人们对各

---

① 胡正荣、段鹏、张磊：《传播学总论》（第二版），39 页，北京，清华大学出版社，2008。

种事物的观察有所不同。它要求观察者的活动具有系统性、计划性和目的性，而且要求观察者对所观察到的事实作出实质性的和规律性的解释。”①

观察有多种分类。按照研究者所处的位置或所采取的角色，可以将观察分为局外观察和参与观察。局外观察是指研究者仅仅以观察者的身份出现，而不参与被观察的行为过程。这又可以分为公开观察（被观察者知道他们正受到观察）和隐匿观察（被观察者完全不知道他们正受到观察）两种情况。参与观察是指研究者参与到所研究对象的活动中去，分为公开参与（观察者的身份是公开的，同时也是事件的直接参与者）与隐匿参与（研究者参与其所观察事件的过程，但身份不为外人所知）两种不同情况。具体观察方法的选择，主要基于研究课题的具体内容、被观察的团体或个人的合作程度以及道德原则上的考虑。

按照观察方式的结构程度，可以分为结构观察和无结构观察。前者指按照一定的程序，采用明确的观察提纲或观察记录表格对现象进行的观察，大多采用局外观察的方式进行。观察的内容比较固定。无结构观察则指没有统一的、固定不变的观察内容和表格的观察，大多采用参与观察的方式。

按照观察地点的不同，可以分为实验室观察和实地观察。前者是在实验室进行的观察，后者是在现实生活场景中的观察。

2. 访谈

访谈是一种重要的定性研究方法，它是一种对话的技术，以使研究者能够理解并解释被研究对象的行为或看法。

根据提问的标准程度，访谈可以分为结构访谈与无结构访谈。结构访谈通常在调查研究中进行，调查员按照问卷的格式与要求来记录调查对象的回答，访谈期间严格遵守问卷的内容与顺序，不能随意改变与解释。而在实地研究中，访谈通常是无结构访谈，又称深度访谈或自由访谈，它没有事先设计好的问卷与固定的程序，只有一个访谈的主题或大致范围，访谈比较自由、深入、细致，因此可以获得大量丰富的资料。

无结构访谈可以分为正式访谈与非正式访谈。正式访谈指研究者事先有准备、有预约的安排。非正式访谈指的是研究者在参与到研究对象社会生活的过程中，没有事先准备的、更接近于一般闲聊的访谈，比如街头偶

① 风笑天：《社会学研究方法》（第三版），266页，北京，中国人民大学出版社，2009。

遇的闲谈。

无结构访谈可以是一对一的深入访谈，也可以是集体访谈。深入访问可以提供关于研究对象的丰富详尽资料和深层信息，也易于探讨在其他研究方法中受到限制的话题。集体访谈是将若干研究对象集中在一起进行访谈。小组焦点座谈会（Focus Group Interviews）就是其中一种。它由一个训练有素的主持人，组织、引导一个8—12个人（从目标市场中选定的调查者）的小组，围绕某个中心议题进行深入讨论。

除此之外，文化传播学还有社会化网络分析、文献研究法、比较研究法等研究方法。“一些具体的研究软件和技术也同具体方法有密切的关系，如SPSS软件、眼动摄影机、视向测验器、皮电反应记录器、视听测量器、共扼程序分析装置等技术，都可以用来测量和分析传播现象或受传者对媒介信息的反应。”①

① 邵培仁：《传播学》（第三版），24页，北京，高等教育出版社，2015。

第四章　文化传播符号

第一节　符号与意义

一、符号与意义的定义

符号是文化传播的基本要素之一，用来指称或代表它自身以外的其他事物。日本学者永井成男指出，只要在事物X和事物Y之间存在着某种指代或表述关系，X能够指代或表述Y，Y便是X指代的事物或表述的意义。比如“人”是中国人创造出来的一个符号，用来指称用两条腿走路，能够制造和使用工具，并且具有抽象思维能力的一种动物。而对于这种动物，英国人用“human”“people”“person”等符号作为代表。符号可以指称现实世界中客观存在的事物，比如“电脑”“太阳”“人”；也可以指称存在于人们思想世界中的事物，比如“孙悟空”“妖怪”“地狱”；可以指称具体的事物，比如“高楼”“白马”“衣服”，也可指称抽象的概念，比如“善良”“人权”“正直”。总之，我们在日常生活中能够感觉到的声音、动作、形状、颜色、气味或物体，只要能够携带信息或是表述特定的意义，都属于符号的范畴。而人类正是通过符号或符号体系来传递信息、进行文化传播的。

从不同的角度，符号可以分为不同的类型。就是否使用语言的角度，我们可将其分为语言符号和非语言符号两种类型。语言符号包括口语和文字，非语言符号则有如眼神、表情、语调、沉默、手势、姿势、体态、装束等多种不使用语言的表现形式。

二、符号的特性

1. 符号具有任意性

符号是用来指称或代表事物的，与其所指代的事物没有必然联系，具有任意性。比如人的名字就是符号。一个孩子生下来以后，他的父母可能给他取名叫聪聪，也可以叫明明，或者别的任何一个名字。而这些名字都不是这个孩子本身，是可以被取消或者改变的。对某一事物，用于指代或表述的符号也可以是多样的。例如，男人称呼自己的配偶，可以有妻子、夫人、太太、老婆、拙荆、贱内等多种表述。这从另一个侧面说明符号并不是事物本身。

2. 符号具有约定性

符号及其所指称的对象是在社会的发展过程中约定俗成地结合在一起的。符号一经创造出来，并被社会成员所认可与接受，便具有一定的稳定性，成为社会约定俗成的标记。不仅是社会成员个人，就连社会大众或政治集团也不能随意改变。如中国人创造出“人”这一符号用来指称能够制造和使用工具、具有抽象思维能力的灵长类动物，这一符号被社会认可后，便不可以再改用“树”或者“天”来指代这种动物。“包公”代表铁面无私的清官，“秦桧”代表卖国的奸臣，这些象征符号在大众心目中都是很难改变的。

3. 符号具有发展性

随着时代的发展与历史的演变，符号也在不断发展与变化。新的符号会生成，旧的符号可能会被改变甚至淘汰。比如，“电脑”“手机”“机器人”等符号都是现代社会才出现的，“菜单”最初指餐馆提供的列有各种菜肴的清单，现在也被用于计算机领域。“同志”本来指志同道合的人，尤其是为共同理想事业而奋斗的人，现在除了这个意义之外，也逐渐演变出“同性恋”这一另外一层意义。

三、意义

在人类的文化传播活动中，任何符号都有其特定的意义。意义是指“人对自然事物或社会事物的认识，是人为对象事物赋予的含义，是人类以符号形式传递和交流的精神内容”[①]，在人类社会中极为普遍地存在着。符号的重要性不在于符号本身，而在于其身之外的隐喻的意义，以及由此产生的一个相互关联的意义系统，文化正是由符号所代表的意义所构成。

（一）符号意义的分类

从不同的角度，符号可以分为不同的类型：

---

① 郭庆光：《传播学教程》（第二版），39页，北京，中国人民大学出版社，2011。

1. 明示性意义与暗示性意义

明示性意义指的是符号的字面意义，属于意义的核心部分。暗示性意义指的是符号的引申意义，属于意义的外围部分。比如红玫瑰的明示性意义是一种红色的花朵，暗示性意义是指爱情。陈世美的明示性意义是指一个一朝发达之后便抛妻弃子的历史传说人物，暗示性意义则是泛指所有忘恩负义、始乱终弃的男人。一般而言，明示性意义更加稳定，也是社会大多数成员所普遍使用与共同理解的意义。而暗示性意义则既有社会多数成员所共同使用的意义，也有少数人甚至特定的个人在小范围内所使用的意义，比如某些集团使用的暗语。

2. 外延意义与内涵意义

内涵意义是对所指称对象的特征与本质属性的概括，外延意义则是对其所指称事物的集合。比如“人”这个概念的内涵意义是指用两条腿走路，能够制造和使用工具，并且具有抽象思维能力的动物，而其外延意义包括古今中外、男女老少等各种人。“商品”的内涵意义是为了交换而生产的劳动产品，外延意义包括在市场上销售的衣服、食品、水杯、手机等。“三角形”的内涵意义是由同一平面内且不在同一直线上的三条线段首尾顺次相接所得到的封闭的内角和为180度的几何图形，外延意义包括直角三角形、锐角三角形、钝角三角形等等。在这个意义上，可以说符号的内涵意义是抽象的，外延意义是具体的。

（二）符号意义的暧昧性

虽然我们在文化传播活动中寻求符号表达的清晰性与准确性，但实际上，符号的意义却并不总是那么清晰，有时甚至还很模糊。这体现在两个方面：

1. 符号本身意义的模糊

以语言符号为例，其所指范围的边界常常是不确定的。比如表示颜色的词就没有泾渭分明的界限，介于橙色和红色之间的颜色很难判定其究竟是属于橙色还是红色。“高大”到底有多高大，并没有清晰的界限。同理，“低”“大”“小”“快”“慢”“多”“少”“非常”“比较”“漂亮”“胖”“中年”等都是如此。

2. 符号的多义性

多义性指符号具有多种意义，这就容易导致传播过程中可能出现歧义甚至误解。这种多义性不仅表现在单个词语方面，也表现在句子上。比如“小赵这人真黑”，就有“小赵皮肤真黑”或者“小赵这人心真黑”的不同理解。“我去上课”有“我去讲课”与“我去听课”的不同理解。“能穿多少穿多少”有“尽量穿得少”与“尽量穿得多”的不同理解。“沉默”既可能表示默认，也可能表示不同意。

符号意义的暧昧性有时会妨碍文化的传播活动，但正如法国诗人马拉美说，“过分精确的意义会使模糊的文学变得面目全非。”我们常常需要一些模糊的美，给人以更多的想象空间，营造出独特的传播效果。比如形容一个姑娘“增之一分则太长，减之一分则太短，著粉则太白，施朱则太赤”。何为“太长”，何为“太短”，其实非常模糊，但这样的描述，却把一个纤秾合度的美貌少女形象跃然纸上。而“知否，知否，应是绿肥红瘦”，“绿肥”与“红瘦”也是相当模糊的描写，却同样营造出一个美好的色彩世界。

（三）传播过程中的意义

德国哲学家恩斯特·卡西尔在《人论》中指出，人是符号的动物，也就是能利用符号去创造文化的动物。人类文化本质上就是人所创造的一系列符号体系。艺术、宗教、神话、历史、哲学等等文化形式都是由此产生。L·A 怀特也在《文化的科学——人类与文明研究》中指出，一切人类行为都是在使用符号中产生的。只有通过使用符号，全部人类文明才得以产生并获得永久。由此可知，一切文化活动在其认知和传播的过程中，都直接或间接地建立在符号行为的基础之上。文化传播实际上是一个由传播者与受传者通过传递符号来交流或交换意义的互动过程。但在这个过程中，符号的意义是否能够得到成功的交换，除了受到符号意义本身的上述特性之外，还要受到几个方面的影响：

1. 传播者

在文化传播过程中，传播者个人的知识素养、表达技巧、文化背景等特点，可能会影响到其对符号意义的准确表达，出现“词不达意”“言不尽意”等情况，甚至事与愿违。

2. 受传者

在文化传播过程中，受传者个人的知识素养、个人体验、文化背景等特点，可能会影响到受传者对符号意义的准确理解，不一定能将传播者传递的符号意义准确“翻译”成传播者所欲传递的意义。

3. 传播情境

传播情境是指“对特定的传播行为直接或间接产生影响的外部事物、条件或因素的总称，它包括具体的传播活动（如二人对话）进行的场景，如什么时间、什么地点、有无他人在场等；在广义上，传播情境也包括传播行为的参与人所处的群体、组织、制度、规范、语言、文化等较大的环境”①。在文化传播活动中，传播的情境会对符号本身的意义表述产生影响，甚至会形成符号本身所不具有的新意义。比如，“龙”在中国具有崇高的地位，是神圣、吉祥、至高无上的象征，国人常自豪地称自己是“龙的子孙”，但在英语国家，龙（dragon）却是凶残可怕的怪物。在英国的很多地方英国国旗被从爱国主义的角度加以利用，但在爱尔兰，却有时被指认为“屠夫的围裙”②。

综上所述，在文化传播的过程中，由于受到各种因素的影响，很可能会出现意义的丢失与失真现象。而意义的交流与再现有一个重要前提，那就是传受双方必须有共通的意义空间，以便使意义的交换能够顺利进行。所谓共通的意义空间，是指传受双方具有大体一致或接近的生活经验和文化背景，以及对所使用的语言、文字等符号意义的共通的理解。社会生活的复杂与多样使得每个人的意义空间都有所不同，因此彼此意义的交换只能通过共通的部分来进行。

四、编码与译码

编码与译码的概念来自于信息论，后来被引入到传播学领域。传播学中的编码是指把信息转换成可供传播的语言、声音、文字、画面、照片等符号或代码。比如，记者将某地发生的一件事写成一篇文字报道或者编辑成电视画面，作家将一个构思写成一篇小说，都是编码的过程。

译码与编码相反，指的是将接收到的符号或代码还原为传播者所欲传达的原初的信息。比如，受众在看到电视画面、报纸文字或者听到广播新闻后，对其中的画面、文字、声音等符号进行解读，提取出传播者想要传达的信息，这就是译码的过程。两军作战，一方在截获另一方的密码电报之后，将其破译出来，提取出对方真正想要表达的信息，这也是译码的过程。

编码与译码在所有的传播活动中都不可或缺，其中在人际传播中尤为活跃。因为人际传播的互动性非常强，表现为你来我往、循环往复的编码与译码。比如 A 与 B 两个人谈话，A 将自己想要表达的信息编码，变成一

① 郭庆光：《传播学教程》（第二版），41 页，北京，中国人民大学出版社，2011。

② ［英］阿雷恩·鲍尔德温等著，陶东风等译：《文化研究导论》，34 页，北京，高等教育出版社，2004。

则讯息，讲给B，B听的过程就是译码的过程。然后，B对A发出的这则讯息做出回应，也就是反馈，这又是一个编码的过程。A在接收到B发出的讯息后，又会进行译码，以获取B想要表达的信息。就这样，在谈话过程中，双方不断进行着编码与译码的工作。

在编码与译码的过程中，由于种种因素所限，传播者可能不能将自己的真实意图表达清楚，受传者也可能无法准确还原传播者所欲传达的信息。原因可能有：双方的生活经验、文化素养等不同，所使用的符号系统不同（如所使用的语言不同），有噪音干扰（噪音来自信息论，指一切传播者意图之外的、对正常信息传递的干扰，比如响亮的声音，难闻的气味，燥热的房间，技术的干扰，紧张、饥饿、偏见等生理与心理状况等），等等。

英国学者斯图亚特·霍尔（Stuart Hall）在《电视话语的编码与解码》中提出了著名的编码解码理论。他认为，受众是具有能动性的可以进行选择的积极主体。不管讯息显得如何透明自然，并且经过多么精心的编码，解读讯息都是一个复杂的过程。霍尔指出，受众的解读有三种情况：第一种是主导—霸权式立场。即受众直接从广播电视新闻、时事讨论节目中获取信息进行解读，完全理解编码者所欲传达的意义，并且完全接受。这正是编码者所希望达到的效果，但是这种情况十分少见。第二种是妥协式的立场。在这个立场中，解码者一方面不排斥编码者所传达的意义，另一方面会基于自己所属团体的利益来理解讯息，持有一种有保留的赞成态度。第三种是对抗式立场。解码者完全排斥主导符码，对主导符码所提供的信息故意曲解或者拒不接受。这包括两个方面：一是受众由于身份、文化背景、价值取向等客观因素，并不能理解编码者所要传达的信息。二是受众有可能完全理解编码者所要传达的信息，但却并不赞同甚至故意曲解信息。

第二节　语言符号

符号可以分为语言符号与非语言符号。语言符号是人类最基本的符号体系，包括口语和文字两种类型。在文化传播的不同形式中，对语言的使用与理解是十分重要的。

一、文化与语言符号

人类文化的各种现象都是人自身的符号化活动所创造出来的。语言是文化的符号和载体，是文化存在的物质表现形式。德国哲学家康德指出："一切语言都是思想的标记，反之，思想标记的最优越的方式，就是运用语言这种最广泛的工具来了解自己和别人。"① 美国语言学教授萨丕尔认为，语言的背后是有东西的，语言不能离开文化而存在。德国学者施坦达尔指出，语言即是民族精神，民族精神即是民族的语言，在语言中存在着民族的逻辑，是民族对思想的观念和原始关系的认识。由此可见，语言承载着人类的价值取向、思维观念、意识形态等形态，具有重要的意义。

文化影响着我们所使用的语言。如果某一概念对某个文化来说非常重要，那么这个文化里就会有很多与之有关的词汇。比如，中国人非常重视家庭与家族关系，表现在汉语中，关于亲戚的称呼非常多，根据血缘关系的远近，有叔叔、伯伯、婶婶、舅舅、舅妈、姑姑、姑妈、姨、姨父等不同的称呼，而这些在英语中的对应词只有 uncle、aunt 这样的简单分类，而堂姐、堂哥、堂弟、堂妹、表姐、表哥、表弟、表妹，在英语中只有 cousin 这一个简单的称谓。两相对比，可知中国文化对家族的重视。

根据"萨丕尔—沃尔夫假设"的说法，我们的世界帮助我们塑造语言，而语言也在帮助我们维持对现实的概念以及对世界的观点。也就是说，语言能帮助我们形成思考问题的方式或习惯，有助于形成世界观及行为方式，不同文化背景的人感知刺激物并进行交流的方式是不同的，这种不同至少部分来源于他们语言的不同。因此，当不同文化系统的人使用同一个词语时，可能会激起不同的情绪反应，表达的是不同的意义。比如"龙"在中国人和西方人的观念中会激起不同的心理反应。"狗"在中国社会除了做宠物，还常被用来看家护院，甚至成为人们的盘中美餐。但在西方社会，狗却被视为人类的好朋友，人们很难接受其被杀死吃掉的命运。

在一个社会内部，往往存在着一些亚文化集团，其成员有着独特的人生体验，因而也影响到了语言的使用与意义。比如在一些亚文化集团内部存在着不同于主流文化的语言——隐语。而在特定的社会阶层和社区、不同的行业，也有特定的语言。

人们使用语言的方式常常反映其社会状况。比如，女性在交流中更倾向于使用表示不确定性的短语（如我觉得、我认为、我怀疑）和比较礼貌

---

① ［德］伊曼努尔·康德著，邓晓芒译：《实用人类学》，85 页，上海，上海人民出版社，2005。

的用语，而男性则会采取更加主导性的直接的语言进行表达。不同的种族、阶级、阶层也有不同的运用语言的方式，所谓上流社会所使用的语言就与贫民窟的人有所不同。当这些情况相遇的时候，文化的传播就会受到一定的阻碍。

文化与语言的紧密关系，使人们在进行文化传播的时候，必须注意人们的文化背景，谨慎运用语言符号，以消除传播隔阂。

二、语言的特性

在文化传播过程中，语言常常会发生编码困难与传播障碍的情况，以致影响传播的效果。正如普通语义学家所说，我们有许多麻烦都是因为误用语言而造成的。普通语义学认为，这是由于语言的以下特性所致：

（一）语言是静态的，现实是动态的

世间万物无时无刻不在运动变化之中。而语言一旦产生并为人们所认同，便在相当长一段时间内是稳定不变的。比如，太阳一刻不停地转动，而人们用来表示这一运动状况的语言却只有白天与黑夜这几个说法。一个人从出生到晚年，每时每刻都在变化。一个 12 岁的年轻人长到 60 岁，从体态到思想，都已经发生巨大的变化，但标识他的语言符号却还只是他的姓名。因此，美国哲学家柯日布斯基认为可以用给名词标上数字、日期、引号、连号的方法来表明变化，如克列弗 1968，克列弗 1976，分别用来代指 1968 年与 1976 年的克列弗。因此，在传播过程中，我们必须要考虑到语言的局限性。

（二）语言是有限的，现实是无限的

我们使用的日常口语中，常用词汇不过几千个而已，而我们要表述的却远远不止这些。据温德尔·约翰逊统计，英语共有 50 万到 60 万个单词，但它们要表述的却是几百万种不同的事实、经验和关系。《康熙字典》中有四万多汉字，《辞海》有十几万个词条，也很难表述完全世间万物极其丰富的变化。柯日布斯基举例说，“狗”这个词只表示所有的狗都一样，而现实中的狗却是各不相同的，各有各的特点。因此，普通语义学认为，你永远也无法说出事物的全貌。解决问题的办法是在叙述的结尾上加“等”。

（三）语言是抽象的，现实是具体的

抽象性是语言的一个重要特征。人们在沟通与交流的过程中，需要对有血有肉、生动复杂的事物加以概括、抽象，舍弃具体的、细节的因素，抽取共同的、本质性的特征，才能够做到简洁、有效的表达，否则即使是最简单的事物都很难说得清。比如“桌子”一词，就已经舍弃了材质、大小、形状、颜色、重量、质量等细节，而保留了其本质的属性。然而，语言越抽象，事物的具体特征被舍弃得越多，离具体的实际越远，越容易产生歧义与误解。比如提到水果，我们可能会想到苹果，也可能想到橘子等；提到苹果，我们可能会想到红苹果，也可能想到青苹果等；提到交通工具，我们可能会想到汽车，也可能想到火车，等等。

三、语言的误用

由于语言的上述特性，人们在文化传播的过程中很容易造成语言的误用。

（一）认同不当

这是指人们在使用语言时，常常忽视同一类别或同一范畴中个体的差异，而将其视为整体。这是一种过度概括的现象。最常见的一种认同不当是刻板印象，比如“天下乌鸦一般黑”“后妈都很恶毒”“无商不奸”等，皆如此类。事实上，每个个体都是独特的，不可一概而论。因此，在使用语言进行文化传播时，要慎用全指，而多用特指。普通语义学甚至建议在使用类名词时，最好标明指数，比如，把工人这个词说成工人 1、工人 2、工人 3、工人 4 等。当然，重要的不是要标明指数，而是要时时有这种意识。

（二）无意识投射

无意识投射是指人们在用语言表达与沟通时，不自觉地将自身的经历、态度和偏见投射到客观事物上。心理学家凯利说：“当我们接受周围的事物时，我们并不是从它们当中随机选择的，而是根据我们的目的和过去的经验进行选择的。”比如，“天气真热”，表面上似乎是在讲天气，实际上讲的却是讲话者本人的感受。当同处一个房间时，有人说“这里怎么这么热”，另外一个人却可能感觉“一点也不热”，这都是讲话人自身的感受。“这本书很好看”，貌似是在说这本书，实际上却是在讲看书人的看法与见解。因此，普通语义学家建议，在每一句陈述的末尾都加上“在我看来”，以防止无意识投射。传播学者赛佛林（werner J. sevenin）与坦卡德（James W. Tankard，Jr）认为：“在某种程度上，任何陈述都与说话者有关，因而都有主观的成分，克服主观倾向的最佳方式是坚持采用可证实的陈述，即报道。”①

（三）非此即彼

非此即彼是一种极端化的思维方式。在现实情况中，存在着多种不同的可能性，然而，传播者却常常采取非此即彼的表述方式，凡事非黑即白，非好即坏，非友即敌，非对即错。比如，“美国——你要么热爱它，要么离开它”这个宣传用语，即排除了其他的可能性，比如“留下并改变它”。对此，普通语义学家指出，遇事要作多方面的估计，或者要思考实际存在的一系列可能性，切忌陷入非此即彼的思维陷阱。

（四）固定层次抽象

固定层次抽象指语言被固定在某个抽象层次上。语言既可以固定在高抽象层次上，也可以固定在低抽象层次上。高抽象层次的词语抽象程度高，如民主、自由、平等、人权、法律、资本主义等。很多政治辞令都固定在高抽象层次上。如果在讯息中只有高抽象层次的词语，而没有低抽象层次的词相配合，则很难令人理解这则讯息的意义。如果讯息中只有低抽象层次的词语，而没有高抽象层次词语，则流于琐碎，无法让人得出概括性的结论。比如一个人像流水账似地描述他一天生活中的所有细节，会让人昏昏欲睡，难于抓住要点。对此，普通语义学家指出，有效的传播应该包括各种层次上的抽象。一条有效的讯息应该既包括高抽象层次的概括，也包括低抽象层次的细节。

第三节　非语言符号

一、什么是非语言符号

在日常生活中，除了语言符号，人们还大量使用非语言符号进行交流。所谓非语言符号，指的是除了语言文字之外的其他所有符号，比如图像、眼神、表情、手势、姿势、装束、语调、气味、标志、烽火、十字架等。非语言符号可以单独发生作用，也可以与语言信息配合作用。

在传播活动中，大量的信息是经非语言符号来传递的。“传播并非完全依靠语词来进行，大部分传播不需要借助语词。手势、面部表情、音

---

① ［美］沃纳·赛佛林、小詹姆士·坦卡德著，郭镇之译：《传播理论：起源、方法与应用》，92页，北京，中国传媒大学出版社，2006。

调、声音大小、强调的语气、接吻、手搭在肩上、理发与否、八角形的停车标志等信号都在传递信息”①。据研究，在面对面的人际传播活动中，只有35%的传播是用语言来进行的。当人们说话时，有65%是以语言之外的形式传递的，例如语调、手势、动作，甚至是人们站立的姿势和衣着打扮，都可以传递出特定的信息，其中仅仅是面部表情就可以传递出这65%中55%的信息。有学者专门提出一个公式：信息冲击力1=0.07×言辞+0.38×声音+0.55×面部表情，可见非语言符号的重要性。

与通常被人们有意识组织与控制的语言符号相比，非语言符号常常是在不知不觉中进行的，更能够泄露出人们潜意识中的态度与想法。除非经过严格的训练，否则很难用非语言符号成功伪装。因此，仔细观察非语言符号的表达，往往能够得到更多、更准确的线索。

二、非语言符号的功能

（一）补充信息

非语言符号可以补充语言符号传播信息时的某些不足。比如，妈妈对女儿说："我爱你。"并给她一个拥抱，这个拥抱补充了只用语言所不能充分传达的爱意。

（二）否定信息

非语言符号可以用来反对或否定语言符号所传达的信息。比如，主人对客人说“多坐会儿吧，别着急走”，自己却在频频看表。看表这个动作实际上否定了主人对客人的挽留之辞，泄露了主人的真实想法。

（三）替代信息

非语言符号可以代替语言符号传播信息，尤其是在不便用语言表达的场合或者某些特定环境。比如，用手指放到唇边发出“嘘”声，表示希望大家停止说话，安静下来。边听演讲边摇头，表示不赞同对方的行为或话语。

（四）强调信息

非语言符号可以用来强调语言符号中的信息。比如，教师在讲到关键部分时，放慢速度，加强语气，以强调这一部分的重要性。领导在训斥下属的时候，伴随着斥责的话语，狠狠地拍了一下桌子，这一动作强调了领

① ［美］威尔伯·施拉姆、威廉·波特著，何道宽译：《传播学概论》（第二版），4页，北京，中国人民大学出版社，2010。

导的愤怒之情。

（五）重复信息

非语言符号可以用来重复语言符号所传达的信息。比如，一边说“不行”，一边频频摇头；一边说“再来一副碗筷”，一边伸出一个手指。这些都是用非语言符号来重复语言信息。

（六）调节信息

非语言符号还可以用来调节人与人之间的言语交流状态。我们能通过非语言符号来调整对话的节奏。通过眼神的交流，通过姿势、手势以及声音，可以表示已经结束讲话或者暗示轮到谁讲话。非语言符号可以帮助人们掌控交流的进程。

三、非语言符号的类型

非语言符号的种类非常多，我们可以分为以下几种类型：

（一）体语

体语是指通过动作、举止、表情、装束等来表达意义的非语言符号系统，在人际交往中大量地存在，主要可以分为以下一些类型：

1. 姿态动作

姿态动作是指用身体某一部分的动作和姿态表达和传播信息。比如点头表示同意，摇头表示否定，哭泣表示伤心，大笑表示开心，伸出大拇指表示很棒，昂首阔步表示充满信心。姿态包括静态的“姿势”和动态的“举止”。前者如坐、立、躺、蹲、靠等，后者包括点头、摇头、走路、拥抱、握手等。不管是无意还是有意，它们都代表着某种意义。

人的面部表情被一些研究者视为理解人际传播的关键，“你说话时，你提供的信息有65％是以语言之外的形式传递的……其中仅仅面部表情就可传递65％中的55％的信息”。据学者研究，光是人的脸，就能做出大约25万种不同的表情。它们在谈话过程中加强或者削弱着谈话的内容。研究表明，在人体器官中，眼睛能够表达出的无声语言最多。眼睛注视的方向、眨眼的频率、眼神停留的时间、瞳孔的放大或缩小等等，都可以流露出传播者或者受传者的态度与想法。除了眼睛之外，鼻子、嘴巴、下巴等，都可以表达出一定的信息。

有学者指出，一些无意识的冲动经常显示在手的动作、位置和紧张程度上。比如，在感到紧张、不自在的时候，人们可能抚摸自己的颈部、头发等安慰自己，双手握紧，或者双臂交叉抱于胸前保护自己；要显示自己的权威的时候，人们可能会双手叉腰。

人的腿与脚同样也富于表现力。研究显示，当人们撒谎的时候，下半部分的肢体动作会大量增加。人站立与走路的姿势、脚尖所指的方向，都在无意识中泄露出人们的真实意图。

触摸可以传递很多不同的信息，不同的触摸方式给人们不同的感受。一般来说，触摸与人所处的文化背景、性别、地位有关。不同的文化对于触摸有着不同的规定。有的文化鼓励情感的外露，触摸情况较多，有的文化则排斥公共场合下过分亲密的接触。在每个文化情境下，男性与女性对于触摸的方式与频率都有约定俗成的规定。触摸也能体现出地位的不同。一般而言，主动发起接触的一方通常是上级、老板、长辈。另外，触摸也与人的开放性、关系的舒服性和表达感情的能力有关。

2. 衣着与装束

体语中的姿势既指人体自身的姿态动作，也包括附属于人体的穿着打扮，比如发型、服饰、围巾、戒指、香水、口红、眼影等，都在传播某种信息。

作为一种非语言符号，衣着与装束不仅体现着时代气息、民族传统、文化背景等信息，也是个人的身份、职业、品味、爱好的表征。一般来说，农民与模特的穿戴往往有很大不同，公务员与明星的装束也很不一样。我们的衣着与装束是一种无声的语言，向他人展示着我们自己，也因之受到不同的待遇。有学者曾经做过实验：当他身着整洁干净的西服出现时，与他搭讪的人大多彬彬有礼，而且基本上也是看起来与他同一阶层的人。但当他打扮成无业游民出现在同一个场合时，接近他的人却多半是些流浪汉。

3. 类语言

类语言是人发出的没有固定意义的声音，是类似语言的符号。它包括辅助语言与功能性发声。前者指的是辅助人类口头语言的声音要素系统，包括音调、音量、语速、音质、声调与嗓音停顿。后者指的人类发出的哭声、笑声、叹息、呻吟等声音。人类许多习惯性的应答性的声音，比如“嗯”“啊”“哇”“啧啧”“哎哟”也属此类。类语言给人们提供了很多信息。比如，我们可以从一个人说话时的音调、音量、轻重、暂停、沉默等方面，探知对方是处于哪种情绪状态，是高兴、悲伤，还是愤怒、疑惑。在日常生活中，人们常常将高音调与女性相联系，将低音调与男性相联系。低音调通常给人以有力量、成熟的感觉，高音调则容易给人以紧张的、神经质的偏见。沉默也是一种类语言，它在日常生活的信息交流中被频繁使用，有时表示默认，有时表示否认，有时带有强烈的敌意，有时却带有深切的爱意。

4. 与体语有关的非语言符号：空间和距离

我们总是在一定的空间与别人交往。在交流的过程中，我们所处的空间，比如空间内的陈设，空间的大小、高矮、冷热、气味、拥挤或空旷、奢华或简陋，座位是否舒适，两个人交谈时的距离远近、身体朝向等等，都透露出一定的意义，影响到传播的效果。爱德华·霍尔的“空间关系学”(proxemics)，研究的就是人类对空间的运用，包括对空间距离的掌控与感受。

在现实交往中，我们每个人都要求在自己的周围有一个可由自己把控的空间，就像一个无形的气泡一样把自己保护起来。实验表明，在只有一名读者的空旷的阅览室里，几乎没有人能忍受一个陌生人紧挨在自己身旁坐下。当自我的空间被人侵犯，人们会感到不自在，甚至恼怒。这个气泡的大小会随着接触的人不同而有所不同。面对陌生人时，这个气泡会比较大，面对熟人时，气泡会相对较小。

人们还有对确定领域的需求，也就是“领地”，比如“爸爸的书房”“妈妈的椅子”“我的房间”等。我们还会使用标志来建立一块“领地”。标志帮助我们保卫自己的领地，并认定某个空间是属于我们的。比如，在很多学校的自习室有“占位”的风气。有的学生将书本放在一张桌子上，以示自己已经占有了这个座位，别人也不大会进入他的这一“领地”，否则就有可能引起两个人的纷争。一个人的地位会影响其“领地”的大小。地位高的人拥有的办公室通常更大。

根据交流的种类与关系的性质，爱德华·霍尔指出了四种存在于我们与自我、他人之间的距离，即亲密距离、个人距离、社会距离、公众距离。亲密距离的近范围约在15厘米之内，是最为亲密的距离；远范围是15—46厘米之间，仍然表现为亲密的人际关系。个人距离的近范围为46—76厘米之间，是熟人交往的空间；远范围是76—122厘米，是朋友和熟人都可以自由进入的距离。社交距离的近范围为1.2—2.1米，一般是在工作环境和社交聚会上保持的距离；远范围为2.1—3.7米，表现为一种更加正式的交往关系，例如企业之间的谈判，博士论文答辩等。公众距离是公开演说时演说者与听众所保持的距离。其近范围为大约3.7—7.6米，远范围在7.6米之外。人们在沟通与交流时，需要选择正确的距离，以保证传播的效果。

有意识地注意人们如何运用空间，以及自身可以如何运用空间，会令文化传播更加有效。比如，研究发现，桌子、沙发之类的障碍物是可以阻碍交流互动的，也可以借其隔出合适的空间与距离。椅子是面对面摆放还是平行摆放，也可以影响交流。一般而言，两个人面对面的交谈常常具有对抗性，并排而坐则用于比较亲密的关系。企业或者国与国谈判的时候，通常是面对面地进行。而在协议达成，举办签字仪式的时候，都是并排而坐。所以，许多交谈的空间安排常常取45度的角度。双方不必面对面，目光却可以在前方相交，比较自然。

一般来说，空间与距离受多种因素影响：社会地位不同，需要的空间大小不同，地位高的人需要的空间更大；文化不同，需要的空间距离也不同，强调个人主义的文化一般比强调集体主义的文化需要更多的空间；另外，空间与距离同传播情境、性别、人们的个性等也有关系。总之，我们使用空间的方式，可以透露出相当多的信息。

（二）视觉性的非语言符号

视觉性非语言符号分为象征性符号与实义符号两种。前者如：红十字、五角星、徽记等，代表某个抽象的意义，往往是特定文化的结晶；后者如信号旗、狼烟、烽火、路标等，简洁明了，形象直观，表达某个确定的意义。

不同的文化赋予了颜色不同的意义，颜色也表达了不同文化的情感与价值观，需要结合不同的文化传统去把握。在古希腊人眼里，蓝色与紫色是最高贵的颜色，只有神才可以享用。紫色是罗马帝国皇帝的专用服色，穿着紫色是对一个人的最高礼遇。而在中国古代，黄色是极为高贵的颜色。在中国，红色代表热情、喜庆与吉利，传统婚礼以红色为喜庆的颜色，新娘要穿红色。近些年，虽然受西式婚礼的影响，新娘也开始穿白色婚纱，但之后一定要换上红色的礼服，与新郎一起给前来道贺的宾客敬酒。在德国，红色象征着爱情、热情与革命，而在一些英语国家，红色代表愤怒、气愤与血腥。研究发现，颜色也能从情感和心理上对人们产生影响。比如，当人们长时间看着红色时，血压、呼吸率和心跳会加快。商家也常用不同颜色的包装来吸引顾客。根据美国一家市场调查公司对美国顾客的研究，就颜色而言，顾客可以分为三大类别。比如，颜色选择上较为前卫的，顾客喜欢第一个尝试“新”颜色，而且愿意在颜色前卫时髦的产品上花更多的钱，这部分顾客多为30岁以下或50岁以上女性，或30岁以下男性，城市居民，购买力较强，年收入小于35000美元，是现代家装的购买者。颜色选择较为忠诚而保守的人，多为60岁以上的男人，郊区或农村居民，不喜购物，收入不确定，是休闲、乡村、传统家装的购买者。他们喜欢选择蓝、灰等较为稳妥的颜色，而不是那些时髦的颜色。还有一种是颜色选择上较为谨慎的人，介于两者之间。这个心理调查数据将顾客对商品颜色的反应与顾客的特点，比如年龄、性别、收入和品位等联系了起来。①

（三）听觉性非语言符号

听觉性非语言符号是指作用于听觉器官的非语言符号。比如，人们用铃声表示上课或者下课，开车的时候用喇叭声提醒路人。鼓声、冲锋号、汽笛、口哨等等，均有其特定含意。在日常生活中，人们大量地运用听觉性符号表达特定的含义。

在文化传播中，语言符号与非语言符号互相补充，互相渗透。二者的综合运用，有助于我们更加顺利地达到传播的目的。

---

① ［美］甘布尔等著，熊婷婷译：《有效传播》，135页，北京，清华大学出版社，2005。

第五章　文化传播者

第一节　文化传播者与传播致效因素

传播者是传播活动的发起人与传播内容的发出者。他可能是具体的个人，也可能是群体或组织；可能是普通的传播者，也可能是职业传播者，如编辑、记者、导演、演员、老师、作家、学者等。在大众传播中，传播者指专业化的传播组织及其从业人员，比如报社、广播电台、电视台、出版社等媒介组织，及编辑、记者、导演等职业传播者。

一、文化传播者的权利与责任

（一）文化传播者的权利

文化传播者的权利可以分为一般性权利和专业性权利：

1. 一般性权利

一般性权利指的是普通公民都享有的传播权利，如言论、出版、著作、通信自由权等基本的权利。这是由国家宪法与民法来保证的。

2. 专业性权利

专业性权利指的是专门从事文化传播活动的人所应拥有的权利，即职业的文化传播者所享有的权利。他们有权搜集、整理、加工和传送信息，并对自己的作品享有权利。大众传播者还有采访权、报道权、批评权、专业保密权、安全保护权等权利。

（二）文化传播者的责任

1. 社会责任

文化传播者在进行文化信息的制作与传播活动中，应自觉树立社会责任意识，自觉地杜绝色情、暴力、低俗等不健康的文化作品，为其作品在社会上所产生的结果负责。

2. 法规性责任

文化传播者受到法律的保护，拥有相关权利，同时，也受到法律的制约，承担相应的责任与义务。比如，不得从事危害国家安全、煽动民族仇恨的传播活动，不得泄露国家机密，不得制作与传播淫秽信息等。

3. 契约责任

职业的文化传播者要对自己所在的组织承担相应的类似于合同的责任，即契约责任。也就是文化传播者采集需要传播的信息，进行分析、鉴别，按照一定的标准筛选与加工信息，传播给受众，并搜集来自受众的反馈信息，以调整以后的传播技巧与行为。

二、文化传播者的传播致效因素①

这里所说的文化传播者，指的是个人层面的文化传播者。一个成功的文化传播者，大多具有一系列的特质，以助于传播效果达到他所期望的程度。一般来讲，权威性、可信性、相似性、熟知性、悦目性等特质会对文化传播者的传播效果产生影响：

1. 权威性

一般而言，文化传播者的权威性有助于其对受众产生影响。传播者的权威性越强，对受众的影响越大，受众越容易信服传播者所传播的内容。

文化传播者的权威性首先表现在专业特长上。如果文化传播者是某一领域中的专家，则更易令人信服。在一项实验当中，一名德语教师被以“著名德国化学家”的名义介绍给被试，在这位“化学家”的暗示与意见之下，被试都从无色无味的蒸馏水中闻到一股强烈的气味。不只是传播者个人，专门机构或是媒介也可产生权威性。在国家级学术期刊上刊登的文章，要比一个通俗杂志的文章权威性更强。霍夫兰的一项实验是让被试阅读一篇文章，一组被试被告知文章来自权威杂志《新英格兰生物医学》，另一组被告知文章来自于通俗杂志《大众月刊》，结果第一组被试中，有23%的读者发生了与文章观点相一致的态度变化，第二组却只有7%。

文化传播者的资历与威望对受众也有比较大的影响。人们倾向于认为，一个人在某一领域内浸淫的时间越长，也就是资历越深，他的经验与学识就越多。同样的，人们认为一个人名望越高，本领越强。因此，资历

① 邵培仁：《传播学》(第三版)，114—119页，北京，高等教育出版社，2015；[美]戴维·迈尔斯著，侯玉波等译：《社会心理学》(第八版)，北京，人民邮电出版社，2006。

深厚的老教授比年轻的讲师往往更易令受众信从。

文化传播者的能力与才华对受众影响很大。越有能力与才华的传播者，越容易得到受众的喜爱。在现代社会，演讲能力尤其重要。在米基根的测验中，演讲能力和才华被公众认为是产生权威性和可靠性的重要因素，排在第二位。因此，在现代社会，人们会发现，有一些传播者，在专业领域内的造诣不是非常精深，却能够以其出色的演讲能力，赢得受众的喜爱与信从。

另外，文化传播者的地位与权力也可以对受众产生影响，特别是其地位与权力是通过个人奋斗而来的文化传播者，更易为受众所信从。受众倾向于认为，地位与权力比较高的人拥有比较强的能力与比较专业的知识及技能。

2. 可信性

即使是同一内容的信息，如果是出自不同的传播者，人们的接受程度也会不同，因为人们首先要根据传播者自身的可信性对信息的真伪和价值作出判断。可信性是指传播者使受众信赖的特质。霍夫兰曾对信源（传播者）的可信性与说明效果的关系进行实证考察，并提出“可信性效果”的概念，认为一般而言，信源的可信度越高，说服效果越大。

1951 年，霍夫兰和他的合作者选择了当时引起争议并备受关注的四个主题，即抗组胺药品无医生处方是否可以销售、美国近期建造实战型核动力潜艇的可能性、钢铁供应不足的责任和电视的普及是否会导致影院减少，撰写了四篇说服性文章。他们选择两组实验对象，先测量了他们对这四个主题的态度，然后请他们阅读这四篇文章。不同的是第一组受试者被告知文章出自奥本海默（美国原子弹之父，对美国人而言属于可信度高信源），第二组受试者被告知文章出自《真理报》（苏联报纸，在美国口碑不佳），之后再对两组被试的态度进行测量。结果表明，阅读了“奥本海默”文章的被试大都改变了自己的态度，而倾向于文章的态度，第二组则几乎不为所动。这说明可信度高的传播者比可信度低的传播者更容易劝服受众。

不过，信源的可信性带来的说服效果并不是一成不变的。经过一段时间之后，霍夫兰等人再次对受试者的态度进行测试，发现高可信度信源的说服效果出现了衰减，而低可信度信源的说服效果则出现了上升，被试对某一问题的态度开始趋向一致。霍夫兰将此现象称为休眠效果。这是因为，根据艾宾豪斯的忘却曲线原理，人脑对信息的记忆量会随着时间的推移而逐渐减少，这种忘却首先是从信息的次要属性开始的。随着时间的流逝，属于次要信息的信源逐渐被人们忘却，信息内容中的关键部分被留下，所以信源在说服效果上的影响会逐渐淡化。

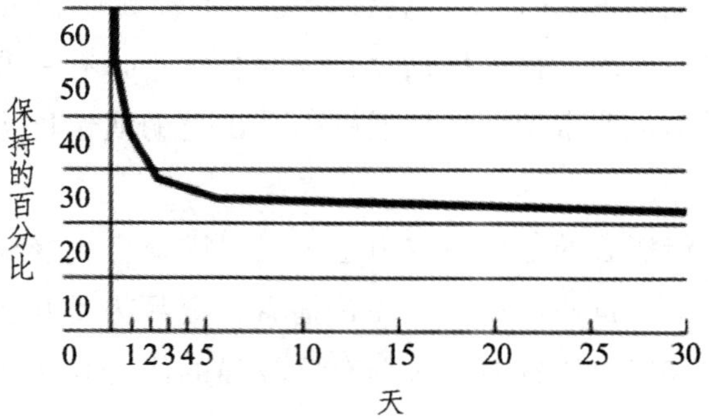

图 5-1：艾宾豪斯的遗忘曲线①

曲线显示了使用节省法在 30 天期间进行测验时个体所记得的无意义章节的数量。曲线迅速下降，然后到达一种变化很小的高原状态。

也就是说，一开始，人们由于信任高可信度的信源，而更容易相信其所发出的信息。一段时间之后，人们开始出现遗忘的情况。这时，人们首先会从信息的次要属性开始遗忘。一般而言，“谁说的”与“说了什么”相比，前者更容易被忘记，人们会开始着重考察信息内容本身的说服力，而由信源居于主导地位的可信性效果会趋于减弱或者消失。同理，低可信度信源发出的信息，一开始由于信源可信度的问题，无法得到人们的信任，信息内容自身的说服力不能马上发挥出来，处于一种“睡眠”的状态。随着时间的推移，人们逐渐忘记了信源，而只记得信息的内容，信源在说服效果上的影响淡化，信息内容本身的说服效果才能充分表现出来。尽管休眠效果尚有待于进一步研究和证实，但它却说明信源的可信性对信息的短期效果具有非常重要的影响，但从长期效果来说，最终起决定作用的还是内容本身的说服力。

如上所述，传播者的权威性往往会使其传播的信息具有可信性。与此同时，传播者的信誉也十分重要。传播者实事求是的态度与客观真实的传播内容，能够增强传播者的可信性，得到受众的信任。日积月累，能够形成良好的信誉，起到理想的传播效果。

除了实事求是之外，公正无私的态度也会增强文化传播者的可信性。

① ［美］理查德·格里格、菲利普·津巴多著，王垒、王甦等译：《心理学与生活》，193 页，北京，人民邮电出版社，2003。

霍夫兰等人的实验显示，“立场公正的电影”与“有企图的宣传影片”相比，受众更加相信前者。另一实验显示，在法庭上“法官要求对犯人量刑加重”与“犯人自己要求量刑加重”相比，法官的发言因为“对己有利”而遭到消极评价，犯人却因其“无私”而获得受众的好评。

需要指出的是，虽然传播者的权威性有助于提升可信性，但是并不是具有权威性就一定具有可信性。具有专业特长、资历威望也比较高的传播者固然令人信任，但是，普通的传播者如果给受众以坦诚真实的印象，也一样具有可信性。比如某戒烟广告让一个身世普通的老烟枪现身说法，虽然她不是专家，但其坦诚与真实的态度一样赢得了受众的信任。即使文化传播者的诚实会暴露出他的弱点与不足，也仍然可能获得受众的谅解。相反，一个有专业特长、有资历有威望的权威，如果被发现弄虚作假，也会遭到受众的唾弃与鄙夷。

3. 接近性

我们都喜欢与我们相似的人。文化传播者在距离、民族、籍贯、个性、信仰、兴趣爱好、文化背景、生活方式等方面与受众越接近、越相似，就越容易产生好的传播效果。

一般情况下，在入学之初，我们先与坐得最近的人成为好朋友，也更容易与同乡有亲近感。工作以后，我们与以往的同学、校友、战友、同乡等也往往有特别的亲近感。这是距离上的接近性。我们还很喜欢在兴趣、个性、信仰等方面与我们接近的人。如果传播者与受众有相似的观点、兴趣或者爱好，就很容易得到受众的喜爱，起到较好的传播效果。伯恩等人的实验表明，态度的类似性程度与好感之间是一种正数直线上升的关系，相似性越增加，对其好感的程度就越高。甚至连穿衣服的风格是否相似也可能会影响到传播的效果。20 世纪 70 年代初，学者曾做过这样一个实验：研究人员分别穿得整整齐齐或者穿着嬉皮士风格的服饰，在大学校园里向学生们索要一点儿钱打电话。实验表明，当研究人员的穿着风格与被问到的学生风格不一致时，不到一半的人会给钱。而当穿着风格一致时，超过 2/3 的人会给钱。

4. 熟知性

一般来说，我们总是比较喜欢自己熟悉的人或事物。对于陌生人或是未知的事物，人们并不了解，会有很深的不确定感，这会让人们本能地产生抵触感与警惕心理。但是，如果逐步增加接触，这种不确定性逐渐减少，熟知性增加，人们的抵触心理就会降低，产生“曝光效应”，增加对对方的好感。

研究表明，反复曝光可以增加积极影响，减少消极情绪。这是因为曝光效应“有助于我们的祖先把熟悉的或安全的事物，与不熟悉的或不安全的事物区分开来”。哈蒙-琼斯和艾伦在一项实验中，给被试看一名女性的脸庞。随着观看次数的增多，被试面部（微笑）的肌肉变得更加活跃了，这说明曝光效应诱发了被试愉快的情感。这也是明星艺人们千方百计保持曝光率的原因。“即使人们对某一商品或候选人没有什么强烈的感情，仅仅通过简单的重复，也可以增加商品的销量或得票率。如果一个商品在广告中没完没了地出现，那么，购物者常常会对该商品做出不假思索的、自动化的偏爱反应。如果候选人不为人们所熟悉，那么，一般而言，那些在媒体上曝光最多的候选人更容易获胜。懂得曝光效应的政治战略家，通常使用简短的广告来代替理由充分的长篇大论，在广告中突出强调候选人的名字和录音片段等信息。”① 研究显示，甚至当人们未能意识到他们所接触者为何的时候，熟悉也能引起人们的喜欢。

在文化传播活动中，增加传播者的曝光率，多与受众接触与互动，可以增加受众的好感，有助于达成良好的传播效果。传播者可以通过不同的途径做到这一点：直接与受众接触与互动；通过媒介增加曝光率；将自己的观点与思想通过媒介传播给受众。此外，传播者在设法增加曝光率的时候，还要注意分寸的把握。传受双方的接触不可超过一定的限度，若是过于频繁，就有可能招致受众的厌烦。

5. 悦目性

传播者的容貌、气质等外在形象，也会在一定程度上影响传播的效果。研究表明，人们会下意识地把一些好的品质（比如聪明、善良等）加到外表漂亮的人身上，并且在做出这种判断时，人们并未意识到外表在这个过程中所起的作用。美国学者诺尔曼曾做过一项实验，一位相貌平平的教授与一位相貌堂堂又懂演讲技巧的大学生，就同一主题作演讲。结果受众从教授的演讲中，只记住了简单的声明；而在大学生的演讲中，则不仅记住了主要观点，还有详细论述。一项研究表明，在汽车广告中有年轻漂亮的女模特出现的广告，比起没有模特的广告，更能得到男性的青睐，认为前者的新车跑得更快，更讨人喜欢，看上去更昂贵，设计也更好。日本

---

① ［美］戴维·迈尔斯著，侯玉波等译：《社会心理学》（第八版），314 页，北京，人民邮电出版社，2006。

学者诧摩武俊发现，在东京大街上拿着装钱的纸箱为社会福利基金募捐的大学生中，英俊漂亮的大学生会吸引更多的人向其捐钱。但是，研究也表明，太漂亮的形体可能使人过于专注形体本身，而忽视传播内容。

悦目性并不仅仅指容貌富有魅力，一个人的气质与举止也十分重要。为此，人们可以通过得体的服饰、发型与行为举止来提升外表的吸引力，赢得受众的喜爱。

第二节 文化传播者与把关人

一、把关人和把关理论

把关人（gatekeeper）又称守门人，是在传播活动中决定何种信息可被传播、传播多少，以及如何传播的人或机构。比如编辑、导演、导播，甚至总编、经理、台长等等。

把关人是传播学领域一个十分重要的概念。这一概念是由美国社会心理学家、传播学四大先驱之一卢因首先提出的。第二次世界大战期间，美国政府为了节约战争开支，开展了一场号召美国人民食用牛下水的宣传活动。卢因对这一宣传活动进行了考察与研究。他发现只有在家庭主妇接受这一宣传，愿意购买牛下水并将其摆上餐桌时，她们的丈夫与孩子才有可能接触并接受这种食品。1947 年，卢因发表《群体生活的渠道》，指出：信息总是沿着含有“门区”的某些渠道流动，在那里，或是根据公正无私的规定，或是根据“把关人”的个人意见，对信息或商品是否被允许进入渠道或继续在渠道里流动做出决定。他认为，信息传播网络中布满了把关人，对信息进行过滤与把关。

在现实生活中，把关现象极为常见。对此，施拉姆曾经指出：“在信息网络中到处都设有把关人。记者位居其中；采访法庭审判、事故或政治示威时，他们决定什么事实应该加以报道。其他把关人还有不少。编辑决定通讯社发布的新闻哪些应该刊登，哪些应该舍弃；作家决定哪些类型的人物和事件值得书写、什么样的人生观值得表现；出版公司的编辑决定哪些作家的作品应该出版，其手稿内容应该如何删改；影视制片人决定摄像机应该指向哪里；毛片剪辑人决定什么镜头剪掉，什么内容保留；图书馆采购人决定应该买什么书；老师决定应该用什么教科书和教学片；负责汇报的官员决定应该把哪些情况向上级汇报；甚至丈夫也得决定，晚餐时应该把当天办公室的哪些情况告诉妻子。”①

1950年，卢因的学生怀特（D. M. White）对美国一份地方报纸的编辑工作流程进行了考察，发现：这位编辑一个星期内收到了11910条电讯稿，却只选用了1297条，也就是说，只有10%的稿件被选用；在电讯稿中，国际性政治新闻、全国性政治新闻和人情味、趣味性新闻占总用量的2/3；收进电讯稿比率和实际采用的比率大致接近。那90%的电讯稿被淘汰的原因有两个：不值得登（占40%）与已选登其他稿件（60%）。而在“不值得登”的具体理由中，有很多是主观理由，即编辑个人认为不该登就不登，选择新闻的标准是个人的喜好和情绪。怀特的研究成果可以用一个公式来表明：输入信息－输出信息＝把关过滤信息。

分　类	收进电讯稿（%）	采用比率（%）
犯罪	4.4	3.2
灾难	3.4	3.4
政治	19.2	22.6
（州）	（4.7）	（6.8）
（全国）	（14.7）	（15.8）
人情味	35.0	23.2
国际性	22.5	23.7
（政治）	（15.1）	（13.6）
（战争）	（4.0）	（5.6）
劳工	5.5	5.5
全国性	9.9	18.5
（农业）	（2.5）	（6.0）
（经济）	（2.5）	（3.3）
（教育）	（3.2）	（3.3）
（科学）	（1.7）	（4.9）
总计	99.9	100.1
（则数）	11910	1297

表5-1：把关人取舍通讯社稿件的分类比例②

① ［美］威尔伯·施拉姆、威廉·波特著，何道宽译：《传播学概论》（第二版），150页，中国人民大学出版社，2010。

② 资料来源：邵培仁：《传播学》，132页，北京，高等教育出版社，2015。

怀特的研究十分重要，但却过分强调了把关者的个人权限，而忽略了其中所隐含的一系列左右把关行为的社会系统因素。后来，麦克内利（McNelly）对怀特的单一把关说进行了修正，认为在新闻事件与最终接受者（报纸读者等）之间存在着各种中间传播者，如驻外记者、外国分社的编辑、总社的编辑、国内分社的编辑、报社的电讯编辑等，对通过他们的新闻稿件依次加以筛选、过滤与加工。

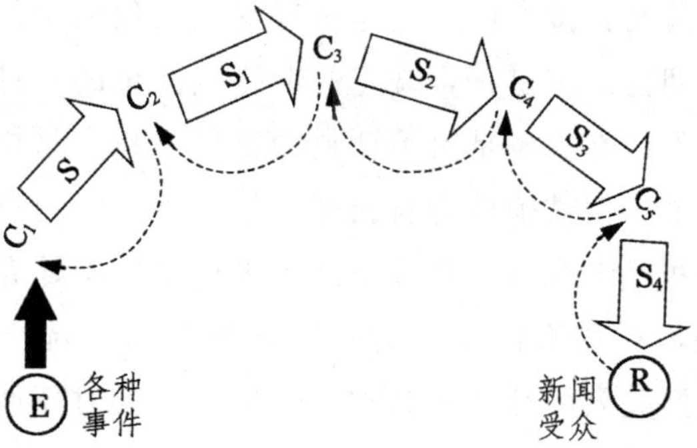

（虚线=反馈）

图 5-2：麦克内利的把关模式（C 指把关人，S 指信息，虚线指反馈）①

巴斯（Bas）对麦克内利的理论进行了进一步修正。他认为，在麦克内利的模式中，每个把关人都不分主次，同等重要，各个把关环节也看不出哪个更重要。而实际上，最关键的把关人是新闻媒介，与之相比，其他把关因素都处于次要地位。巴斯把新闻媒介的把关过程分为两个部分，一是新闻采集阶段，把关人主要是记者；二是新闻加工阶段，把关人主要是编辑。

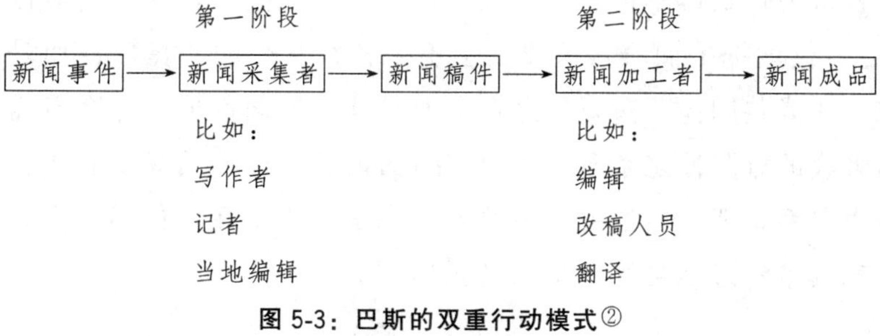

图 5-3：巴斯的双重行动模式②

美国学者盖尔顿与鲁治（Galtung & Ruge）在《涉外新闻的结构：四

① 资料来源：李彬：《传播学引论》（第三版），143 页，北京，高等教育出版社，2013。

② 资料来源：李彬：《传播学引论》（第三版），145 页，北京，高等教育出版社，2013。

家挪威报纸中的刚果、古巴和塞浦路斯形象》中，对影响新闻的选择与加工的要素进行了研究，认为以下九个要素非常重要：一是时间跨度，即某个事件的发生如果符合某种媒介的时间表，就会受到该媒介较多的关注。比如数小时之内的事件更适合于日报或广播电视新闻，而持续数日或更长时间的事件更适合于周报。二是事件强度。越是具有轰动性的新闻，越有可能受到传媒的重视。三是明晰性。事件的意义越清晰，模糊性越低，越适合做新闻。四是文化接近性。越是接近受众文化的事件，越有可能被选为新闻。五是预期性。越是符合既有的期待或预想的事件，越容易被选为新闻。六是出乎预料性。越是出乎预料的事件，越容易被选为新闻。七是连续性。一旦某个事件被确认为有新闻价值，就会引起对该事件或相关事件的持续关注。八是组合性。某些事件的采用是出于媒介内容的整体构成或平衡性的需要，有些事件则作为对照性事件而入选。九是社会文化价值。受众群体或把关人的社会观念和文化价值也会对新闻选择产生重要影响。此后，有学者在他们的基础上做了补充，如负面事件容易引起受众的关注，人性化或人情味的事件容易被选为新闻，具有冲突性的事件容易引起受众的关注。盖尔奇和鲁治认为，一个事件包含的新闻因素越多，越有可能成为新闻；如果事件的某一因素偏低，而其他因素偏高，也可以成为新闻；如果一个事件所有新闻要素都偏低，则不能成为新闻。

当今社会，新媒体，特别是自媒体（We-Media）的异军突起，给把关人理论带来了新的挑战。普通的个体均可以通过网络自行发布各类信息，大量的信息似乎不需要经过编辑等把关人的审查就可以传播给受众。因此有些学者认为自媒体不再需要把关与把关人了。然而，这样的看法未免过于乐观。“仅就把关而言，只要社会不是各行其是的一盘散沙而是有机联系的统一体或共同体，只要信息在个人与社会层面都依然存在着需求的无限性与吸收的有限性之矛盾，只要传播的内容与途径始终受制于社会关系以及权力关系，那么，把关与把关人就将是无所不在的传播宿命，而所谓自媒体充其量不过是自娱自乐的乌托邦”①。

二、把关人的功能

在大众传播过程中，把关人主要有以下几个功能：检查功能、加工功能、评价功能、导向功能。

---

① 李彬：《传播学引论》（第三版），145页，北京，高等教育出版社，2013。

1. 检查功能

把关人需要对文化信息进行鉴别、过滤与筛选。根据传播的目的、信息的质量，以及受众的情况，把关人有权决定哪些信息被淘汰，哪些需要修改，哪些可以顺利被传播出去。美国资深编辑威廉斯曾说，编辑的第一角色应该是“搜猎者”，负责在大量的文化资源里，选出最有价值的部分，传播给社会。

2. 加工功能

把关人常常需要对文化信息进行加工与修改，以期达到更好的传播效果。比如出版社编辑拿到一部书稿以后，会对其进行审校，并指出书稿中存在的问题，交给作者修改，甚至在征得作者同意之后，亲自加工与修改。

3. 评价功能

把关人是文化信息的评价者。他们可以通过编者按、短论、内容提要等形式表明态度；也可以通过字体、字号、版面位置、传播时间、篇幅长短、顺序先后等形式表明态度。比如报纸里最重要的新闻放在头版头条，电视里重要的节目放在黄金时段或者占用比较长的时间。同一本期刊里的文章，字号大的文章比字号小的文章更加重要。

4. 导向功能

把关人具有导向功能。通过检查、加工与评价，把关人向社会释放了关于何种信息被接受、何种信息不受欢迎的信号，对传播风向起到了导向作用。比如，通过禁止色情、暴力信息的传播，人们知道了这种信息不受欢迎，从而更倾向于传播健康向上的信息。

三、影响把关人把关的因素

自把关人的概念产生以来，学者们对影响把关人的因素进行了很多研究。研究显示，把关人的把关并不是简单的个体行为，除了个人的喜好，还要受到政治、法律、经济、社会文化、信息、组织、受众、技术等诸多因素的影响。[①]

1. 政治、法律因素

任何传播者的把关行为必然要受到所处社会的政治体制及政治现状的

① 胡正荣、段鹏、张磊：《传播学总论》（第二版），154—156 页，北京，清华大学出版社，2008。

制约，并且要受到法律的规定与约束。这在任何国家都是把关者必须要考虑的因素。

2. 经济因素

施拉姆曾经指出，经济控制远比政府的控制对美国大众媒介施加的影响更为有力。把关人负责筛选、过滤与加工信息，其所传播的信息是否受到受众的欢迎，影响到所在媒介组织的经济利益。也就是说，把关人面临着相当程度的经济压力。为了赚取更多的利润或是迫于经济压力，把关人可能会选择更多的娱乐性内容和趣味化的手法来制作并传播信息，或者跟风模仿流行的节目形式，甚至出现传播低俗信息以迎合受众恶趣味的情况。另外，利益群体和经济势力的介入，也会对把关产生影响。如何处理好社会效益与经济效益的关系，是把关人面临的重要问题。

3. 社会、文化因素

把关人的把关行为与社会价值标准体系及文化的开放程度有关。社会所认可的价值标准体系对把关人的把关行为影响很大，开放的文化氛围则有利于把关人选择新的事物与思想。美国社会学家甘斯曾经指出“新闻本身不局限于对真实的判断，它也包含了价值观，或者说，带有偏好的陈述。”[①] 他通过长时间的观察，认为在美国各种不同的新闻报道中存在着一套持久的价值观：民族优越感、利他的民主、负责任的资本主义、小镇田园主义、个人主义、中庸主义、秩序、领导素质。这些价值观润物细无声地渗透于美国的新闻报道中，影响着新闻稿件的取舍。

4. 信息自身的因素

信息自身的质量、价值等因素，决定了信息是否有必要进行传播。把关人会根据不同领域的评判标准，对信息的内容、质量、价值等进行衡量，以决定是否选用。

5. 组织自身因素

把关人在把关时，还要考虑其所在组织的定位、目标、价值观、关注重点等因素。公共媒体与商业媒体对于把关的要求不同，中央与地方媒体对于把关的要求不同，同样，不同地域、不同行业的媒体定位不同，自然也会影响到把关人的把关行为。

6. 受众因素

---

① ［美］沃纳·赛佛林、小詹姆士·坦卡德著，郭镇之等译：《传播理论：起源、方法与应用》，285—286页，北京，中国传媒大学出版社，2006。

在传播过程中，对受众的了解是否充分，在很大程度上影响到传播的成败。再好的信息，如果受众不接受，传播的效果也达不到。受众的价值观、信息接受习惯等因素，是把关人不能忽略的问题。

7. 技术因素

每一种媒介都有其独特的技术手段。而不同的传播组织所掌握的技术手段、技术条件、技巧水平等也有所不同，这些都影响着把关人的把关行为。

8. 把关者个人因素

除了上述因素，把关者自身的价值观、喜好、经验等因素，也对把关的影响极大。

第三节　文化传播者的制度环境与社会控制

在传播过程中，传播者控制着传播的内容，同时也受到社会制度的制约。尤其是在现代文化传播活动中，组织化的职业传播者和媒介组织，尤其是大众媒介组织，是文化传播者中极其重要的部分。因此，有必要对文化传播者的制度环境与社会控制加以探讨。

一、文化传播者的制度环境

施拉姆指出，所有的制度都必然在某种程度上对它们的媒介加以管理和控制。因此，不同的社会制度决定了不同的传播体制。在美国学者赛伯特（Fredrick Sirebert）、皮特森（Theodore Peterson）与施拉姆撰写的《报刊的四种理论》中，追溯了人类社会从制度层面对传播进行控制的历史，提到了四种传播观念及相应的传播体制。

（一）集权主义理论

集权主义理论是人类传播史上第一种也是最古老的一种传播制度理论。它植根于当时的封建社会。15 世纪中叶，近代印刷术在欧洲出现，不久催生出了近代报纸，大众媒介由此产生。当时的欧洲处于封建社会时期，也就是集权主义社会。在这种社会制度中产生的集权主义理论承认封建君主与特权阶级的绝对权威，强调社会等级制度与上下级的绝对支配与服从关系，主要内容包括：报刊必须对当权者负责；报刊必须绝对服从于权力或权威；政府有权对出版物进行事先检查；对当权者或当局制度的批判属于犯罪行为。在这种制度下，报刊绝对不允许批评政府，统治者有权监督、审查报刊的一切内容，有权办理或撤销出版许可证，报刊和出版受到了严厉的管制。

赛伯特等人认为，封建社会和类似的社会制度对应着集权主义传播体制。这一传播制度在欧洲存在了几百年，最终随着资产阶级革命的胜利而最终崩溃。另外，二战中的纳粹德国、日本、意大利等法西斯国家，以及现代社会中的某些独裁国家，也实行这种集权主义体制。

（二）自由主义理论

自由主义理论产生于17—18世纪资产阶级革命时期，体现着自由资本主义的时代特征。该理论最早由英国诗人、政治家约翰·弥尔顿（John Milton）在《论出版自由》中提出。他认为，人们能够运用理性去辨别出好与坏、真理与谬误，而要运用人的理性，就必须不受限制地去了解不同的观点与思想。因此，应该有一个观点的公开市场，让真理在自由而公开的斗争中战胜谬误。弥尔顿的思想奠定了自由主义传播体制的基本原则。

自由主义理论的主要内容包括：任何人都拥有出版自由而不必经过政府当局的特别许可；除人身攻击以外，报刊有权批评政府和官吏；新闻出版不应该接受第三者的事先检查，出版内容不能受到任何强制；在涉及观点、意见和信念问题上，真理和“谬误”的传播必须同样得到保证。

自由主义理论与体制在与集权主义理论与体制的斗争中形成，经法国大革命和与美国资产阶级革命的胜利而得以确立，并在19世纪末与20世纪初达到鼎盛时期。

自由主义理论对打破集权主义专制制度和等级支配观念，确立自由、平等和权利思想起到了巨大作用。然而，它是与资本主义的政治制度和经济制度结合在一起的，这种制度所保障的并不是全体社会成员的利益，而是私有资本的利益。历史发展证明，自由主义传播制度没有也不可能实现它最初设想的社会理想。相反，随着资本主义发展到垄断阶段，自由主义理论本身也发生了蜕变，成了维护垄断资本利益的理论，在全球信息化的今天，进一步演变成了个别传播大国推行文化帝国主义的理论。

（三）社会责任理论

19世纪末20世纪初，资本主义进入垄断阶段。尤其是在二战以后，传播媒介的垄断程度越来越高，传播资源越来越集中在少数人的手中。在利润至上的驱使下，大众传媒滥用新闻出版自由而侵犯公众权利的事件不断出现，比如传播耸人听闻的黄色新闻，侵犯个人的隐私等，导致了一系列的社会问题。

在这种情况下，社会责任理论应运而生。该理论是对自由主义理论的改良或修正，也是“在传统理论上一个新思想的接枝”。它的主要原则有：大众传播具有很强的公共性，因此媒介机构必须对社会和公众承担和履行一定的责任和义务；媒介的新闻报道和信息传播应该符合真实性、正确性、客观性、公正性等专业标准；媒介必须在现存法律和制度的范围内进行自我约束，不能煽动社会犯罪，不能传播宗教或种族歧视的内容；受众有权要求媒介从事高品位的传播活动，这种干预是正当的。

“从一定意义上讲，自由主义传播体制是历史的进步，而后起的社会责任传播体制是历史的又一次进步。但是，在垄断竞争、利润至上的资本主义社会中，传播业始终无法彻底摆脱商业利润和承担社会责任之间的矛盾，只能尽力在两者间取得平衡。”①

（四）苏维埃理论

在《报刊的四种理论》中，这一部分是由施拉姆执笔的，针对的是以苏联为代表的社会主义国家的传播理论与传播体制。

在施拉姆看来，这种理论与体制是集权主义的变种。他认为苏维埃国家的大众传播媒介具有以下特点：大众传播媒介与组织传播媒介不可分割；大众传播媒介是作为党和国家的工具来使用的，而且是党实现统一的工具、发布指示的工具；它们几乎专用于宣传和鼓动；传播者被强制性地要求承担严格的宣传责任；大众传播媒介由国家经营和控制。对此，批判学派的学者阿特休尔（J·H·Altschull）批判道：“它是处在政治上动荡不安的紧张时期，也就是人们记忆中带有冷战色彩的时期起草的……施拉姆的问题出在，他的分析是怀有敌意的，他局限于‘我们对他们’的框框中看问题，这种方法使他着魔于美国新闻界对苏联的分析之中。因此，在他的文章中，不用费力就能断定好人与坏人。”②

社会主义传播体制是在无产阶级革命的理论和实践的基础上产生的。以苏联为代表的社会主义国家的传播体制主要有以下原则：“传播媒介和传播资源是国家的公有财产，不允许私人占有；传播媒介必须为工人阶级服务，必须接受工人阶级先锋队——共产党的思想和组织上的领导；媒介必须按照马列主义原理、社会主义意识形态和价值体系来传播信息，宣

---

① 胡正荣、段鹏、张磊：《传播学总论》（第二版），149页，北京，清华大学出版社，2008。

② ［美］赫伯特·阿特休尔著，黄煜等译：《权力的媒介》，127页，北京，华夏出版社，1989。

传、动员、组织和教育群众；在服务于社会总体目标的同时，媒介应该满足广大群众愿望和需求；国家有权监督和管理出版物，取缔反社会的传播内容。”我国目前的传播体制主要包括以下几点：新闻传播事业实行社会主义公有制，这是防止私人和资本垄断、保障传播媒介和传播资源掌握在全体人民手中的根本制度，也是实行社会主义新闻自由的重要基础；我国社会主义新闻传播事业是中国共产党领导下的事业，坚持党性原则；社会主义新闻传播事业执行报道新闻、传递信息、引导舆论、提供娱乐等多方面的社会职能；社会主义新闻传播事业具有重要的经济功能。① 随着社会的发展，我国的社会主义传播体制也在不断地改革、发展和完善过程中。

上述四种大众传播理论及体制，“基本上涵盖了近代以来的主要控制模式——专断式、放任式、自我约束式和国家统管式。统观这四种模式可以发现，信息流通的控制机制总是同特定的社会、历史与文化背景相关联的。这种宏观控制也许不如具体的把关人对传播活动的影响那么直接，却更具有决定性的意义。”②

二、文化传播的社会控制

事实上，任何传播者的传播活动都必然受到所在社会的政治、经济、文化等因素的影响，受到社会的约束和控制。传播的社会控制主要表现在以下几个方面：

（一）政治控制

政治控制由国家和政府来实施，主要通过规定传媒组织的所有制形式，制定有关法律法规和政策，限制或禁止某些信息内容的传播，为传播事业的发展制定总体规划等方式进行。阿特休尔指出：“没有哪个国家能够摆脱官方控制；所不同的则是来自于准许范围内的自治程度的差异。”③ 英国学者戴维·巴勒特指出，在西方国家，“新闻出版自由在很大程度上只是一种神话，即为了树立民主的形象由政府编造的神话。实际上没有一个政府——无论它是‘民主的’还是专制的，能允许大众媒介免受某种形式的规定或限制而自由发展。大众媒介对公民的影响太大了，不能给它们

① 郭庆光：《传播学教程》（第二版），146—147 页，北京，中国人民大学出版社，2011。

② 李彬：《传播学引论》（第三版），150 页，北京，高等教育出版社，2013。

③ ［美］J·赫伯特·阿特休尔著，黄煜、裘志康译：《权力的媒介》，287 页，北京，华夏出版社，1989。

无限制的自由。限制自由的最明显的标志是各种势力把控制传播媒介（尤其是电台和电视台）作为它们的首要目标。”①

（二）经济控制

传播者尤其是职业的传播组织还受到利益群体和经济势力的控制。

对传播的经济控制，主要表现为资本控制。“以美国为例，传媒业主要被五大财团，即时代华纳集团、沃特·迪士尼集团、通用电器集团、新闻集团和维亚康集团所垄断。五大财团还同时控制美国的娱乐业。另外，美国报纸约有1500份，日销售量数以千万计，其中只有不到20%为独立报人所有，且发行量很小，绝大多数报纸由大财团掌控。”② 它们以雄厚的资本，控制着美国的传媒业和舆论的走向。

广告收入是传媒的重要经济来源。利益群体和经济势力依靠手中的广告费用，可以获取对一定的传播内容的支配权，甚至可能诱使媒体传播方针的改变。

（三）文化控制

传播者身处于特定的文化传统之中，其传播活动也在无形中受到文化的控制。特定的文化心理制约着传播的内容与方式。中国的历史文化资源丰厚，推崇历史，重视传统，因此，近几年穿越剧盛行，却基本上都是由现在穿越到过去。阿德勒说：“中国孩子没有可仿效的太空时代的超人，即使在玩游戏的时候，他们也装扮成中世纪的超自然英雄孙悟空。”③ 美国文化则强调未来，属于未来导向文化，因此其文化作品中有非常多的对于未来的幻想。

（四）受众控制

传播是一个双向的互动行为，受众也在对传播行使控制。受众的喜好、价值观、信息接受习惯都在影响着传播者的传播行为。受众可以通过来访、信件、电话、网络等不同形式的反馈来影响传播者，也可以通过视听率、订阅率等市场指标影响发行量和收视率。传播者必须了解受众的心理，在传播策略甚至内容上做出相应调整，以期取得相应的传播效果。

---

① ［英］戴维·巴勒特著，赵伯英、孟春译：《媒介社会学》，67—68页，北京，社会科学文献出版社，1989。

② 祝东力：《社会结构与话语之争》，http：//www.aisixiang.com/data/59083.html。

③ 〔美〕拉里·A·萨默瓦、理查德·E·波特著，闵惠泉等译：《跨文化传播》，61页，北京，中国人民大学出版社，2004。

第六章　文化传播与媒介

第一节　媒介与媒介类型

一、媒介的概念

传播意义上的媒介，指的是负载符号的物质实体，是信息传递的工具和手段。它介于传播者与受传者之间，是文化传播活动中的重要组成部分。书籍、报纸、杂志、广播、电视、电影、网络等，都是文化传播的重要媒介。

在媒介概念的辨析上，应该注意媒介与以下几个概念的区别：

传播媒介与传播符号不同。符号是表达或负载特定信息或意义的代码，用来指称或代表它自身以外的其他事物，如口语、文字、图像等。媒介则介于传播者与受传者之间，是符号的载体，它并不指代其他事物，也不直接构成传播内容。例如，文字是符号，负载文字的纸张是媒介。

传播媒介与传播渠道不同。传播渠道指传播过程中传受双方沟通和交流信息的各种通道，如人际传播渠道、组织传播渠道、大众传播渠道。传播媒介是信息传递的物质载体，如纸张、广播、电视、网络等。

传播媒介与传播形式也有所不同。传播形式指的是传播者进行传播活动时所采用的具体方式，如口头传播形式、书信传播形式、图像传播形式等。例如，在文化传播中，人们可以采用文字、音乐、视频等不同形式。一种传播形式可以选用不同的媒介，比如书信传播形式，可以用纸张，也可以用网络作为媒介。一种媒介也可以服务于不同的形式。比如网络可以用于口头传播，也可以用于文字传播等等。

二、文化传播的五大媒介

在人类历史上，与人类文明的进步相应，文化传播的媒介经历了一个从单一到综合、从简单到复杂的发展过程。在广播、电视与网络出现以前，人类的文化传播主要依靠书籍完成。在现代社会，书籍、广播、电视、电影、网络等都是文化传播的重要媒介。它们的发展与嬗变不断改变着人类的文化环境及其社会生活，深刻地影响着人们的思维模式和价值观念。

（一）书写媒介

书写媒介是由自然物简单加工而成的负载符号的物质实体。书写媒介有泥板、石头、树叶、树皮、甲骨、羊皮、纸张等。比如，古代苏美尔、巴比伦、赫梯、波斯和亚述等国将文字写在黏土板上；古埃及人将文字写在莎草纸上；古印度人将经文写在贝叶上；欧洲人将文字写在羊皮上；在纸张发明之前，中国人将文字写在甲骨、青铜器、竹简、缣帛等载体上。但这些载体或者太笨重，或者成本太高，或者保存困难。直到中国人发明了纸张，才妥善地解决了书写媒介的上述问题，大大促进了人类文明的发展与进步。

（二）印刷媒介

印刷媒介是人类历史上最早的大众传播媒介，主要类型有书籍、报纸、杂志等。

造纸术与印刷术的出现，使人类的文明进程进入了一个新的阶段。唐朝初年，我国发明了雕版印刷术，印刷于咸通九年（868）的《金刚经》，是世界上第一本标明印刷日期的雕版印刷品。北宋年间，毕昇发明活字印刷术。公元15世纪，德国人约翰·古登堡受活字印刷术的启发，发明铅字印刷。明崇祯十一年（1638）出现用木刻活字排印的《邸报》，首开我国报纸印刷业的先河。1704年，美国人约翰·坎贝尔创办第一份连续印刷的报纸《波士顿新闻信札》。1833年，世界上第一份便士报——《纽约太阳报》诞生，标志着人类进入真正成熟的大众传播时代。

与书写媒介相比，印刷媒介在文化的传播方面具有很大的优势。它的主要特点有：（1）能够迅速、大规模地印制生产。（2）擅长传达深度信息，受众需要投入自己的想象和思考。（3）选择性较强，受众可以根据自己的喜好与习惯决定阅读的时间、地点和方式。（4）保存性较强，可以长期保存，反复阅读。（5）时效性较差，难以做到传播信息与事件同步。

(6) 文化程度低的人和文盲无法充分使用和分享其中的信息。

（三）广播媒介

广播是指录编、传送和接收声音信息的传播媒介。它出现在20世纪早期，并迅速成为人类生活中重要的传播媒介。与印刷媒介相比，它几乎不受时间和空间的限制，传播速度十分迅速，受众也遍布全球。

与其他媒介相比，广播媒介具有十分鲜明的特点：(1) 首先，它是听觉媒介，受众可以一边做事一边收听，以其作为工作与生活过程中的背景。(2) 时效性较强，传播信息迅速及时，有时与事件的发生几乎同步。(3) 对受众文化水平的要求比较低，无须学会识字。另外，收音机成本低廉，易于携带。(4) 选择性较差。广播是时间性的媒介，按照时间的线性顺序进行传播，听众无法在同一时间内自由选择收听内容。(5) 保存性较差。广播内容以声音的方式存在，转瞬即逝，不宜传播比较抽象、艰深、复杂、专业性强的内容。

由于广播的时效性与便捷性，尤其是其听觉媒介这一特点，使广播的优势十分独特。人们可以在收听广播的时候从事其他活动，如驾车、做家务、锻炼身体等。这使广播拥有了其他媒介很难比拟的优势。

（四）电视媒介

电视媒介是指使用电子技术传输图像及声音的大众传播媒介。1936年，英国广播公司（BBS）在伦敦建成世界上第一座电视台。第二次世界大战以后，电视迅速普及，成为影响力最大的媒体。1958年，中央电视台的前身北京电视台开始播出，开启了中国电视文化发展的历史。研究发现，电视使人们每天的传媒接触时间由过去的几十分钟提高到几个小时，对社会生活产生了广泛而深刻的影响。它的诞生、发展和普及，是20世纪人类社会生活中最重大的事件之一。

电视媒介的特点是：(1) 电视是视听合一的媒介，声像兼备。(2) 现场感、参与感和过程感较强。电视以其真实生动、富有冲击力的画面与声音，使受众仿佛身处现场，具有较强的感染性。(3) 时效性较强。信息传播迅速及时。(4) 电视对受众的文化水平要求较低。(5) 保存性较差。电视与广播一样，传播的信息转瞬即逝，不适合表现太过艰深的内容。(6) 选择性较差。电视按照时间顺序播出电视节目，受众的选择性较差。

（五）网络媒介

互联网的产生标志着人类社会迈向网络时代，深刻地影响了人类的社会生活与价值观念。最初的网络媒介主要表现为电脑，随着技术的发展与媒介融合态势突飞猛进的发展，“网络媒介的外延已被极大拓展，涵盖了手机、数字电视、平板、数字摄影机等一切基于网络技术相互连接的终端设备”①。

网络媒介与其他媒介相比，具有很强的优势。它主要具有以下几个特点：(1) 网络媒介是多媒体的传播媒介。这一方面体现在网络媒介整合了文字、图像、声音等多种手段进行传播，是多媒体传播。另一方面体现在网络是集书籍、报纸、广播、电视等以往传播媒介于一体的综合性媒介体系，是既能承载大众传播，又能承载组织传播、人际传播的全新传播平台。(2) 时效性较强。可以及时发布、更新信息，传受双方的信息交流方便快捷。(3) 保存性较强。能够容纳海量信息，便于储存，反复阅读、观看与收听。(4) 选择性较强。受众可以根据自身需要，自由选择时间与地点，搜索、浏览甚至定制所需内容。(5) 交互性强。相对于人际传播“点对点”、大众传播“点对面”的传播，网络媒介是交互式的传播。

三、关于媒介的比较分析

对于人类社会产生的这些传播媒介，学者们除了研究它们的传播特性，还对它们作了比较研究，试图发现在传播信息和影响受众方面哪一种媒介更加有效。例如，在一般人的印象里，电视视听兼备，声像并茂，现场感、感染力极强，常使人有身临其境之感。印刷媒介只诉诸人的视觉，负载的是抽象的语言符号，广播媒介则只诉诸人的听觉，负载的是声音符号。那么，是不是电视媒介对人的影响会更为深刻呢？

1976 年，戴维·塞纳和威廉·麦克尤恩在《替代性媒介的效果》中对三种媒介（录像带、录音带、印刷品）就同一内容的材料所引发的效果进行了比较分析。他们将一批大学生分为三组进行实验。第一组看录像（相当于看电视），第二组听录音带（相当于听广播），第三组读印刷品。三组资料的内容相同，只是使用的媒介不同。然后，请三组被试回忆他们所看、所听与所读的内容。结果显示，三组学生回忆起来的信息大同小异，没有十分明显的差别。尽管如此，这一结果还是对那种认为电视比其他媒介更有威力的论断提出了挑战。

1978 年，卡伦·布朗在《电影和印刷品回忆比较》中公布了另一项研究成果。在这项研究中，他将被试者分为两组，降低了阅读的难度，

① 邵培仁：《传播学》（第三版），227 页，北京，高等教育出版社，2015。

并将两组实验对象的文化程度设置为相等。实验中，一组被试者观看一部有关法律诉讼的纪录片，另一组则阅读相同内容的文字材料，然后让两组被试者回忆他们所看与所读的内容。结果表明，阅读文字材料的被试者比观看纪录片的被试者记住了更多的信息，并且记得更牢。这个实验似乎表明，印刷媒介比电视媒介的信息更容易被成人记住。“对于那些动辄把未经证明的推测（如‘媒介即信息’、电视具有‘天然威力’）或其他一些未经检验的陈词滥调奉为永恒真理的人来说，这些研究是重要的制约”①。

1980年，霍华德·加德纳在《为媒介研究者重新规划》中公布了另一项研究。这一项研究的实验对象是儿童。研究人员为两组儿童准备了一个关于三名歹徒认识一名孤女后改邪归正的故事。一组儿童一边听研究人员念故事，一边看小人书。另一组儿童则观看同一内容的录像带。结果显示，看书的儿童不仅能回忆出较多的故事内容，而且能够准确引用故事中的不少原话。非但如此，他们大都能结合自身经验复述故事的详细内容。另一方面，看录像的儿童顶多只能记住故事的大意，复述时既不能引用原话，也不能充分发挥自己的创造力，而仅仅是依附于原作，不敢越雷池一步。研究人员认为，电视只是被动的体验，在看电视的过程中，人们的注意力要紧紧跟随不断变换的电视镜头，精神始终处于紧张而消极的状态中，也就无暇发挥更多的主动性、积极性与创造性。相比之下，印刷媒介则可以提供从容的时间、联想的空间与自由的想象。

除了上述研究，学者们还进行了其他研究，但却没法得出一个确切的结论。事实上，不少研究结果相差很大，甚至相互矛盾。虽然到目前为止，我们还不能指出哪个传播媒介更为有效，但这些研究却提示我们，不同的媒介有不同的特长，切不可想当然地认为哪个媒介威力更大，功效更强。

四、媒介分析的标准

在人类文化的发展史上，传播媒介是不断更新的。当今社会，传播媒介有书籍、报纸、电视、电影、网络等不同种类，每种媒介又有自己的规律与特点。对这些规律与特点的了解，对于取得良好的文化传播效果是非

---

① ［美］梅尔文·L·德弗勒等著，颜建军等译：《大众传播通论》，420页，北京，华夏出版社，1989。

常重要的。对媒介进行比较分析的尺度与标准有以下几种：①

（一）时空偏向

传播媒介是负载符号的物质实体，以一定的形态存在于一定的时间与空间之中，并显示出自身独特的性质。书籍、杂志、报纸、期刊、甲骨、石碑等，都占有空间，称为空间性媒介。电话、广播等，按照时间运动的线性形式进行传播，是时间性媒介。电视、电影、网络等，是时空兼具的媒介。一般来讲，空间性媒介是以负载有序的线性的文字符号为主，较适宜用来传播高深的观念、复杂的思想、琐碎的情报和严谨的材料，也适用于传播篇幅长的、准备作为证信的或不紧急的信息资料。时间性媒介是以负载有规律的诉诸听觉器官的声音符号为主，较适合用来传播悦耳的音乐、紧急的事情和短促的、无须留存或不准备作为证信的信息。时空性媒介则兼有时间媒介和空间媒介的特点。

（二）时效性

在众多媒介中，网络、广播和电视传播速度最快，可以迅速及时地传播新近发生的事。报纸时效性也比较强，但较电子媒介为弱。杂志、书籍从制作到产出需要一定的周期，时效性较弱。文化传播者可以根据不同媒介的时效性，合理而正确地使用这些媒介。

（三）持久性

媒介的持久性是指其保存信息的时间长度，以及其提供信息给受众接触的可能性。书籍因便于保存的优势，持久性很强。杂志次之。报纸也具有一定的持久性，但因为报纸的印刷纸张是新闻纸，寿命不是很长，因此持久性不是很强。广播、电视的持久性较弱，电话的持久性更弱。持久性比较强的媒介，比如书籍，大多用来进行深层教化的工作，传播逻辑性、抽象性、专业性强的材料、深入的分析和高深的理论等。持久性较弱的媒介，可以用来做及时传递信息，起宣传教育的作用。

（四）受众参与媒介的程度

受众参与媒介的程度，一方面指的是在其接受传播内容时调动自身想象力的程度，另一方面指的是受众进入传播过程的可能性。

在前一方面，书籍、报纸、杂志主要运用文字符号描述事物，需要受众调动自己的想象力，设身处地地进行理解。广播主要运用声音符号来传

① 邵培仁：《传播学》（第三版），219—221页，北京，高等教育出版社，2015；胡正荣、段鹏、张磊：《传播学总论》（第二版），183—184页，北京，清华大学出版社，2008。

递信息，同样也需要听众发挥想象力去补充信息与理解。电视充分运用声音与画面去传递信息，受众不需要想象便可对事实与现场、人物一览无余，因此参与度较低。

在后一方面，人际传播的媒介，受众的参与度最高，其次是组织传播的媒介，大众传播媒介的参与度最低。互联网是一种真正的双向互动媒介，受众的参与度非常高。

从以上传播媒介的特点与规律可以看出，传播媒介各有所长，也各有所短，受众可以根据自身的特点，结合各自的需要进行选择。另一方面，在传播媒介之间的竞争与新媒介的冲击之下，传播媒介也在不断改进，以求生存与发展。

第二节　媒介理论

随着人类文明的发展，传播媒介层出不穷，对社会的进步与文化的发展起到了极大的促进作用。在现代社会，传播媒介的更新更是令人应接不暇，成为人们关注的热点。对此，学者们从不同的角度做了很多研究。

一、伊尼斯的媒介偏向论

哈罗德·亚当斯·伊尼斯（Harold Adams Innis）是加拿大多伦多学派的鼻祖。20 世纪 40 年代以前，他研究的重点是加拿大经济史，此后逐渐转向对人类文明史的研究。1940 年，伊尼斯发表了第一篇传播研究论文《报纸在经济发展中的作用》，认为报纸是推动市场的动力。他在传播与媒介研究方面的代表作是《帝国与传播》《传播的偏向》。

伊尼斯认为，传播和传播媒介都有偏向，大致可分为口头传播的偏向与书面传播的偏向、时间的偏向与空间的偏向。传播媒介可以分为两大类，一是有利于空间上延伸的媒介，如莎草纸与纸张；二是有利于时间上延续的媒介，如石刻文字和泥板文字。要了解各种传播媒介传播思想、控制知识、垄断文化的实质，必须先认识媒介的时间偏向和空间偏向的特性。这种特性影响了社会的知识状况、权力结构和政治形态。“一种新媒介的长处，将导致一种新文明的产生。”① 传播媒介的演进史，正是由质地

---

① ［加］哈罗德·伊尼斯著，何道宽译：《传播的偏向》，28 页，北京，中国人民大学出版社，2003。

较重向质地较轻、由时间偏向向空间偏向发展的历史，并且与人类的文明进步相协调。

伊尼斯认为，“传播媒介的性质往往在文明中产生一种偏向，这种偏向或有利于时间观念，或有利于空间观念。”[①] 偏向时间的媒介质地较重、耐久性较强，比如黏土、石头和羊皮纸等。它们能够克服时间的障碍，承载的文字具有永恒的性质，更加适合知识在时间上的纵向传播，有助于树立权威，形成等级森严的社会体制，有利于传统和宗教的稳定性，但却不适合知识在空间上的横向传播，不利于权力中心对边陲的控制。举例来说，使用黏土和石头的政权只能在较小的区域内行使权力，却无法对广阔的领土进行有效的管理。偏向空间的媒介质地较轻，容易运送，如纸张、纸莎草等。它们比较适合克服空间的障碍，适于远距离传播信息，这有助于帝国的扩张、知识在空间上的传播和世俗政权的建立，但却不易保存，不适合知识在时间上的纵向传播，有可能削弱中央的权威。他以中国为例，指出“纸在中国的大量应用，使佛教徒能够大规模发展雕版印刷。儒家势力由于国家的影响和儒家经典的大量刊布而壮大。中国的文字给行政管理提供了基础，它强调的是按照空间来组织帝国，但无法满足时间的要求，因此中国总是暴露出改朝换代的问题。”[②] 伊尼斯认为，近代印刷术诞生之后的各种媒介，如书籍、报纸、广播等都是空间性的，它们有助于领土的扩张，却有可能导致西方文明的崩溃。权力中心要想保持稳定，正确的做法是保持媒介的时间偏向和空间偏向的平衡，取长补短。

正如麦克卢汉所说，伊尼斯是第一个从技术形态发展出一套历史变迁理论的人。尽管有学者质疑其理论存在着某种“技术决定论”的局限，但其关于传播的主导性媒介会影响社会进程的观点，仍然给后来的学者以很大的启发。

二、麦克卢汉的媒介理论[③]

加拿大学者马歇尔·麦克卢汉（Marshall McLuhan）是多伦多学派的

① ［加］哈罗德·伊尼斯著，何道宽译：《传播的偏向》，53页，北京，中国人民大学出版社，2003。

② ［加］哈罗德·伊尼斯著，何道宽译：《传播的偏向》，40页，北京，中国人民大学出版社，2003。

③ ［加］马歇尔·麦克卢汉著，何道宽译：《理解媒介——论人的延伸》，北京，商务印书馆，2000；［加］埃里克·麦克卢汉、［加］弗兰克·秦格龙编著，何道宽译：《麦克卢汉精粹》，南京，南京大学出版社，2000。

核心人物。他的著作有《机械的新娘》《谷登堡群英》《理解媒介——论人的延伸》《媒介即讯息》等，其理论在西方学术界产生了巨大的关注与争议。在这些著作中，他提出了三个著名的观点："媒介即讯息""媒介是人体的延伸"和"热媒介与冷媒介"，这三个观点构成了其媒介学说的主要内容。

1. 媒介是人体的延伸

麦克卢汉认为，一切媒介都是人体的延伸。例如：穴居人的石斧是手的延伸，印刷物是眼睛的延伸，广播是耳朵的延伸，服装是皮肤的延伸，车轮是腿脚的延伸，住宅是人体温度控制机制的延伸，电子技术是中枢神经系统的延伸，游戏是人的延伸。他眼中的媒介范围极广，除了书籍、报刊、广播、电视等典型媒介之外，还包括服饰、房屋、车辆、飞机、电报、道路、数字、货币、时钟、游戏等，甚至包括武器。这与一般的传播研究对媒介的界定有很大不同。麦克卢汉认为，"人的任何一种延伸，无论是皮肤的、手的还是脚的延伸，对整个心理的和社会的复合体都产生影响。"在原始社会，人与人之间的交流是面对面地进行，需要动用眼、耳、鼻、舌、身等全身感官，感觉能力比较平衡。拼音文字与印刷术的发明，使人们从口语转向文字与印刷。由于拼音文字与机械媒介是分裂切割、线性思维、偏重视觉的，它们虽然可以推动人们对事物抽象、深层的认识，但也打破了部落人眼、耳、口、鼻、舌、身的平衡，导致人们总体感觉能力的失衡。而电子媒介的出现，尤其是电视，大大扩张了人类的视觉和听觉，并以其强烈的现场感和接触感而扩展了人类的触觉，这便使现代人重新回到了感觉平衡的状态。

2. 媒介即是讯息

麦克卢汉认为，媒介即是讯息。"任何媒介的'内容'都是另一种媒介。文字的内容是言语，正如文字是印刷的内容，印刷又是电报的内容一样"。而"媒介的影响之所以非常强烈，恰恰是另一种媒介变成了它的'内容'。一部电影的内容是一本小说、一个剧本或一场歌剧。电影这个形式与它的节目内容没有关系。文字或印刷的'内容'是言语，但是读者几乎完全没有意识到印刷这个媒介形式，也没有意识到言语这个媒介。"也就是说，媒介传递的是媒介的特性，而与具体内容无关。麦克卢汉指出，"所谓媒介即是讯息只不过是说：任何媒介（即人的任何延伸）对个人和社会的任何影响，都是由于新的尺度产生的；我们的任何一种延伸（或曰任何一种新的技术），都要在我们的事务中引进一种新的尺度。比如说，由于自动化这一媒介的诞生，人的组合的新型模式往往要淘汰一些就业机会，这是事实，是其消极后果。从其积极因素来说，自动化为人们创造了新的角色；换言之，它使人深深卷入自己的工作和人际组合之中——以前的机械技术却把这样的角色摧毁殆尽。”再如，铁路这一媒介的作用，并不是把运动、运输、轮子或道路引入人类社会，而是加速并扩大人们过去的功能，创造新型的城市、新型的工作、新型的闲暇。因此，真正有意义、有价值的“讯息”并非各个时代的媒介所传播的内容，而是这个时代所使用的传播工具的性质、它所开创的可能性以及带来的社会变革。

因此，在麦克卢汉看来，媒介是社会发展的基本动力，每一种新媒介的产生都开创了社会生活和社会行为的新方式。在原始社会，口语是主要的传播媒介，人与人之间的交流是面对面的交流，因此人们只能生活在部落之中，彼此间联系密切，是部落化的社会。到了文字与印刷媒介时代，人与人之间的交往与文化的传播在一定程度上突破了时空的限制，人们可以分布在相对遥远与广阔的空间，人类社会因此脱离部落化。电子媒介出现后，尤其是电视的普及，以其强烈的现场感与接近于实时的传播速度，使人与人之间感觉上的时空距离大大缩短，世界仿佛重新部落化，成为“地球村”。

3. 媒介之热性与冷性

麦克卢汉将媒介分为“冷媒介”和“热媒介”。“热媒介只延伸一种感觉，并使之具有‘高清晰度’”。所谓高清晰度，指的是可以提供充分信息的状态。热媒介由于提供的信息充分、完备，没有留下很多空白让接受者去填补或完成，因此接受者参与的程度比较低，比如照片从视觉上看具有高清晰度，是热媒介。相反，冷媒介提供的信息太少，留下很多空白，使接收者只能靠自己的努力，发挥想象力去填补信息的空白，因此接收者参与的程度高。比如卡通画的清晰度比较低，需要人发挥自己的想象力，是冷媒介。麦克卢汉认为，收音机、电影等是热媒介，电视、电话等是冷媒介，原因是收音机等只作用于一种感官（即只延伸一种感觉），且接受者参与程度低，而电视等则作用于眼睛、耳朵等多种感官，且接收者参与程度高。

但是，麦克卢汉的这一分类方法却存在矛盾之处，令人费解。比如，电视由于声像兼备，现场感与画面感强，其清晰度无疑是很高的，麦克卢汉却将其列为冷媒介，令人困惑。尽管如此，这一分类方法却指出了不同的媒介作用于人的方式不同，引起的心理和行为反应也各不相同，值得探究。

三、"技术决定论"的发展与评价

伊尼斯与麦克卢汉的观点都被称为"技术决定论"，因为他们都强调媒介工具自身的物质特性，认为这是人类文明发展的根本影响力。对此，有学者依据新的时代发展，做了进一步的阐述。美国学者乔舒亚·梅罗维茨（Joshua Meyrowitz）在其著作《空间感的失落：电子传播媒介对社会行为的影响》中，将伊尼斯、麦克卢汉的媒介理论与欧文·戈夫曼的拟剧论有机结合，提出了媒介情境论。他认为，在现代社会，媒介的变化必然导致社会环境的变化，社会环境的变化又必然会导致人类行为的变化。这其中尤其以电子传播媒介的影响力更为巨大。加拿大多伦多大学"麦克卢汉文化与技术研究项目"的负责人德里克·德·柯克霍夫（Derrick de Kerckhove）则在其著作《文化肌肤》中认为，人类处在一个新的时代，技术进步必将影响权力机构。电子媒介和赛伯空间（cyber space）不但扩展了人类的神经系统和身体，也扩展了人类的心理；虚拟现实技术将会填补观念与现实之间的鸿沟；人类正在创造一种超越任何个人智慧的集体心智。在互联网和新媒体日新月异的现代社会，麦克卢汉等学者的学说得到了新的重视与发掘。

作为生产力的重要组成部分，媒介工具和技术的确具有推动社会前进和变革的巨大力量，这也已经为信息社会的发展所证实。然而，技术却从来不是社会变革与发展唯一的决定性要素。如果忽略了人类社会的政治经济状况和历史情境，以及人的主动性和能动性，只是一味强调技术的作用，是不切合实际的。

四、媒介对现实社会的影响

除了对媒介工具与技术的作用及影响进行考察，媒介对现实社会的影响也是媒介研究的重要问题。这主要包括两个方面，一是媒介工具与技术对现实社会的影响，二是媒介内容对社会现实的影响。

（一）媒介工具与技术的现实社会影响[①]

1. 电视人与容器人

有些学者认为，媒介不仅通过传播的内容影响人的价值观与行为，其

① 郭庆光：《传播学教程》（第二版），121—122页，北京，中国人民大学出版社，2011。

媒介工具本身以及其所塑造的环境，都会在很大程度上改变人的个性和人格。

1973年，日本学者林雄二郎在《信息化社会：硬件社会向软件社会的转变》中，提出了“电视人”的概念。他将在印刷和电视媒介环境中完成社会化过程的两代人进行了比较，认为在印刷媒介环境中长大的人，更加注重理性，重视逻辑思维。而伴随着电视的普及而诞生的一代人，则是成长于电视画面与音响的感官刺激环境中，更加注重感觉，在行为方式上“跟着感觉走”，是为“电视人”。同时，“电视人”在收看电视时，往往是在一个狭小的空间里进行，呈现出一种背靠沙发、面向荧屏的封闭状态，缺乏与现实社会的互动。这使他们中的大多数人养成了孤独、内向、以自我为中心的性格，社会责任感较弱。这与他们的父辈有着很大的不同。

1980年，日本学者中野收则在《现代人的信息行为》中提出了“容器人”的概念。他认为，在大众传播尤其是以电视为主的媒介环境中成长起来的日本人，内心犹如一种“罐状”容器，孤立而封闭。容器人虽然也会感到孤独，希望与别人接触。但这种接触却不能深入到彼此的内部，而只是容器外壁的碰撞。因为他们都不希望对方深入到自己的内心世界，于是便选择了保持一定的人际距离。“容器人”相当重视自我意志的自由，而不认同来自于外部的强制与权威。但是，他们却非常容易受大众传媒的影响，其行为也像不断切换镜头的电视画面一样，力图挣脱烦琐的日常束缚，追求心理空间的移位、物理空间的跳跃。现代社会中的各种流行和大众现象正是“容器人”心理和行为特征的具体写照。

2. 电视与人的充欲主义

1986年，日本学者佐藤毅在《人的自律》中探讨了电视与日本人的“充欲主义”。佐藤毅认为，作为一种商品，电视机这一机器本身就经历着从黑白到彩色、从小屏幕到大屏幕、从单一功能到多功能等多方面的更新换代，从而不断引起人们购买的欲望。除此之外，电视本身也是唤起与引发人们新的欲望的媒介。在电视画面里，人们看到一个色彩鲜明、种类丰富、充满诱惑力的商品世界，这直接刺激了他们对这些商品的占有欲与享乐欲。于是，尽管在日本社会中仍然存在阶层或收入的差别，却出现了整齐划一的追求奢侈化的倾向。日本人的价值观也由原先的勤劳、节俭和注重对社会的奉献价值，转向了个人主义的享乐和“充欲”价值。佐藤毅将这种现象称为“他律性欲望主义”，认为正是这种由媒介引发的欲望主义导致了日本人的自私化。

(二) 媒介内容的社会影响

关于媒介内容的社会影响，学者们也进行了不少研究。当代社会，人们大量地通过媒介，尤其是大众传播媒介，去获知关于外部世界的信息与知识，获得娱乐与放松，丰富精神的享受。而就媒介尤其是大众传播媒介所传播内容的影响，学者们也做了研究。

20 世纪 20 年代，美国著名新闻评论家和作家李普曼（Walter Lippmann）在《自由与新闻》《公众舆论》等著作中指出，人们生活在两个环境里：一个是客观的现实环境，另外一个则是拟态环境。所谓拟态环境，也就是大众传播所营造的信息环境。它并不是现实环境的镜子式的再现，而是大众传媒对象征性事件或信息进行选择与加工、重新加以结构化之后向人们提示的环境。它一方面向大众提供了新的信息，另一方面又制约了人们的认识与行为，从而对客观的现实环境产生影响。在大众传播并不发达的前现代社会，人们的活动范围非常有限，大部分的知识与经验都来自于自身的直接经验。但到了现代社会，世界越来越广阔与复杂，而人们实际活动的范围、精力和注意力却很有限，无法对与其自身有关的整个外部环境和事物都保持经验性的接触。比如贸易、经济危机、财政预算、战争与和平等问题，与人们切身相关，却都远远超出人们亲自感知与把握的范围。在这种情况下，当人们要了解超出自身感知范围的事物时，需要借助于大众传播所提供的信息。就这样，在人与客观环境之间插入了一个大众传播所营造的拟态环境，人们根据这个拟态环境来了解现实世界，并做出反应。在这种情况之下，人们的行为已经不再是对客观环境及其变化所做出的反应，而是变成了对拟态环境的反应，这种反应直接作用于人们生活的现实环境，并对其产生影响。

1951 年，美国社会学家朗氏夫妇（Kurt Lang & Gladys Engel Lang）曾就电视对麦克阿瑟将军访问芝加哥的实况报道做过一次专题调查。他们选派了两部分人员，一部分在电视机前观看电视报道，另一部分则守候在现场迎接麦克阿瑟的人群之中。研究结果显示，电视报道中的人群非常激动，对麦克阿瑟表达了非常热烈的欢迎。但在现场的调查人员却发现，在现场欢迎麦克阿瑟的人并不怎么激动，甚至因为等待时间过长而有所抱怨。麦克阿瑟的车队到来时一晃而过，欢迎的人群欢呼几声之后便四散而去，整个场面显得比较平淡。

需要注意的是，在这项调查研究之中，电视的报道并没有歪曲与捏造事实。热烈的场面是事实，平淡的场面也是事实。但是，在面对同一件事时，电视报道予人的印象与现场所呈现的局面显然是有很大不同的。信息的接收者往往意识不到这一点，而将大众媒介所呈现给人们的信息环境，也就是拟态环境，当成客观环境本身来看待，并根据它做出相应的行为，从而对现实的客观环境产生影响。

李普曼认为，在大众传播发达的现代社会，人们的行为与三种意义上的“现实”发生着密切的联系：一是“客观现实”，也就是人们所处的广阔与复杂的客观世界，这是实际存在的，不以人的意志为转移。二是传媒经过有选择地加工后提示的“象征性现实”，即拟态环境，三是“主观现实”，也就是人们所认为的“外部世界的图像”。“主观现实”建立在人们对客观现实的认识的基础上，同时，这种认识在很大程度上需要经过媒体搭建的“象征性现实”的中介。而经过这种中介后形成的“主观现实”，已经不可能是对客观现实完全忠实的“镜子式”的反映。比如，近几年媒体渲染的“老人摔倒扶还是不扶”的问题，使得很多人认为老人摔倒是会讹人的，不敢扶，即使是扶，也要找人证明不是自己撞倒的。事实上，老人摔倒被路人扶起，有讹人的，也有大量不讹人的，这是客观现实。但在媒体重点报道了老人摔倒讹人的例子之后，人们的头脑中形成了“老人摔倒被扶必然被讹”的主观现实，因此直接导致了他们在面对摔倒的老人时，采取了无视的态度。

日本学者藤竹晓在李普曼的观点的基础上，提出了“拟态环境的环境化”问题。他认为，众多的“拟态事件”，包括语言、观念、价值、生活或行为方式等，最初可能并没有代表性或者普遍性。但当它们通过大众传播渠道传播出去以后，很快就可能演化成为社会的流行现象，从而成为随处可见的社会现实。这是因为，虽然大众传播提示的是拟态环境，与现实环境之间有很大距离，但是，人们却是根据媒介所提供的信息来认识环境，并采取行动以适应这种环境的。当这些行动作用于现实环境时，便使得现实环境越来越带有了拟态环境的特点，以至于现代人已经很难在两者之间做出明确的区分。①

第三节　新媒介与文化传播

新媒介，或者说新媒体，是继报纸、广播、电视等传统媒体以后发展

① ［日］藤竹晓：《现代大众传播理论》（第一版），5—15页，东京，放送出版社，1968。

起来的新的媒体形态，近年来飞速发展，正在超越传统媒体，成为主流媒体。

一、新媒体的界定

新媒体一词最早出现于1967年美国哥伦比亚广播电视网（CBS）技术研究所所长戈尔德马克（P. Goldmark）提出的一份开发电子录像的商业计划书，在计划书中，他将“电子录像”称作“New media”，新媒体概念由此诞生。之后，美国传播政策总统特别委员会主席E. 罗斯托向总统尼克松提交的报告书中也多次出现“New media”这一概念，新媒体由此在美国开始流行，并影响至全世界。

新媒体是相对于传统媒体而言的，是一个动态的、相对的概念。事实上，每个时代都有其新媒体，比如广播刚出现时，相对于报纸可谓是新媒体；电视相对于广播是新媒体；网络相对于电视与广播是新媒体。联合国教科文组织早期曾对新媒体下过一个定义：新媒体就是网络媒体。随着时代的发展与技术的进步，新媒体的范围也在不断扩展与变化，国内外研究者分别从不同的研究领域与角度，对何为新媒体做出了各自的界定，这使新媒体的定义至今众说纷纭，未能形成统一的认识。

清华大学熊澄宇认为，所谓新传媒，或称数字媒体、网络媒体，是建立在计算机信息处理技术和互联网基础之上，发挥传播功能的媒介总和。它除具有报纸、电视、电台等传统媒体的功能外，还具有交互、即时、延展和融合的新特征。互联网用户既是信息的接收者，又是信息的提供和发布者。包括数字化、互联网、发布平台、编辑制作系统、信息集成界面、传播通道和接收终端等要素的网络媒体，已经不仅仅属于大众媒体的范畴，而是全方位立体化地融合大众传播、组织传播和人际传播方式，以有别于传统媒体的功能影响我们的社会生活。①

中国传媒大学宫承波认为，广义上的新媒体，是利用数字技术、网络技术和移动通信技术，通过互联网、宽带局域网、无线通信网和卫星等渠道，以电视、电脑和手机为主要输出终端，向用户提供视频、音频、语音数据服务、连线游戏、远程教育等集成信息和娱乐服务的所有新的传播手段或传播形式的总称，包括“新兴媒体”，也包括“新型媒体”（户外新媒

---

① 熊澄宇、廖毅文：《新媒体——伊拉克战争中的达摩克利斯之剑》，《中国记者》，2003（5），52页。

体、楼宇电视、车载移动电视等）；而狭义上的“新媒体”则专指“新兴媒体”，这是新媒体的典型形态，以网络媒体、手机媒体和（互动性）电视媒体为代表。①

中国人民大学匡文波认为，新媒体是一个通俗的说法，严谨的表述是“数字化互动式新媒体”。它是借助计算机（或具有计算机本质特征的数字设备）传播信息的载体。从技术上看，新媒体是数字化的；从传播特征看，新媒体具有高度的互动性。数字化、互动性是新媒体的本质特征。他认为目前网络媒体、手机媒体与智能电视是新媒体的重要成员，因为只有它们真正做到了互动性。而诸如车载移动电视、户外媒体、楼宇电视等新出现的媒体形态由于缺乏互动性，只能算做“新出现的传统媒体”，而非新媒体。他认为新媒体的外延会随着技术的发展而不断扩展。②

美国学者凡·克劳斯贝（Vin Crosbie）认为，新媒体就是能对大众同时提供个性化内容的媒体，是传播者和接受者融会成对等的交流者、而无数的交流者相互间可以同时进行个性化交流的媒体。③

美国《连线》杂志认为，新媒体是由所有人面向所有人进行的传播。

关于新媒体的分类，学界并未形成统一的说法。有学者依据新媒体所依托的不同传播终端，将新媒体分为互联网新媒体、手机新媒体、数字电视新媒体三类，互联网新媒体包括各种网站以及博客、播客、维客、网络电视、网络广播、网络报刊等，手机新媒体包括手机短信、手机报、手机电视等，电视新媒体包括数字电视、IPTV（交互式网络电视）、移动电视与户外新媒体等④。有学者将新媒体分为网络媒体、手机媒体、未来的互动式数字电视三类。网络媒体包括搜索引擎、网络电视、网络报纸、网络期刊、各类网站（包括社交网站、门户网站、新闻网站、电子商务网站、视频网站、网络社区等）、博客、播客、微博等，手机媒体包括短信、彩信、手机报纸、手机期刊、手机图书、手机电视、手机微博等⑤。有学者将新媒体分为以计算机为显示终端、以手机和便携式电子设备为终端、以

① 宫承波：《新媒体概论》（第二版），3—4页，北京，中国广播电视出版社，2009。

② 匡文波：《新媒体概论》（第二版），4页、5页、10页，北京，中国人民大学出版社，2015。

③ 宫承波：《新媒体概论》（第二版），2页，中国广播电视出版社，2011。

④ 石磊：《新媒体概论》，19页，中国传媒大学出版社，2009。

⑤ 匡文波：《新媒体概论》（第二版），8页，中国人民大学出版社，2015。

数字电视机为终端三类[1]。还有学者依据媒体的功能，将新媒体分为自媒体新媒体、工具新媒体、知识新媒体、移动新媒体、社交新媒体与互动新媒体、社群新媒体与公共新媒体[2]。

尽管关于新媒体的定义众说纷纭，莫衷一是，但在这些定义里，却都承认互联网在新媒体中的主体作用，并对新媒体基本特征的界定有着共通之处。

二、新媒体的基本特征

（一）数字化

新媒体传播是数字化传播，传播的介质是比特。在进行传播时，文字、图像、声音、视频等信息被转换成“0”与“1”的计算机可读信息，以其排列组合来表示和传播。人们可以方便地通过调整比特的排列来修改信息甚至制作虚拟的信息。信息呈现数字化意味着媒介文本内容可以和物质载体相分离，数据压缩到很小的空间，信息可以非常快的速度和非线性的方式进行传递与更新，并能够以简单易行的状态为大众所处理，同时也为海量信息传播提供了基础。数字化技术与其他相关技术的结合，彻底改变了信息的生产、处理、传输与储存方式。

（二）交互性

相对于传统媒体的点对面的互动，新媒体的传播方式是交互式传播。传统的大众媒体，传播者与受众之间是有比较严格的界限的，受众基本上是被动接受信息，反馈方式也比较滞后，通常只能通过读者或观众来信、热线电话、收视率调查等方式接收来自受众的反馈，信息反馈往往浅尝辄止，交互性比较差。而新媒体却可以通过互联网即时收到来自受众的大量反馈，“而针对反馈的反馈，以及这种相互反馈所形成的有机的、自发的、良性的循环，才是在新媒体时代的真正互动。而这种互动，恰恰构成了新媒体的第二大核心特征”[3]。同时，数字技术的发展，使新媒体的信息采集、制作与发布都更加方便快捷，借助于电脑、手机等新媒体，通过新闻网站、即时通信工具（如QQ）、社交媒体（如微博、微信）等新媒体传播方式，受众可以发布信息，实时互动，使传播者与受众之间的严格界限被

---

① 李良荣：《网络与新媒体概论》，20页，北京，高等教育出版社，2014。

② 刘行芳：《新媒体概论》，52—82页，北京，中国传媒大学出版社，2015。

③ 林刚：《新媒体概论》，41页，北京，中国传媒大学出版社，2014。

打破，受众的主导性与自主性空前增强，得以最大限度地参与到传播活动中。

（三）超媒体性

超媒体性是指在多媒体中采用非线性网状结构对块状多媒体信息（包括文本、图像、视频等）进行组织和管理的技术。美国学者尼葛洛庞帝（Nicholas Negroponte）在《数字化生存》中指出，超媒体是超文本的延伸。所谓超文本是一种按照信息之间关系非线性地存储、组织、管理和浏览信息的计算机技术。在信息文本中含有指向其他文本的链接，受众不需要顺序阅读，而是根据自己的兴趣和需求通过点击链接选择性地阅读文本信息内容，受众完全掌握了信息的选择权和控制权。超文本是早期网络只能传输文本信息的条件下提出的概念，而现在，依靠数字技术对多媒介信息的整合，新媒体可以为信息使用者提供文本、图片、声音录像等多媒体信息。用户通过点击不仅可以获得相关的文本信息，还可以获得相关声音、影像信息，这便是新媒体的超媒体特性。[①] 这种选择方式符合人们思维联想和跳跃的习惯，具有良好的包容性和可扩充性。

三、新媒体文化形态特征

当今社会，新的传播媒介和传播手段正以超乎想象的速度飞速发展，对现代文化传播产生了极大影响，所形成的媒介文化也已成为社会化的主导力量。新媒体的强势发展，使得人类文化形态产生了新的变化。

（一）多元性

数字技术、计算机网络技术、移动通信技术等现代技术的发展，使新媒体的受众得以接触到更为广大的世界、更为多元的价值观与更为丰富的信息，这大大拓宽了受众的眼界。而社交媒体、BBS、论坛等形式的蓬勃兴起，使受众可以轻而易举地找到志同道合者与支持者。遍布于世界各个角落的人群，依据各自的价值观、喜好、兴趣、态度等不同，通过网络集结成不同的群体，发出不同的声音。正是这种多元的网络群体构成了多种多样的网络群体文化，成了当今时代不可或缺的时代风景。在这种情况下，新媒体的受众，已经不同于传统媒体的大众，而是具有不同喜好、兴趣与价值取向的“分众”群体。

（二）开放性

---

① 宫承波：《新媒体概论》（第二版），4页，北京，中国广播电视出版社，2011。

新媒体文化是一种复合文化，新媒体文化的“复合”主要体现在多种文化样式的融合与文化传播功能的多重包容性。与传统媒介相比，网络具有开放性、互动性、虚拟性等技术特点，这些新的媒介特点决定了新媒体时代是一个“去中心时代”，构建的都是开放性的交互平台。“新媒体反映了文化发展的后现代趋势，使整个文化生态表现出开放性和多元化的特征。互联网的出现一直都是朝着给人以更大的自由方向发展的”①，信息传播没有永恒的中心和重点，每个个体都可能成为这个时代信息传播的亮点。所以，各种文化形态和价值观都有机会通过新媒体表现出来。

（三）大众化

在参与性和互动性方面，新媒体比传统媒体有更大优势。它改变了人们沟通和交流的方式，降低了公众的参与门槛，使所有人都得到了发言的机会，文化更趋大众化。其中，新媒体对文化生态最显著的影响是草根文化的崛起。一个普通人也可以通过新媒体的平台搜索信息、发表评论、分享见闻、上传视频、辩论或者写作，传播给受众。相较于印刷媒介所造成的知识的垄断与权威的得势，新媒体环境下，传统媒介的权威被最大程度地消解，“精英”的话语影响力下降，来自“草根”或者说平民的声音得到彰显。文化作品中对深刻的价值与意义的创造开始转向对快乐的消费。研究显示，互联网发展初期，网民上网的主要目的是为了获取信息，随着互联网的普及，新媒体的娱乐化趋势越来越明显。中国互联网络信息中心2005年的调查报告显示，获取信息已经成为网民的第二目的，休闲娱乐则成为首要目的。这是因为“从社会心理学的角度分析，与精英相比，大众更喜爱娱乐信息。网络结构的大众化造成了新媒体的娱乐化趋势。”②

（四）个体性

新媒体时代是一个“去中心时代”。在这种传播环境中，没有中心节点，没有核心媒介，也没有自上而下的传播方式。信息在快速便捷的传播过程中，随时夹杂着传播者与受传者的自我意识与个性表达。这种传播方式带来了价值观的改变，强调个性的张扬、观点的自由、人格的平等，打破了文化传播“等级”的限制。新媒体传播时代，信息传播没有永恒的中心，每个个体都可能成为这个时代信息传播的亮点。新媒体唤醒了个体的

① 林坚：《新媒体对文化生态的影响》，http：//www.news.hexun.com/2014-09-11/168379137.html。

② 匡文波：《新媒体概论》（第二版），58页，中国人民大学出版社，2015。

自我意识，每个人都可以在法律法规许可的条件下传播信息、展现自我的个性。

新媒体所使用的媒介是互动式数字媒介，它对传统的文化传播产生了很大的影响和冲击。这既表现在积极的方面，也表现在消极的方面。一方面，相对于传统媒体，新媒体具备传播速度更快、内容更丰富、形式更多元等特征，能够实现各个年龄层、阶层及不同文化背景的人们对于信息的全时段实时共享，逐渐改变着人们的生活习惯和交流方式，让文化焕发出更大的生机。另一方面，新媒体容易导致文化的浅表化、碎片性与娱乐性，这对文化的传播显然是不利因素。

三、新媒体文化传播的策略

（一）打造政府监管下的交互型传播主体

新媒体的出现，打破了少数人掌握主动传播权的局面，社会大众逐步取代精英阶层，成为文化的信使。然而，由于公众个体有着不同的教育背景和生活环境，其主动参与文化传播的同时也造成了传播队伍的参差不齐，使得信息的真实完整性、专业性和权威性受到质疑。因此，政府权威与专业媒体的交互传播是新媒体文化主体建设的关键，要致力于打造政府监管下的多元交互型传播主体。

（二）实现新媒体与传统媒体的优势互补

新媒体传播高效、快捷、个性化、互动性强，拓宽了传统媒体未曾开拓的区域，也改变了受众对文化的消费方式和接收信息的习惯。但在信息传播内容的真实性、深度等方面，却要比传统媒体逊色。传统媒体与新媒体各有所长，各有所短。应该加强传统媒体和新媒体的融合，扬长避短，实现资源共享。

（三）加大对新媒体与文化结合的开发与应用，构建完善的文化传播产业链

当今社会，应该“加大对新媒体技术的开发与应用，进一步激活文化产业创意、设计、生产、发行、消费的整条价值链。”① 并且科学、合理地适配新媒体资源，促进文化产业健康发展。比如通过触摸屏技术、虚拟现实技术和合成技术，使虚拟空间和现实空间对接，给人们带来前所未有的

① 孙宜君、王建磊：《论新媒体对文化传播力的影响与提升》，《当代传播》，2012(1)，48页。

文化体验等。总之，要充分挖掘新媒体的文化传播潜力，使新媒体在文化的传承、解读与宣传方面发挥更大的作用。

四、新媒体可能带来的问题

新媒体在我们的社会生活中扮演着越来越重要的角色，但同时也暴露了诸多问题。由于当前政府对于网络舆情的监督引导难度较大，法规制度还不够健全和完善，缺乏对于新媒体的监督力与审核力，新媒体有效管理难度空前增加。首先，新媒体的发展使信息得以爆炸式的增长，但同时也使信息良莠难辨，虚假新闻泛滥，信息的客观性和真实性难以得到保证。一些不择手段吸引眼球者更是不顾职业道德，大量散布谣言和虚假新闻，不断冲击着新媒体伦理的底线，造成了网络信息真假难辨，网络缺失公信力的局面。其次，新媒体要求的精准定位依托对用户信息的收集，需要以精细的个人信息存储为前提，导致网民个人信息被泄露和非法利用的现象频频发生。再次，由于自由开放的言论环境允许网友在匿名的情况下发表言论，人们在畅所欲言的同时也容易形成网络暴力，造成损害被攻击对象人身、名誉、财产等权益的行为。这些都成为新媒体发展中不可回避的重要问题。

第七章　文化传播的受众

第一节　受众的特点与类型

受众也可称为受传者，是传播活动中的信息接收方，扮演着媒介产品的消费者、传播效果的反馈者等多种角色。没有受众的参与，文化传播活动就无的放矢，等于没有发生。

一般而言，受众大多用于大众传播的情境之下，包括书籍报刊的读者、广播的听众、电视电影的观众、互联网的用户等等。但在人际传播活动中，谁是传播者，谁是受传者，并不固定，在一定条件下可以互换。同时，人际传播活动大多在有限范围内进行，并没有广大的受众群体。因此，受众这一概念大多用于大众传播。

一、受众的特点

就受众在空间上分布、存在的态势看，受众的特点主要表现为：众多性、混杂性、分散性和隐匿性。

1. 众多性

大众传播媒介面向整个社会开放，受众数量极多。从广义上来讲，全体社会成员都是现实或潜在的受众群。例如，2008 年奥运会期间，通过电视观看奥运会的观众人数超过 50 亿，通过网络观看奥运会的人数超过 30 亿。

2. 混杂性

受众由不同性别、年龄、职业、地域、种族、地位、教育水平、价值观念的社会成员组成，彼此之间存在着较大的个体差异，这造就了受众群体的混杂性。

3. 分散性

大众传播的受众分散在社会的各个角落，有的相距千里。除了“受众”这一统一身份，他们之间并无正式的、组织性的联系。

4. 隐匿性

尽管受众群体会采用各种形式直接、间接地参与传播活动，但对传播者来说，受众是摸不着、看不见的存在，呈现出一种隐匿状态。传播者很难确切地知道某一受众的具体特征，只能通过大范围普遍性的调查，了解大多数受众的总体特征和相关需求。

就受众接受信息的内在机制看，受众又具有以下特点：

1. 自主性

受众是真实存在、有感性认识的客观实体。他们有强烈的自主意识，不会被动、消极地接受信息，不会盲目地被传播者所左右。面对媒介信息，他们会主动筛选，对信息做出直接或间接的判断，并且会提出自己的观点，向传播者进行反馈。

2. 自述性

面对传播者所传播的信息，受众不一定完全按照传播者的意图去理解与接受，而是会做出自己的判断和解读，并且进行再传播，向他人表述自己的观点和想法。

3. 归属性

受众虽然有分散性、隐匿性，但这并不意味着他们无类可归。根据年龄、地域、性别、兴趣爱好、个性特征、宗教信仰、价值观念等因素的不同，受众个体总是自觉或不自觉地将自己划分至某一特定的群体。而现代传媒也同样注意到这一点，因此才有体育频道、交通广播电台等不同的设置。

二、受众的类型

受众人数广大又千差万别。为了在文化传播过程中有的放矢，有必要对受众进行分类。从不同的角度，受众群体主要可以分为以下几类：

1. 一般受众与专门受众

根据受众对信息的不同需求，可以将受众划分为一般受众和专门受众。一般受众对各种媒介及其信息都有接触的欲望，而没有需要特别锁定的媒介内容，他们对信息的接触主要是为了满足好奇心以及日常生活的消遣。专门受众则有着共同的兴趣与爱好，以及相同的接受倾向。他们参与传播活动的目的性与功利性比较强，比如球迷、歌迷，都属于专门受众。

2. 基本受众与潜在受众

根据媒介对受众的了解程度和受众对信息的使用程度，可以将受众划分为基本受众和潜在受众。基本受众是业已成为某一传媒内容较为忠实与稳定的受众群体。从理论上讲，传播媒介对全社会开放，所有成员都可成为其受众，但事实却是绝大多数受众对于传播媒介有自己的偏好。他们往往选择某个或某些媒介作为信息的主要来源，比如某一网站、频道、社交平台。这部分受众就是这些媒介的基本受众。潜在受众则是指对某一类媒介内容在心理上有潜在的接受意愿的，目前没有但以后可能会接触与使用媒介内容的人。

3. 俯视型受众、仰视型受众与平视型受众

俯视型受众对于传播者所传播的信息，通常会以评判者、指导者的姿态出现，比如评委、阅卷的老师、影评人等。在这些受众中，有的专业性比传播者更胜一筹，有的权威性更强一些，也有的虽然不够专业，权威性也不强，但却对传播者或者其所传播的信息持有一种居高临下、高人一等的俯视心态。仰视型受众是指以尊敬、仰慕、狂热、遵从的心态对待传播者及其所传信息的群体，明星的“粉丝”群体就是典型代表。平视型受众则以平等、中立的心态看待传播者所传播的信息，较之于仰视型受众，能够做出更加客观有价值的反馈。

4. 读者、听众、观众、网民

根据所接触的媒介类别，受众可以划分为：（报纸、期刊、书籍等）读者、（广播）听众、（电视、电影）观众、（互联网）网民等。

三、新媒体受众角色的变化

研究显示，互联网发展初期的用户主要是以男性“精英”为主，或者说，是以受教育程度高、收入水平高、身处发达地区的年轻男性白领为主，在总人口中占比较小。随着时代的发展与技术的进步，互联网用户呈现爆炸式增长。据中国互联网络信息中心（CNNIC）发布的第38次《中国互联网络发展状况统计报告》显示，截至2016年6月，中国网民规模达7.1亿，互联网普及率达到51.7%，中国居民中上网人数已过半，超过全球平均水平3.1个百分点。其中，手机网民达6.56亿，网民中使用手机上网的人群占比由2015年底的90.1%提升至92.5%，仅通过手机上网的网民占比达到24.5%。中国的网民已由最初的精英化走向大众化，互联网的发展也由“提升普及率”转变到“加深使用度”。以互联网和移动端为代表的新媒体，不仅影响了大众传播的生产机制和行业格局，也深刻地改

变了受众在传播过程中的角色。

（一）由单一的接收信息向传受合一转变

在传统媒体中，受众基本上是被动地接受信息，个体间的差异往往被忽略。“与传统媒介最大的不同是，互联网实现了类似于人际交流的双向信息传播模式，即互动性的模式，这是对旧有传播方式的一个革命性的变革”①。网络和新媒体的发展为大众与媒体平等交流提供了一个平台，受众享有了前所未有的参与度，可以自由选择、主动获取，甚至制作与发布信息，由单一的信息接收者转变为传受合一的角色。这大大增强了受众的主动性与参与性，使“传者中心”被“受众中心”所取代，受众的主体地位得到认可。

新媒体衍生出一系列社交平台，如微博、微信以及各类论坛社区，通过分享、转载、评论等功能，受众不仅可以参与和选择内容，也可以生产内容。在浏览网页时，受众也会留言、跟帖发表看法。调查显示，目前最强势的传播平台是微信、微博和客户端。截至2016年1月，超过一半（51%）的中国城市居民已经成为社交媒体用户，较2014年大幅上升了17个百分点，社交媒体越来越深入到人们生活的各个方面。以新浪微博为例，截至2016年6月，新浪微博月活跃用户达到2.82亿，在过去三年，微博每年的月活跃用户净增长都将近6000万，未来三年有望达到月活跃5亿用户，其中平台上的34万头部用户②在过去的一年里增长了63亿粉丝关系，这是在排除掉所有的垃圾用户之后算出的数据。每个月自媒体作者传播的阅读量超过10亿的领域达到45个。在微博的长内容生产上，每天微博发布的头条文章的条数达到13万条；每个月微博发布头条文章的作者规模达到72万，文章每天打开量超过1亿；微博每天图片发布达1.6亿张，每天有47亿打开的浏览量；每天微博上短视频的发布条数达到32万条。③ 新媒体带来了受众角色的转变，人人都可以成为信息的发布者。

总之，新媒体的社交性和互动性使受众的主体地位提升，受众由信息的接收者到集传受行为于一身，由信息产品的单纯消费者到可以自己生成内容，角色发生了巨大变化，因此，很多学者认为，新媒体的兴起与普及，使传统的“受众”概念无法准确界定这样的角色，而建议以“用户”一词取而代之。

---

① 匡文波：《新媒体概论》（第二版），44页，北京，中国人民大学出版社，2015。

② 头部用户，指微博上每个月的阅读量超过10万的作者。

③ 以上数据来自 http：//mt.sohu.com/20161026/n471364878.shtml。

（二）由大众化需求转变为个性化需求

由于传统媒介的传播方式是“点对面”的，受众个体只是受众群体中的一部分，因此媒介不会专门针对某一个个体的需求来传播信息，受众对于信息的选择余地相当小。因此以往的受众研究往往从一般受众出发，力求在最大范围内最大限度地满足全部受众的共同需要。但随着信息技术的发达与互联网的普及，网络用户越来越呈现出小众化、个性化的特点与需求。受众可以在海量信息中搜索、选择、制作与传播信息，通过媒体得到自己需要的讯息和进行自由的信息沟通。

受众虽然是一个庞大的群体，但是却存在性别、年龄、地域、教育程度、文化水平、兴趣爱好、价值观念等诸多方面的不同，对于信息的需求与喜好自然也非常不同。在互联网上，受众得以找到志同道合者，结成一个一个的小团体，并根据自己的需要与喜好搜寻与发布自己喜爱的信息。新媒体是营造个性化空间的有效工具，受众的个人喜好不必被压抑，都能够得到最大程度的满足。同时，新媒体带来了信息的海量化，受众的选择余地大大增加，但面对冗余的信息，筛选也成为一种必然。在网络空间中，每个人可以按照自己的需求来定制内容、过滤信息，打造专属于自己的专属媒体。借助于先进的技术手段，新媒体可以根据不同群体的特征为受众提供所需信息。互联网的小众化发展趋势，使得用户的非主流需求得到认可与重视，这进一步推动了小众化的发展。美国未来学家托夫勒曾经在《第三次浪潮》中预言，将来不会有大规模生产，不会再有大众消费，不会再有大众娱乐，取而代之的将是具体到每个人的个性化生产、创造和消费。这是非常精辟的预见。

互联网时代的小众化、个性化趋势，促进了文化的多样化、包容性，也促进了用户个体创造力的发挥与个性的张扬。

第二节　受众研究理论

受众是文化传播过程的重要环节，一直得到学者们的高度重视。他们从不同的角度，对受众进行了深入研究，形成了许多颇具启发意义的理论。

一、个人差异论

在大众传播的过程中，人们发现，同样的信息内容往往会造成不同的效果，这就导致了个人差异论的出现。个人差异论是以心理学“刺激—反应”模式为基础，从行为主义的角度切入研究的。它由卡尔·霍夫兰于1946年首先提出，并由德弗勒作了一部分修正。该理论认为，受众成员心理或认识结构方面存在的个人差异，是影响他们对媒介的注意力以及对媒介所讨论的问题和事物所采取的行为的关键因素。每个人的成长环境、社会经历和教育水平不同，导致他们的性格与心态也有所不同。基于性格、价值观、爱好等因素的不同，面对传播媒介所提供的信息，受众所作出的反应也各有不同。整齐划一的受众是不存在的。

德弗勒（Melven L. Defleur）认为：（1）人们的心理结构千差万别。个人之间差异的形成，虽然部分是由于个人的先天条件不同，但更主要的是由于后天习得的不同。（2）先天禀赋与后天知识的不同形成了个人差异。（3）心理结构的不同，是由人们在社会环境中所习得的立场、价值观、信仰等造成的。（4）人们在理解客观事物方面的差异，是由不同社会环境所造成的个人特性的差异决定的。（5）由于对客观事件理解不同而形成的稳定见解，影响着人们对信息的理解。

个人差异论最大的发现在于“选择性注意与选择性理解”。这一理论认为，传播媒介在进行劝服性传播前，需要先对受众的兴趣、爱好、价值观等有所了解，再选择相关的信息进行传播。

二、社会类型论

社会类型论，又称为社会范畴论，由美国学者赖利夫妇（J. Riley & M. Riley）于1959年在《大众传播与社会系统》中首先提出。这一理论是个人差异论的修正与扩展。相对于个人差异论对个体心态与性格的强调，社会类型论强调的是受众群体的特性差异，是以社会学为基础的。

社会类型论认为，尽管受传者的个性差别很大，但是受众还是可以根据年龄、性别、种族、地域、职业、宗教信仰、价值观念等因素的相近，而形成不同社会类型的群体。某一社会类型的受众对同一讯息的反应大体是相似的。比如，在体育比赛中，中国人一般会为中国队的胜利而欢呼雀跃，为中国队的失利而伤心叹息。日本队则会为日本队的胜利欢呼雀跃，为日本队的失利而伤心叹息。

赖利夫妇认为，对个人的传播行为产生作用的群体是初级群体和参照群体。初级群体包括家庭及邻里伙伴等，是个人最重要的社会支持网络。参照群体是个体认同并用做参考标准的群体，帮助个人确定自己的态度和行为。

因此，在进行文化传播活动时，应该考虑到上述问题，有针对性的筛选、制作与传播讯息，以保证及增强传播的效果。

三、社会关系论

社会关系论是拉扎斯菲尔德、贝雷尔森、卡茨（Elihu Katz）等人的研究成果，强调的是群体关系在传播活动中的作用，注意研究群体压力与合力对受众个体的影响。拉扎斯菲尔德等人在对 1940 年美国大选与选民投票意向的研究中发现，大众传播的报道对于选民的投票选择影响很小，大多数人早就决定要投谁的票，并且很少因为大众传播的信息而改变。与此同时，受众所属的群体却对受众的投票意向产生了较大影响。

社会关系论认为，每个受传者都有自己的生活圈子。这种圈子会对受传者本人产生直接或间接的影响。大众传媒所传播的任何信息，都必须经过这种生活圈子的审查、过滤或者是抵制。受传者会接受那些与本群体的观点、理念、意向等相符的信息，并做出反应。而那些与群体观点、信念、意向等不符甚至相抵触的信息，会遭到来自群体成员尤其是中坚分子的排斥。群体也会根据自身的价值观与意向，对传媒的信息与意见做出有利于自身的阐释与修正，以维护本群体的利益。因此，受众个体的社会关系极大地限制和约束着大众传播的传播效果。

社会关系论打破了人们心目中大众媒介有极大影响力的既定印象，使我们看到群体对于受众是否及如何接受信息有着重要的影响。

四、文化规范论

文化规范论是梅尔文·德弗勒在 1966 年出版的《大众传播学诸论》一书中提出来的。他认为，大众传播媒介能够间接地影响人们的行为，它所传播的信息可以形成一种道德的文化的规范力量，天长日久，可以使人们不知不觉地依据媒介逐步提供的“参考架构”来解释社会现象，表明观点与主张。这一理论强调了大众传播的间接与长期的效果。

1970 年，德弗勒对该理论做了进一步解释：“文化规范论的主要内容是大众媒介通过有选择地表现以及突出某种主题，在其受传者中造成一种印象，即有关其突出命题的一般文化规范是以某种特殊的方式构成或确定的。由于个人涉及某命题或情景的行为通常受着文化规范的指引，这样媒介就间接地影响到了人的行动。”①

---

① 邵培仁：《传播学》（第三版），386 页，北京，高等教育出版社，2015。

有些学者认为，大众传播改变人们生活习惯、制造新的社会文化规范的情况只是少数。在大多数情况下，大众传播所起的作用是对现有社会文化规范的加强。

五、社会参与论

社会参与论又叫受众互动论，最早由美国学者J·A·巴伦（J·A·Barron）提出。他指出，为了维护受众的表现自由，保障他们参与和使用传播媒介的权利，宪法第一修正案必须承认公民对传播媒介的参与权。20世纪70年代，日本学者就该理论做了很多研究，并进行了初步实践。如今，这一理论已为世界多数国家所接受。

社会参与论的主要观点有：(1) 大众传播媒介应该是公众的讲坛，而非少数人的传声筒；(2) 公民及其团体既是讯息的接受者，又是讯息的传播者；(3) 时代在发展，受众在变化，许多人已不满足消极地当一名接受者，一种试图积极参与传播的自我表现欲望正在增长；(4) 让受众参与传播，正是为了让他们积极接受传播，因为人们对于亲身参与所形成的观点，要比被动地从他人那里接受的观点容易得多；(5) 参与传播也是受众表达权、反论权的具体体现。

六、使用与满足理论

使用与满足理论起源于20世纪40年代，形成于70年代。当时，美国收音机的家庭普及率已经达到80%以上。学者本来以为那些不识字的人因此获得了接受教育与学习知识的机会，整个社会的文化教育水准会因之大大提高。然而，研究发现，那些以启蒙教育为目的的所谓“好”节目收听率并不高，而“格调低俗”的轻喜剧、肥皂剧、猜谜游戏等娱乐节目的收听率却相当高，这引起了学者的兴趣。于是，他们对受众的媒介接触行为及心理动机进行了研究。

1944年，赫卓格（H·Herzog）对广播节目《专家知识竞赛》的受众进行了研究，认为竞争心理、获得新知、自我评价（通过猜测答案来判断自己的知识程度，确认能力）这三种需求是人们喜爱知识竞赛节目的三种基本心理需求。

1949年，贝雷尔森总结了人们对报纸的需求原因：(1) 获得外界消息的信息来源，了解外部的变化。(2) 日常生活的工具，了解广播节目、天气、交通等信息。(3) 休憩的手段。(4) 获得社会威信的手段，因为了解新闻或知识而受人尊敬。(5) 社交的手段，提供丰富的社交话题。(6) 读报本身的目的化，成为习惯性行为。

1969年，麦奎尔提出了受众接触电视媒介的四种基本类型效用：(1) 心绪转换效用。即电视提供消遣与娱乐，帮助人们逃避日常生活的压力。(2) 人际关系效用。这一方面指拟态人际关系，即对节目中人物产生熟人或朋友的感觉，另一方面指现实人际关系，即通过与别人谈论节目内容来营造人际关系。(3) 自我确认效用。也就是说，节目中人物、事件、矛盾冲突的解决方法等，可以为观众提供自我评价的参考框架。(4) 环境监测效用。即通过观看节目，获得与生活相关的信息，及时把握环境的变化。

使用与满足研究首先由E·卡茨提出。1959年，他撰文回应贝雷尔森"传播研究看来行将就木"的观点，认为走向末路的是传播效果的说服研究，并建议将传播效果领域的研究转向"人们用媒介做了什么"。1974年，卡茨、布拉姆勒（J. G. Blumler）和格里维奇（M. Gurevitch）发表论文，对当时一段时期内使用与满足理论的研究进行了概括和总结，提出了人们需要和使用媒介的五种情况："第一，社会局势产生各种紧张关系和冲突，导致要通过使用大众媒介来缓和；第二，社会局势造成对问题的发觉，要求注意并从媒介寻求可能得到的有关情报；第三，社会局势提供了可以满足某些需要的少有的真实的机会，导致向大众媒介取得辅助性的、补充性的或替代性的服务；第四，社会局势使某些价值提高，而利用媒介中合适的材料是有助于确认和增强这些价值的；第五，社会局势提供一种要求熟悉某些媒介材料的有希望的领域，而这些材料必须记录下来以便维持其作为有地位的社会团体的成员"①。同年，卡茨提出使用与满足的基本模式。1977年，日本学者竹内郁郎对这一模式进行了补充。这一模式认为：(1) 人们接触使用传媒的目的是为了满足自己的需要，这种需要与社会因素和个人的心理因素有关。(2) 人们接触和使用传媒需要两个条件，一是接触媒介的可能性，二是媒介印象，也就是受众对媒介满足需求的评价，这一印象是受众在过去媒介接触经验的基础上形成的。(3) 根据接触媒介的可能性与媒体印象，受众选择并接触特定的媒介与内容。(4) 受众在接触媒介与内容之后，需求可能得到了满足，也可能没有得到满足。(5) 无论结

① 胡正荣、段鹏、张磊：《传播学总论》（第二版），236页，北京，清华大学出版社，2008。

果如何，受众的媒介接触与使用行为都会受到影响。他们会根据需求被满足的程度来修正既有的媒介印象，在不同程度上改变对媒介的期待。

可见，使用与满足理论认为，受众面对大众传播并不是被动的，而是主动地选择自己偏爱及所需的媒介内容，而且不同的受众还可以通过同一媒介讯息来满足不同的需要，达到不同的目的。因此，传播活动的主动权是由受众而不是传播者来掌握的。

针对使用与满足理论，学者们做了很多研究。1972 年，麦奎尔、布拉姆勒和布朗提出，可将观众的需求与满足分为四类，即转移注意力、人际关系、个人身份或个体心理、监视。1973 年，卡茨、格里维奇和哈斯将人们对大众媒介的 35 种需要分为 5 类，即认识的需要（获得信息、知识与理解）、情感的需要、个人整合的需要（加强可信度、信心、稳固性和地位）、社会整合的需要（加强与家人、朋友等的接触）、舒缓压力的需要。1993 年，波尔斯和考特赖特（Perse & Courtright）列出了一个大众传播、人际传播或以电脑为中介的传播可以满足的各种需求：放松、娱乐、忘掉工作或其他事情、与朋友交往、获知关于自己和别人的事情、消磨时间、寻求刺激、降低孤独感、满足一种习惯、让其他人知道我在乎他们的感情、让某人为我做某事。

使用与满足理论强调受众的能动性，开创了从受众角度考察大众传播过程的先河。但是，这一理论过于强调个人和心理因素，忽略了社会条件和所处环境的制约。而且脱离传媒生产过程和社会系统来单纯考察受众的媒介接触行为，不能全面揭示受众与传媒的社会关系。

七、意见领袖

意见领袖是指“在信息传递和人际互动过程中少数具有某种影响力的中介角色者。这些人是大众传播中的评介员、转达者，是组织传播中的闸门、滤网，是人际沟通中的‘小广播’和‘大喇叭’”①。

意见领袖一词最早出现于 20 世纪 40 年代，由拉扎斯菲尔德在其著作《人民的选择》中最早提出。他通过对美国 1940 年总统选举时选民投票意向的研究，发现大众传播媒介对个人的影响并不如想象得那么大，因而提出了两极传播模式：观念常常是从大众媒介流向意见领袖，然后由意见领袖告诉人口中不太活跃的部分。之后，卡茨和拉扎斯菲尔德在其《个人影

① 邵培仁：《传播学》（第三版），332 页，北京，高等教育出版社，2015。

响》一书中，又作了进一步的研究，证明意见领袖不仅活跃在政治领域，也同样活跃在购物、时尚以及其他社会生活领域。

在当今社会的各行各业，在互联网上和日常生活中，都存在着大大小小的意见领袖。意见领袖是其所擅长领域的活跃分子。他们在其专业领域内较普通人掌握的知识更为丰富，也更为频繁地接触传播媒介，了解与掌握的讯息更多、更及时，也乐于传播这方面的信息。他们在接收到讯息后，经过加工、解释与评价，传播给他人，并且得到追随者的认可与追随。在信息的传播过程中，普通受众有时不能接受到全部的讯息，需要意见领袖的转达；有时虽然接收到了全部的讯息，却不一定会产生传播者所期待的态度与行为的改变，需要意见领袖的阐释、评价、指导或者劝谕。“具有不同威望的意见领袖发挥支配、引导功能的情形也不同：威望程度中等的意见领袖旨在引导人们形成和谐的人际关系；而威望程度极高的意见领袖旨在引导人们解决信息传播中的重要问题。但是，意见领袖最主要的效能，乃是对面临信息轰炸、思想灌输的无主见、存依赖的受传者在表明态度、采取行动、解脱矛盾时予以指点和调节。有时，意见领袖的意见不仅影响这些人说什么、看什么、做什么和想什么，而且还支配他们怎么说、怎么看、怎么做和怎么想。”① 对于那些符合意见领袖认知与理念的信息，意见领袖非常乐于传播；对于那些不符合其认知与理念，或是损害其（群体）利益的信息，意见领袖会采取指责、攻击等措施对传播进行干扰，影响其追随者。

然而，意见领袖的影响力并不是一成不变的。这既表现在他只能在其所擅长的领域内形成权威，而很难在不熟悉的领域内形成影响力；也表现在意见领袖的影响力受到其社会地位、交际范围、专业水平等条件的制约，某些因素的变化（如时空条件的变换、人际关系的变化、社会地位的升降等），都可能会使原先的意见领袖失去影响力，转变为一名普通的受传者。

第三节　受众的心理

英国学者麦奎尔指出，受众的行为，在很大程度上可以由个人的需求和兴趣来加以解释。只有了解受众的需求与兴趣，对受众的心理因素有所

① 邵培仁：《传播学》（第三版），335页，北京，高等教育出版社，2015。

掌握，文化传播活动才有可能产生良好的效果。

面对信息社会扑面而来的海量信息，受众必须要有所选择。这一选择的过程会受到多种因素的影响，比如受众所处的社会环境、地位、文化背景的不同。而受众的心理因素，比如选择性心理（即选择性注意、选择性理解与选择性记忆）、逆反心理、从众心理等，都对受众对信息的选择有着十分重要的影响。

一、受众的注意①

心理学告诉我们，注意是心理活动对一定对象的指向和集中，是心理过程的动力特征。面对纷繁复杂的外部世界，受众必须把注意力放在有限的事物上。当他们接触与使用媒介时，无论是视听、理解还是记忆，都需要有注意的参与。即使很重要的讯息，如果不能引起受众的注意，也不会产生良好的传播效果。激发与引导受众的注意，是文化传播活动中一项重要的传播艺术。

注意分为无意注意与有意注意两种：

（一）受众的无意注意及其生成条件

无意注意也叫不随意注意，是事先没有预定的目的，也不需要作意志努力的注意。比如一个人正在网上随意浏览，忽然看到一个感兴趣的故事，便停下来仔细观看，这里所引发的注意就是无意注意。再如一个人拿着遥控器随意切换电视频道，忽然看到一个感兴趣的节目，就开始专心观看，这也是无意注意。

引起无意注意的原因可以分为两大类：一类是客观刺激物本身的特点，如刺激物的强度、刺激物的对比关系、刺激物的运动变化、刺激物的新异性等，都是引发注意的重要因素；另一类是个体的主观状态。凡是能满足人们的物质或精神需要，以及能引起人兴趣的事物都会成为无意注意的对象，情绪、对事物的期待以及知识经验也会影响无意注意。具体到文化传播活动中，主要有：

1. 传播媒介提供的刺激的特征

传播媒介所传播的内容或形式作为一种刺激物，都会对受众个体产生一定的影响，这种影响就是刺激。其中，刺激所具有的以下几个特征可以影响受众的无意注意。

---

① 郑兴东：《受众心理与传媒引导》，93—109页，北京，新华出版社，1999。

(1) 刺激的强度

刺激物的强度对于引起无意注意具有重大作用。强烈的刺激物，如强烈的光线、巨大的声响、浓郁的气味都容易引起无意注意。在一定限度内，刺激物的强度越大，引起的兴奋就越强烈。心理学上把刺激本身的强度称为绝对强度，把一刺激与其他刺激相比较表现出来的强度称为相对强度。例如，在一个非常喧嚣的地方，即使是很大的声音，也不会引起人的注意；而在一个十分安静的环境里，即使是一支铅笔掉到地上，也能立即引起人们的注意。

现代传媒在引起受众注意的过程中，常常会运用传播刺激的绝对程度，比如采用大幅的广告牌做广告，吸引路人的注意。传媒还特别注意运用刺激的相对强度，因为传媒受到自身条件的限制，不可能为了吸引受众的注意而一味提高传播刺激的绝对强度，因此要在适宜绝对强度的基础上，合理安排相对强度。以报纸为例，在报纸的头条位置，可以用图片、加大栏宽，以醒目色彩形成套色大标题等多种方法提高刺激强度，或使头条与其他版面在大小、方向、明暗等一个或若干方面有明显不同，突出头条。

(2) 刺激的新异性

刺激的新异性也是引发受众无意注意的重要条件。新异性是指刺激物在内容和形式上具有不同寻常的特性。一般来说，新颖奇特的刺激物容易引起注意，而司空见惯、单调重复的事物则不易引起人们的注意。另外，司空见惯的事物以不同寻常的形式出现时也会引起人的无意注意，比如一个平时穿着朴素的人，忽然穿了一件崭新漂亮的衣服，就容易引起身边人的关注。因此，心理学上把新异性分为“刺激是人所未经验过的”和“经验过的刺激以新异的方式重新组合”两种类型。

人类有一种好奇、求新的心理，对于传播也往往具有一种求新求异的心理期待，刻板的、千篇一律的、不断重复的东西就不易引起受众的注意。在受众的经验中从未有过的或从不知道的传播内容，会引起受众的极大注意。但是，这一类讯息毕竟是少数。更多的新异性讯息是人们有过相关经验但又以新异的方式重新组合的类型。比如，草根歌手选秀的节目刚刚面世时，在节目策划、内容设计以及选秀方式等方面都是中国受众此前所没有经历过的，因此引起了人们极大的兴趣。在此以后，各大传媒纷纷效仿，使得节目的新异性迅速下降，受众产生疲劳与厌倦心理。在这种情况下，选秀节目不得不尝试以新异的方式重新组合的方法，比如由最初的草根女歌手海选改为草根男歌手海选，由草根歌手比赛改为已经成名的歌手比赛，等等，以吸引受众的注意。在穿越题材的文学作品及影视剧刚刚出现的时候，因其题材的新异性，吸引了受众的注意。随着受众对穿越题材的收视疲劳，穿越题材又开始有了新的变化，由原来的同性穿越为同性，增加了同性穿越为异性、男性和女性灵魂互换等变化，这都是“经验过的刺激以新异的方式重新组合”的例子。

（3）刺激物的对比关系

古人云：“惹人春色无须多，万绿丛中一点红。”刺激物与背景的对比差异越大，越容易引起人们的无意注意。传播中的主体地位，往往有赖于背景的衬托。就如中国画常常只有寥寥几笔，如南宋马远的《寒江独钓图》、齐白石的兰花，却尽得神韵。现代传媒往往采用具有鲜明反差背景的衬托方法来突出某一对象，使其成为受众注意的主体。在黑白报纸上刊登彩色广告，在广告版中留有适当空白，都是利用刺激物的对比关系来引人注意。

在其他条件相同的情况下，注意程度的强弱与被注意物体的多少成反比，物体越多，注意力越分散，物体越少，受众越容易注意到。比如，高明的广告往往只是突出少量的文字与图像，使大部分幅面成为主体的衬托。

在大众传播中，由于简明的样式能够清晰、快速地被受众所感知，较之难以被把握的复杂样式，更能够被受众所注意。而在信息大爆炸的现代社会，受众有限的注意力越来越难以应对海量信息的轮番轰炸，因此，简明的信息更容易引起受众的注意与青睐。

（4）刺激的运动变化

事物的运动变化会引起人的注意，例如不断变动着的霓虹灯广告要比一个静止的广告更能引起人的注意，画面与声音不断变动的视频也往往比静止不动的文字更加吸引人。商场里来回走动表演的模特会引发受众的注意。突然发生变化的刺激也会引起人的无意注意。如果演讲者在演讲时突然停止，马上就会引发听众的注意。为了吸引受众的注意，文化传播者一定要力求变化，避免单一。

现代传媒不仅要在微观层面上讲求传播内容和形式的变化，在宏观的层面也要力求有所变化。一个经历长时间传播的专栏和节目，如果不针对时代的特点寻求有效的变化，很可能会导致受众的审美疲劳，弱化受众的注意，比如中央电视台的春节联欢晚会等节目，就遇到了这些问题。如何针对这些问题，不断创新，寻求变化，以维系受众的注意，是一个非常重要的问题。

(5) 提高刺激物的感染力

在文化传播过程中，传播者要有意识地增强刺激物的感染力。打动人心的题材，新奇的构思，艺术的加工，都能增强刺激物的感染力。对于普世价值的呈现、人性的深入挖掘，以及受众情绪的精准把握，都可以增加刺激物的感染力。在传播中，要注意文字、图像与视频的有机结合。相对于抽象、单纯的文字，图像与视频往往更加直观、生动，震撼人心，令人有身临其境之感。而文字的形象与生动，则会增加刺激物的感染力。

2. 受众本身的状态

如前所述，外界刺激是引发无意注意的重要条件，但同时，无意注意也取决于个体自身的状态。同样的客观刺激物，由于受众本身状态的不同，可能会引起一个人的注意，但却无法引起另一个人的注意。因此，有必要探讨受众本身的状态对引发无意注意的影响。

(1) 受众的需要和兴趣

心理学认为，凡是能够满足人们的需要、符合人们兴趣的事物都会引起人们的注意。当传播内容能够满足受众的需要特别是迫切的需要时，传播内容就容易引起受众的注意。兴趣是个体以特定的事物、活动及人为对象，所产生的积极的和带有倾向性、选择性的态度和情绪，可以分为直接兴趣和间接兴趣两类。直接兴趣是对事物或活动本身的兴趣，比如，享受足球运动的快感、享受学习的快乐。直接兴趣是引起无意注意的主要原因。间接兴趣主要指对活动的目的或结果的兴趣，比如不喜欢看足球比赛，却关心足球比赛的结果。直接兴趣和间接兴趣相互联系、相互促进。寻找符合受众兴趣的传播方式和内容，是文化传播者需要关注的重要问题。

(2) 受众的知识和经验

麦克卢汉说："所有读者打开报纸首先要看的条目，都是他们已经知道的东西。如果我们目击了某个事件，无论是球赛、股市暴跌还是暴风雪，我们打开报纸就转向它对这一事件的报道。首先看的就是这一新闻。为什么？这个答案是理解媒介的关键所在。为什么儿童喜欢喋喋不休地述说他一天的事情，哪怕他笨嘴拙舌地说不清楚？为什么我们喜欢阅读表现我们熟悉的场景和人物的小说？喜欢看这样的电影？因为对理性的人来说，在新的物质形态中看见或认出自己的经验，是一种无需代价的生活雅兴。”①

一般而言，受众对信息已经有一定了解，同时又能够增加新的信息和知识的事物；受众虽然还不知道，但有意愿、有兴趣知道的事物；可以激发受众探求热情的事物，都比较容易引发受众的兴趣与注意。比如，选用受众比较熟悉但又存有疑问的历史人物和事件，传播给受众新的知识和见解，可以较好地引发受众的直接兴趣和注意。文化作品中如果有受众所熟悉的时间、地点、人物也可以引起受众的兴趣。系列化、连续剧、连续报道等，在旧知识、旧信息的基础上提出了新问题，也比较容易引发受众的注意。

相反，一个与受众的认知结构完全不同的事物，则不容易引起受众的注意与兴趣。比如一则专业性极强的信息，是不可能引发对该专业一窍不通的受众的注意的。因此，在文化传播中，应当注意将受众的已知与未知加以适当的结合。对于受众完全陌生的信息，可以采取为传播内容增补背景材料等方法，通过对背景材料的介绍，帮助受众增加对传播内容中原本陌生的事物的了解，激发其对传播内容的兴趣。

(3) 受众的情绪状态

受众的情绪状态也是非常重要的一个因素。一方面，如果文化传播的内容可以触动受众的情感，就可以引发受众的注意。另一方面，心情不好的受众，很难以平和的心态对待传播者所传播的信息，或者根本不会注意到传播的信息。

（二）受众的有意注意及其生成条件

有意注意也叫随意注意，是指有预定目的、需要一定意志努力的注意。它是一种自觉的过程，即使是在有相当的干扰的情况下，经过意志努力，也可以发生并维持。有意注意是在无意注意的基础上发展起来的。心理学认为，有意注意的生成和维持需要一定的条件，主要有：消除与完成活动任务无关的干扰；加深对任务的理解，不断组织自己的活动；利用间接兴趣，特别是稳定的间接兴趣的作用；发展自我控制能力。

对文化传播而言，引发受众的有意注意，最重要的是引发他们的间接兴趣。间接兴趣是保持有意注意的重要原因。对某项活动结果的兴趣能够

---

① ［加］马歇尔·麦克卢汉著，何道宽译：《理解媒介——论人的延伸》，264页，北京，商务印书馆，2000。

激发人们对该活动的积极性，把注意力集中于活动上。例如，初学外语的人，可能会感到背诵读音规则、生词、语法等是相当枯燥乏味的，但是由于认识到掌握外语的益处，便对学习外语产生了间接兴趣，能够在学习时保持有意注意。

因此，在文化传播中，一定要注意间接兴趣的引发。事实上，不是所有的信息都能引发受众的直接兴趣，尤其是那些专业的、严肃的、需要付出巨大的持续的努力的信息。在这种情况下，文化传播者就要努力引发并维持受众对传播结果的兴趣。如果受众感觉信息对自己有用与有益，便愿意用意志力约束自己，克服分心、疲倦等问题，耐心接收传播内容。

要想获得受众的间接兴趣，传播者所传播的信息一定要有充实而有意义，才可以使受众愿意付出代价去接受传播。其次，还要善于利用提要、内容摘要、标题、评论、编者按等形式，揭示传播内容的重要意义，使受众确实有所收获，从而产生间接兴趣。

有意注意也有可能转化为不需意志努力的注意。也就是虽然有预定目的，但不需要意志努力的注意，即有意后注意。比如，一个人在英语学习初期，需要用意志力付出时间与精力，以达到学会英语的目的。但在坚持学习一段时间之后，他对英语产生了浓厚兴趣，于是不再需要意志努力就可以自觉学习了。这个时候，他仍然是有预定的目的的，即学会英语，但是已经不再需要意志的努力去保持注意力了。

由于无意注意无须付出意志上的努力，受众感觉会比较轻松。而有意注意则需要受众付出更多的意志力，因此娱乐性较强的信息通常比严肃主题的信息更受欢迎，销路更广。但是，文化传播绝不能因此而只吸引受众的无意注意，还必须设法充分调动受众的有意注意，引导受众进行更多的思考、学习和理性分析。因此，在文化传播过程中，要从传播内容、传播方式等入手，对受众的有意注意与无意注意进行有效的调节，使二者保持适当平衡。

二、受众的选择性注意

研究指出，在受众的信息接受过程中，会受到受众的选择性心理机制影响，也就是选择性注意、选择性理解与选择性记忆三个方面。

（一）选择性注意

面对数量巨大且常常相互矛盾的信息，受众必须要进行取舍，选择性地予以注意。一般而言，人们总是倾向于从自己原有的意见、观点和兴趣出发，选择接触与其原有信念、态度、价值观等较为一致的信息，而尽量回避那些与己不利的信息，反映了选择性注意的心理机制。

在日常生活中，选择性注意的例子屡见不鲜。例如，喜欢抽烟的人会回避有关吸烟有害的信息，爱足球的人对有关球赛的报道特别敏感，新生儿的母亲会格外注意母婴方面的信息，信仰宗教的人会比较关注有关本宗教的信息。人们对电视剧插播广告往往抱怨很多，而对报纸广告抱怨较少，一个重要的原因就是电视广告的强势插入干扰了受众的选择性注意。有人曾对英国读者看报的情形作过如下描述：治理这个国家的人阅读《泰晤士报》，自以为自己正在治理这个国家的人阅读《镜报》，认为这个国家应该由别的国家来治理的人阅读《晨星报》，治理这个国家的那些人的夫人阅读《每日邮报》，拥有这个国家的人阅读《金融时报》，认为这个国家应该和从前一样治理的人阅读《每日快报》，认为这个国家应维持现状的人阅读《每日电讯报》，在国家有困难时，谁来治理国家都不关心的人阅读《太阳报》。这也是选择性注意的一个例子。受众在认知结构上的个人差异，社会成员的不同类型、社会关系的牢固程度等，都会对受众的选择性注意产生不同程度的影响。

美国学者德弗勒指出，影响受众选择性注意的因素有认识结构上的个人差异；社会成员类型；有牢固社会关系的人可能更注意与朋友和家人利益相关的问题等①。

针对受众的选择性心理，传播者可以遵循以下原则传播信息②：

1. 信息具有易得性：很容易接受并理解的信息容易引起受众的注意。

2. 信息具有显著性与对比性：社会上发生的重大事件容易引起注意，能够与实际环境中的其他信息形成强烈对比的信息也容易吸引受众的注意。

3. 形式灵活多变。传播者可以使用强调、对比、重复、变化等手法来突出传播内容，引起受众注意。

4. 要考虑到受众对媒介的接触习惯不同。不同的受众对媒介有不同的喜好与使用习惯。比如司机相对于其他人群，可能更多地使用广播媒介，老人可能更多地使用电视媒介。

---

① ［美］梅尔文·德弗勒、鲍尔—洛基奇著，杜力平译：《大众传播学诸论》，219页，北京，新华出版社，1990。

② 胡正荣、段鹏、张磊：《传播学总论》（第二版），213页，北京，清华大学出版社，2008。

（二）受众的选择性理解

受众对文化信息的选择性注意只是第一步，接下来，他们还需要通过自己的思维活动，对传播内容进行理解。贝雷尔森和斯坦纳指出，理解是一个复杂的过程，人们在此过程中对感受到的刺激加以选择、组织并解释，使之成为一幅现实世界的富有含义的统一的图画。这句话指出了人在理解过程中的主动性。

出于多种因素，不同的受众对于同一则信息可能会有不同的理解，有时甚至完全相反，这就是选择性理解。例如，一部《红楼梦》，就有“经学者看见《易》，道学家看见淫，才子看见缠绵，革命家看见排满，流言家看见宫闱秘事”[①] 的不同理解。“一千个读者心目中有一千个哈姆雷特”也是这个意思。甚至同一名受众在不同的情况下对同一则信息也可能会有不同的理解与感受。鲁巴与卢卡斯的实验显示，面对同一张描绘年轻人在沼泽地区挖掘的图片，当被试的情绪很好时，会觉得这张图片相当有趣，充满了积极意义的想象；当处于挑剔的情绪时，这名被试会认为这张图片所描述的情景很可怕，污秽又肮脏；而在焦虑的情绪支配下，这名被试又表达了对图片中的人可能会受伤的担心。

哈斯托福与坎特里尔研究了态度对理解的影响。1951 年，美国达特茅斯大学与普林斯顿大学举行了几场激烈而富有争议的足球比赛。双方学校报纸的社论都谴责对方的粗鲁行径。于是哈斯托福与坎特里尔设计了一个实验。他们给两部分人观看足球比赛的影片。其中两个组是达特茅斯兄弟会的学生，两个组是普林斯顿本科生俱乐部的学生。实验发现，来自两所学校的学生看到普林斯顿球队犯规的次数是一样的，但是，关于达特茅斯队犯规的次数，双方却有很大不同。普林斯顿的学生平均看到达特茅斯队犯规 9.8 次，而达特茅斯的学生平均只看到自己学校的球队犯规 4.3 次。“事实似乎很清楚，对同一场‘球赛’实际上有很多不同的‘看法’。并且，每个人都认为自己对事件的看法是‘真实’的”[②]。

事实上，不单单是情绪与态度会影响受众的理解，受众的心理、需要、经历、基于以往经验的假设、文化背景、动机等的不同，都会造成受众不同的理解。

---

① 《鲁迅全集》第八卷《集外集拾遗补编·〈绛洞花主〉小引》，172 页，北京，人民文学出版社，2005。

② ［美］沃纳·赛佛林、小詹姆士·坦卡德著，郭镇之等译：《传播理论：起源、方法与应用》，67 页，北京，中国传媒大学出版社，2006。

受众对文化信息的理解，是一个受众根据自身的经历、态度、需要、情绪等主观因素对文化信息进行再创造的过程，从而造成对文化信息的理解差异。一般来讲，选择性理解可以分为三种：

1. 创造性理解

创造性理解是指受传者根据文化作品的内在理路与逻辑走向进行的创造性理解，从而充分展现文化作品所蕴含的丰富意义。比如，曹雪芹的《红楼梦》，以其丰富的内容与深刻的含义，引起了一代又一代研究者的兴趣，相继从不同角度提出了很多创造性的理解，并且形成了一门专门的学问——红学。

2. 歪曲性理解

如果受众不能根据文化作品的内在理路与逻辑走向进行理解，而一味依据自己的态度、立场、情绪、成见等主观因素去理解作品，就有可能导致与传播者的既存立场及传播意图全然不符的结果，造成歪曲性理解。

库珀和贾霍达曾对一幅漫画进行了研究。在这幅画中，有一位名叫比戈特的人物，躺在病床上奄奄一息地对医生说："医生，如果我需要输血的话，我要确定，除了第六代美国贵族的血以外，我不要输任何别的血！"这幅漫画的本意，是想要受众看到种族偏见是多么的荒谬，从而降低这种偏见。然而，研究显示，在160位非犹太裔的工人阶级白种男人中，大约有三分之二的人歪曲或误解了漫画家的本义。研究者发现，成见低的被试容易理解这幅漫画，成见高的被试则很容易误解这幅漫画。

3. 卷入性理解

在文化信息的传播过程中，出于某些因素，受众有时会混淆符号世界与现实世界的区别，而做出卷入性的理解与反应。比如在某些影视剧或舞台上扮演反面人物的演员，有时会被激愤的受众所唾骂与攻击。

心理学中有一种投射效应，是指个体在接受外在刺激时，会把自身的经验、情感投射到对象身上去的一种心理现象。受众面对传播者所传播的文化信息，往往会以自身的特性与心理为依据去理解和推断其中的含义。投射效应可以帮助受众去理解传播的内容，也可以使传播内容由于受众主观因素的影响而产生不符合传播者意图的现象。

根据利昂·费斯廷格（Leon Festinger）的认知不协调理论，人在本质上是肯定自己的，相信自己是正确、聪明、完善、公正的，并以此为根据保持自己态度或认知的完整协调。如果其中出现了不一致的因素，即产生了不协调，内心会产生不愉快的紧张体验，那么，肯定自己的潜在驱动力就会进行调整，使认知各因素再次达到协调状态。《阿Q正传》中，阿Q自视甚高，却不被村里人看得起。他被人打了之后，会对自己说："我总算被儿子打了"，将自己比做那个人的老子，这样想了以后，他心理便找到了平衡，重新回到认知"协调"的状态。研究显示，2003年伊拉克战争后，一些美国人开始努力减少他们"认知不协调的体验"。这是因为，美国发动伊拉克战争的主要理由是认为伊拉克总统萨达姆·侯赛因可能拥有威胁美国和英国的大规模杀伤性武器。据调查，战争开始时，只有38%的美国人认为即使伊拉克没有大规模杀伤性武器，这场战争也是正义的，大约五分之四的美国人相信美国军队将会在伊拉克找到这些武器，并且支持这场战争。然而，事态的发展却使美国人认识到伊拉克并没有这种武器，这就使战争的大多数支持者感受到了不协调，尤其是他们看到战争所引起的混乱，与在国际上引发的反美浪潮与恐怖主义之后。因此，他们对这种不协调进行了调整。战后一个月，曾经占据少数的支持性观点变成了多数观点：58%的美国人在即使没有找到宣称中的大规模杀伤性武器的情况下仍然支持这场战争，"他们是否找到了大规模的杀伤性武器无关紧要，因为战争的根本原因改变了。"①

一般来讲，受众在选择性地注意到传播信息后，常常倾向于把它看作是与自己的态度、立场等相一致的。在接触到与自身观点相悖的讯息时，人们也往往会对它们进行选择性的理解，以谋求与自己观点的一致。

因此，文化传播者在制作和传播信息时，可以先传播受众能够接受的观点或思想，然后再将自己的观点和思想渗透进去，使受众感觉传播者的思想观点与他们所认可的思想观点是相近的，消除他们的防范心理。研究表明，这样做可以使人们更快、更容易地接受传播者所主张的思想观点，而传播者本人在受众面前也容易成为一个可亲的、同他们有许多共同点的人。只要传播者摸准受众的预存立场和基本态度，而后恰当地运用这种方法，就能比较有效地对受众施加影响，并顺利地实现自己的传播目的。②

另外，在传播过程中，文化传播者还要注意编码的清晰与准确，努力减少受众理解偏差的可能性，尽量使所传播的信息能够被更多的人所正确地理解与接受。

（三）受众的选择性记忆

① [美] 戴维·迈尔斯著，侯玉波译：《社会心理学》（第八版），111页，北京，人民邮电出版社，2006。

② 邵培仁：《传播学》（第三版），315—316页，北京，高等教育出版社，2015。

在文化传播过程中，文化信息被受众注意并理解之后，要想给受众留下深刻印象，还需要再经过选择性记忆这一关。由于人类记忆力的限制，不可能记住所有的信息，只有少部分信息会被受众所记住。研究表明，受众在无数信息面前，特别听得进去的是那些有利于加强和保护自己原有观点的信息，而无视或忘记那些与自己观点不同或相反的信息。

通常来说，受众会选择那些有意义的、符合需要的、对自己有利和愿意记住的信息，同时忽略或抑制那些无意义的、附加的、不利的和不愿意记住的信息。这种记忆上的主动筛选与取舍，就是选择性记忆。影响选择性记忆的因素很多，主要有受众的心理需要、态度、情绪、动机、传播形式、传播质量等因素。

受众的主观因素会影响他们的选择性记忆。比如，经过受传者用心加工或创造过的信息，更容易被记住；符合受众需要的信息，更容易被记住；能够吸引受众兴趣的信息，更容易被记住；能够打动受众感情的信息，更容易被记住。

信息本身的因素也可以影响受众的选择性记忆。比如，受众从未经历过的新异性信息，更容易被记住；最先出场或者压轴出场的节目，更容易被记住；内容质量好的信息，更容易被记住；有意义的信息，更容易被记住；少量而有规律的信息，更容易被记住；在文章前后有关于文章背景、内容摘要、人物生平事迹等有意义的背景材料，更容易被记住；在节目或作品中，主题的有无以及出现的先后对受传者理解、记忆作品的内容亦有着重要的作用。

多种传播媒介的综合运用也有助于受传者的选择性记忆。一部印刷作品被搬上电视或电影荧屏，给受众造成的影响更加深刻，更容易被记住。多种传播媒介的综合运用，可以使媒介取长补短，加深信息在受众心目中的印象。

受众在信息接受过程中，选择性注意、选择性理解和选择性记忆是无法绕过的三个重要环节。信息必须经过一层层的筛选过程才能够被受众完全地接受：首先需要赢得受众的注意，然后被理解，最后再被记住。而这三个环节，全部都会受到受众选择性心理的影响。传播者可以决定与制作信息，但却很难决定受传者接受哪些信息以及如何接受。因此，在信息的制作与传播过程中，传播者要谨记受众的选择性心理，在传播的形式与内容等方面有针对性地采取措施，以便顺利地通过这三个环节。

三、受众的逆反心理

值得注意的是，受众对信息的接受过程会受到多种因素的影响与制约，除了选择性心理之外，逆反心理、从众心理等也是非常重要的影响因素。

传播过程中的逆反心理，指的是在信息的接受过程中，受众所采取的与传播者的期待与意图相反的态度与心理倾向。这会使传播活动无法达到传播者所希望的效果，甚至起到反效果，导致传播活动的失败。

逆反心理一般有五种表现形式：对威胁到自己态度体系的外来信息不予理睬；驳斥外来的论点；歪曲或从相反的方面理解外来信息的内容；贬损信息来源；寻求社会支持自己的态度体系。①

（一）逆反心理产生的主要原因

1. 从传播内容的角度来看，失实、片面、极端的内容，会导致受众产生怀疑与逆反心理，严重时甚至可以累及传播者所传播的其他信息。传播者首先要保证内容的真实可信，否则，就像《狼来了》的故事中不断撒谎"狼来了"的孩子，即使最后说了真话，也不会有人愿意再相信他。此外，对正面人物"高大上"形象的无限拔高；只报道与灾难、事故搏斗的行为，而不去认真反思灾难事故发生的原因；说教味过浓、过于呆板的内容，都会导致受众产生逆反心理。

2. 从传播形式的角度来看，不当的传播方式会使受众产生逆反心理。比如，过多过滥、无节制的传播频率。比如，短时间内大密度地"轰炸"的广告是不受欢迎的。

3. 从传播者的角度来看，如果传播者在受众心目中形象不佳，信誉不高，也容易引起受众的逆反心理。

4. 从人类心理的共性来看，好奇心是人类行为最强烈的动机之一，被禁止的事物特别容易引起人的好奇心，从而想方设法去了解。当某一作品受到强烈的批判与否定，受众的好奇心就会被极大唤起，想要一窥究竟。因此，在现实生活中，我们常常可以看到，有些影片被骂得越厉害，前去观看的人反而越多。此外，受众希望可以有选择传播媒介、传播内容与传播方式的自由，如果这种自由受到限制甚至取消，会激起受众的心理抗拒，并设法去恢复这种自由。

① 胡正荣、段鹏、张磊：《传播学总论》，215页，北京，清华大学出版社，2008。

5. 从受众个性的心理来看，受众的个性各不相同。有的受众心态比较开放，有的则更具叛逆心理。相比前者，后者更容易对传播者及其信息产生逆反心理。有的受众更愿意与传播者唱反调，以表现出自己的与众不同，吸引别人的注意，并获得心理上的自我肯定。从年龄上看，处于青春期的受众更容易表现出逆反心理与表现。

（二）如何克服受众的逆反心理

就文化传播而言，尽量减少或克服受众的逆反心理是十分重要的。

1. 从传播内容的角度来看，首先要保证内容的真实、全面与准确，这是获得受众信任的重要前提。一旦发现内容失实，立即采取措施加以纠正，以重新获得受众的谅解与肯定。

2. 从传播形式的角度来看，传播频率要有节制，不要过度传播，防止超限效应。超限效应是指刺激过多、过强或作用时间过久而引起受众心理极不耐烦乃至逆反心理的现象。对所要传播的信息，可以尽可能地从不同的角度、层面与形式去展现，加强传播效果。

3. 从传播者的角度来看，传播者要注意自身形象的塑造，不可高高在上，或者给受众虚伪不可靠的印象。

4. 从人类心理的共性来看，传播者应当尽量创造条件，在信息的数量、内容、传播方式等方面，给受众以必要的选择空间，从中设法引导受众的选择。比如书店的图书要尽量琳琅满目、种类丰富，给予受众更多的选择空间。传播者也要注意信息的透明度，对一些信息藏着掖着，禁止某些信息的传播却又不说明原因，反而更会激起受众的好奇心。

5. 从受众个性的心理来看，传播者要加强对受众的了解，了解受众对其接受与排斥的范围有多大，从而采取针对性的措施，以消除或缓解受众的逆反心理。

四、偏见与刻板印象

偏见是指一个群体的成员针对另一个群体及其成员的负性态度。这里的群体包括性别、年龄、国别、种族、宗教、社会阶层等范畴。对那些不属于他们同一群体的人，人们很容易表现出偏见。例如，纳粹德国领导人将犹太人看作是劣等人，采取各种手段贬抑与屠杀犹太人。如果一个人在证明他是错误的证据面前，仍然不愿意改变自己的原有信念，那么，就说明他对此持有偏见。比如，一个人对某省人有偏见，认为那个地方的人都是骗子，尽管他身边的某省人待人坦诚，他仍然认为那个省份的人是骗子，这就显示他是一个有偏见的人。

偏见可以分为五种类型：第一种是公然型，即公开表现出对外群体的厌恶与歧视。第二是自负型，即认为自己的群体比其他的群体强，取笑其他群体的处事方式与价值观。第三是象征型，即否认自己有偏见，但会担心权力关系的现状会受到外群体的干扰。第四是门面主义型，即内心知道自己有偏见，但却不愿意承认，常常会做点表面文章以示自己没有偏见。第五种是若即若离型，即可以与某位外群体成员友好交往，然而，一旦周围有本群体的成员时，就会冷落外群体成员，或者漠视与外群体成员可能建立的友谊。

偏见产生的原因很多。这其中可能有传统的影响，比如少数族群在历史上因为遭遇多数人群体的压迫与屠杀而对其产生的偏见；可能有传媒的影响，比如传媒对某一群体的大量负面报道使受众产生的偏见；可能有利益冲突的影响，资源的有限性与竞争的激烈化，使得一个族群形成对另一个族群的偏见，比如中国人在海外的奋斗，使一些外国人认为是中国人抢走了他们的工作机会，从而形成对中国人的偏见。

偏见的消除是非常复杂和艰难的问题。要减少偏见，至少需要几个条件："在交往情景中建立平等的地位与共同的目标，相互依赖和合作，而不是相互竞争；在尊重彼此的法律和习俗基础上相互交往；建立亲密关系，而不仅是表面上的接触；产生令人愉快而益于双方的成果；共同参与重要活动；创造有利的社会气氛；等等①。"戈登·阿尔波特指出："弱势群体与强势群体若能以平等的地位为共同的目标而努力，则此种接触能够减少偏见，并且如果这种接触能够制度化地（例如法律、风俗或地方风气）受到认可与支持，或是使两个团体的成员发掘彼此有共同的兴趣与特性，则效果会大为增强。"②

1954 年，谢利夫及其同事在俄克拉荷马的罗伯斯洞穴州立公园做了一项实验。他们将一群男孩分为两组，一组命名为老鹰队，一组命名为响尾蛇队。两组各有自己的营地，组内成员一起徒步旅行、游泳等。一周之后，这两组男孩被集结到一起，开始一些竞争性的活动，比如篮球、足球、拔河比赛等。结果显示，两个组的竞争一开始就非常激烈，敌意日深。研究者采取各种办法减少他们的敌意，比如互相称赞、一起看电影

---

① 孙英春：《跨文化传播学》，302 页，北京，北京大学出版社，2015。

② ［美］埃利奥特·阿伦森等著，侯玉波等译：《社会心理学》（第五版），391 页，北京，中国轻工业出版社，2005。

等，但却效果不佳。直到研究者采取让他们分享共同目标的合作性行为时才解决了这个问题。也就是，当野营的卡车出现故障，两组男孩不得不齐心协力把车推上山坡。在这种相互依赖与合作的氛围下，两组男孩的敌意终于消失。1978年，阿伦森也创造了一种需要相互依靠而不是相互竞争来达到要求的情境。在实验中，他发给每个小学生整篇材料的一部分，让他们与其他群体成员分享，最后的成绩以整个团体的总体表现来衡量。结果显示，原来互相怀有偏见与敌意的白人、拉丁美洲人和美国黑人为了整个团体的共同目标齐心协力，从而消除了内部不同种族间的冲突。

刻板印象是指人们对某一特定群体成员共有的特征所持有的观点，是一种对认知对象类型化的判断。也就是说，刻板印象是人们对某一社会群体以及社会事物的一种简单而固定的看法。它通常是我们简化世界的一种方式。奥波特（Gordon Allport，1954）形容刻板印象为最不费力的规则。也就是说，这个世界太过纷繁复杂，人们不可能对每一件事物都亲力亲为，以获得对该事物的认识。因此，我们可能会对某些事物采取简单概括的方法。一般而言，当人们在年龄、性别、地域、职业或文化背景等方面具有同一性时，其观念、行为方式等往往具有一定的相似性。人们在认识事物时，通常会概括这些特征，并将其固定化，便产生了刻板印象。比如，人们常常以为英国人绅士、犹太人精明、法国人浪漫、德国人严谨等，英雄英俊威武等等。人们常常会有意无意地采用业已形成的刻板印象来决定自己的行为。在与其他群体或文化交往时，他们往往会选择性地注意到那些与自己头脑中刻板印象相符的现象，而忽略其他不相符的现象，从而导致传播的失败。

刻板印象是人们在外界事物繁杂的情况下采取的简化认识过程、迅速适应环境的手段。这种印象可能或多或少有一定的真实性，而且并不总是负性的，但却过于泛化，忽视了个体之间的许多差异，并且刻板印象常常过于强调某些特点，尤其是夸大优点或缺点，从而导致对某个群体的总体刻板印象往往很不准确。这种认知方式过于简单化、以偏概全的缺点，导致它对人与事物的认识相当片面，并且具有一定的顽固性，很难随着现实的发展而改变。当然，刻板印象也不是完全无法改变，它也会随着社会环境的变化而发生变化。心理学家对美国普林斯顿大学的学生作过追踪调查，发现他们对于日本人的印象在战前和战后有很大不同。1933年，普林斯顿大学生对于日本人的刻板印象基本上比较好。但在第二次世界大战日本偷袭珍珠港以后，普林斯顿大学生对于日本人的评价一落千丈，基本没有好评。1967 年，普林斯顿大学生对于日本人的评价又变成了正面评价。

偏见通常与负面的刻板印象紧密相连。不过，人们对持有偏见的不同群体可能会有不同的刻板印象。比如，第二次世界大战以前，很多美国人对黑人和犹太人都有偏见，但对其刻板印象却有很大不同。他们认为，黑人懒惰，不聪明，但却是优秀的体育运动员。犹太人则精明、贪财，而且野心勃勃。

偏见与刻板印象一般是通过三条途径形成的：社会化的结果，即源于社会传统和规范（由此形成的刻板印象很难改变）；个人的经历；现代传播媒介的影响。

大众传播是形成偏见与刻板印象的一个重要因素。这是因为在当今社会，现代传播媒介已经成为人们进行文化传播最为重要的途径。由于人体生理条件的限制，人们无法完全通过亲身体验去认知广大的世界，道听途说也只能增加有限的认识。因此对于外部世界的认识，尤其是对异文化的认知，主要是通过现代传媒来进行的。而各国传媒因为政治、经济等种种因素，往往只从本国、本文化的角度去报道问题。现代传媒的铺陈、渲染，使人们在亲自了解另一种文化之前，就已经对异文化形成一种片面的印象，而且一经形成就不容易改变。比如，20 世纪 40 年代，有美国学者统计发现，在 185 篇短篇小说里，90%享有良好声誉的人物都是盎格鲁—撒克逊人，仆人、小偷、骗子、赌徒等都不是盎格鲁—撒克逊人。人们通过这些小说，还容易得出黑人懒惰、犹太人狡诈、爱尔兰人迷信、意大利人可耻的印象。大众传播除了在种族、国家等方面可以造成人们的刻板印象之外，在年龄、性别、职业、社会阶层等等方面也会发生同样的作用。比如，国产影视剧中，老人形象常常比较负面，尤其以婆婆的形象为甚。男性通常是商界精英、医生、警察、侦探等，女性则通常从事秘书、护士等辅助性工作。女性的性格往往比较柔弱、情绪化，男性则坚强、冷静、理性，等等。刻板印象一经形成，也会反过来影响大众传播。两者的相互作用，使偏见与刻板印象日益加深。

西方人对中国人的印象来源主要有两个：西方媒介对中国的报道；中国媒体在海外的影响。近些年来，中外交流越来越频繁。越来越多的外国人来到中国，越来越多的国人走出国门，双方的接触与交流，也成为西方人对中国人印象的重要来源。

自古至今，西方人对中国文化的印象几经变化。在早期西方人眼里，中国是一个非常神秘的东方国家。13 世纪，马可·波罗的《马可·波罗游记》引发了西方国家探寻东方宝藏的狂热。中国精美丰富的物质文化产品的远播与传教士对中国文化的介绍，使得西方国家对中国文化十分向往，并在一定程度上启发了西方的文艺复兴与早期的启蒙运动。鸦片战争之后，中国人与中国文化变成“劣等民族、牺牲品和臣民、可以获取利润的源泉、蔑视和可怜的对象”①。1949 年之后，在西方国家心目中，中国成为一个被专制奴役的可怕国家。改革开放以后，中国与西方国家全面恢复交往，并迅速发展成为不可忽视的大国。不过，西方社会一直在利用有关中国的负面议题，持续建构有关中国的负面形象。20 世纪 80 年代的统计发现，在美国和加拿大图书市场中，有华人担任角色的小说里，扮演坏人角色的占 75%。这些人不是走私贩毒，就是苦工流氓。在对华人角色的描述中，以“傅满洲”这个虚构的华人形象最为卑劣与邪恶，被视为“黄祸”的拟人化形象。从 20 世纪 20 年代起，傅满洲系列的文学与电影在美国取得很大成功，加深了西方国家对于华人的偏见。直到现在，在一些西方的影视剧中仍然存在着有关中国的大量偏见。事实上，西方国家媒体通过刻画发展中国家的人群形象来促成受众的刻板印象由来已久，爱德华·萨义德的《东方学》曾经指出，19 世纪西方国家眼中的东方是没有真实根据的，是凭空想象出来的东方，西方世界对阿拉伯—伊斯兰世界的人民和文化有一种强烈的偏见。萨义德认为，西方文化中对亚洲和中东长期错误的刻板印象为欧美国家的殖民主义特别是实施文化霸权提供了借口。

随着中国经济的发展和技术的进步，中国媒体逐渐走向世界，中央电视台和中央人民广播电台有专门的对外节目和频道，很多报纸在海外也有专门的版面，国产影视剧与文学作品也纷纷走出国门。但是，出于种种因素，中国媒体对西方主流社会的影响力并不大，不能造成重要的影响。如何推进中国媒体在海外的影响力，改变中国人在海外的片面印象，是中国媒体需要着重努力的方向。此外，在国人与外国人接触与交流的过程中，双方文化的差异，与部分国人素质的相对低下，加之部分媒体的推波助澜，也加深了部分外国人对中国人的误解与偏见。

---

① ［美］哈罗德·伊萨克斯著，于殿利等译：《美国的中国形象》，126 页，北京，时事出版社，1999。

第八章　文化传播的效果

第一节　传播效果研究的历程（上）

传播效果是“用于指称媒介讯息对个人所产生的、假定的直接后果与影响，这个术语如今也用来描述媒介研究的一种特殊传统。”① 传播效果是和传播实践结合最密切的研究领域，也是传播学研究中最受重视、研究最深和成果最丰富的领域。从 20 世纪初到现在，在漫长的一个多世纪的历程中，传播效果的研究与传播学自身发展和社会环境变化紧密相关，经历了不同的发展阶段。

一、传播效果

传播效果包括两个方面，一是指带有说服动机的传播行为在受传者身上引起的心理、态度和行为的变化。比如，老师给一个经常迟到旷课的学生做思想工作，使这名学生意识到迟到旷课的危害，从而有所改变。二是指传播活动尤其是现代传媒对受传者和社会所产生的影响与结果的总体。传播活动所导致的效果常常是复杂的，甚至可能会超出传播者的预料。比如，一部影片突出对暴力场面的呈现，目的是为了提高卖座率，但在播出以后，可能导致一部分人的模仿，成为暴力犯罪的诱因。这一事先没被考虑到的后果也会被纳入传播效果的考察范畴。

按照发生的逻辑顺序，传播效果可以分为三个层面：第一个层面是认知层面上的效果，即外部信息作用于人们的认知和记忆系统，引起人们知识量的增加和知识构成的变化。比如，公益广告将吸烟导致的危害及其原

---

① ［美］约翰·费斯克等著，李彬译：《关键概念：传播与文化研究辞典》（第二版），91 页，北京，新华出版社，2004。

理介绍给吸烟者，使他们增加了有关吸烟危害性的知识。传播效果的第二个层面是心理和态度层面的效果，即传播活动作用于人的观念或价值体系而引起的情绪或感情的变化。比如吸烟者在了解了吸烟的危害后，在心理上产生恐惧感，萌生了戒烟的想法。传播效果的第三个层面是行动层面的效果，即通过人们的言行表现出来。比如吸烟者采取行动，开始戒烟。在这三个层面中，达到认知层面，也就是接受信息这一层面，相对而言最容易，然而却未必能引起受众态度与行为的改变，就像了解了吸烟危害的吸烟者未必打算戒烟一样。相比之下，第三个层面，也就是行动层面，是最难达到的。吸烟者了解了吸烟的危害，心理上也有戒烟的想法，却未必能在行动上表现出来，或者很难在行动上坚持下去。因此，这三者层层递进，从认知到态度，再到行动，是一个传播效果累积与深化的过程。

二、传播效果研究的历程（上）

卡茨在1977年对之前传播效果研究的历程进行了梳理，并提出了三个发展阶段和相对应的三种理论：其中1935年到1955年为昙花一现时期，传播效果理论为媒介万能论；1956年到1960年为苦闷焦虑时期，传播效果理论为效果有限论；1961年到1977年为凤凰涅槃时期，传播效果为强效果论。1981年，美国传播学者赛佛林和坦卡德在其著作《传播学的起源、研究和应用》中，在卡茨三阶段论和其他学者研究的基础上，提出了四阶段论：其中1914年到1940年为魔弹效果论，1941年到1960年为有限效果论，1961年到1972年为适度效果论，1973年到1980年为强大效果论。罗杰斯（E. Rogers）认为，真正的大众传播效果研究应该是从20世纪40年代开始。他将1940年以来的传播效果分为三个时代：1940到1959年是微弱效果时代，认为媒介效果微弱；1960年到1979年是条件效果时代，媒介效果可强可弱；1980年以后，随着电脑等新的传播科技广泛介入传播领域，传播效果研究进入分层效果时代，媒介效果有强有弱。

（一）子弹论、魔弹论或皮下注射论

子弹论，也称为“魔弹效果论”“皮下注射论”或“刺激—反应论”，是盛行于20世纪初至30年代末的一种认为媒介威力强大、能够左右公众的态度和行为的理论。

这一理论认为，受众之于传播媒介，就像射击场里固定不动的靶子之于子弹、医生面前昏迷的病人之于注射药物的针头一样，完全处于消极被动的地位。只要将枪口瞄准靶子，针头扎准人体部位，子弹和注射液就会

迅速产生神奇的效果。也就是说，人的传播活动具有立竿见影的强大威力，可以将各种各样的思想、感情、知识或动机从一个人的头脑中几乎不知不觉地灌输到另一个人的头脑里并几乎可以随传播者所欲而左右大众的任何观点。

梅尔文·德弗勒认为，子弹论与心理学的“刺激—反应”论、媒介威力巨大的信念，以及“相互隔绝、孤立无援”的受众观有关系。行为主义心理学认为，人的行为受到本能的“刺激—反应”机制的主导，施以某种特定的“刺激”能够引起大致相同的反应。媒介威力巨大的信念则与当时社会大众媒介的发展有关。20世纪初至30年代末是报纸、广播、电影等大众传播快速发展时期，“任何新生事物都会引起恐惧……像许多其他社会变革一样，大众传播的发展引起了广泛的忧虑，这种忧虑又得到了广泛的宣传。其结果是对媒介巨大威力的相信变为我们社会对大众传播的共有信仰体系的一部分”①。而大众社会理论认为，工业化、城市化和现代化使传统社会中的等级秩序被破坏，传统规范和价值观式微，人与人之间的距离扩大，社会成员变成了均质的、分散的、孤立的“原子”，失去了统一的价值观和行为参照系，也失去了传统社会结构的保护，这使他们在任何有组织的说服或宣传活动前都处于孤立无援、十分脆弱的状态。这三个因素的交织作用使人们相信，个体在强大的传播媒介面前，会根据传播的“刺激”做出传播者想要的“反应”，传播因此可以对个人和社会产生强大的影响。

关于子弹论的代表性研究主要有：

1. 潘恩基金会研究

1928年，美国民间慈善机构——潘恩基金会协助美国电影研究评议会，组织一批学者针对电影对儿童的影响开展了一系列研究。结果表明，电影对儿童有巨大影响，可以直接改变人的态度。这项研究采用了当时所有可能的实证研究方法，提升了传播效果研究的科学性，同时“扭转了早期宣传策略的研究，并预见了意义理论和模仿理论在今天的地位，引导出态度变迁、睡眠效果、使用与满足、模仿的影响和媒介建构社会事实等理论”②，为传播效果后来的研究奠定了基础。

---

① ［美］梅尔文·L·德弗勒、埃弗雷特·E·丹尼斯著，颜建军等译：《大众传播通论》，287页，华夏出版社，1989。

② 胡正荣、段鹏、张磊：《传播学总论》（第二版），230页，北京，清华大学出版社，2008。

2. 火星人入侵地球

1938年万圣节前夕，哥伦比亚广播公司播出了根据科幻小说改编的广播剧《火星人入侵地球》。由于这个广播剧巧妙地采用了新闻播报的风格，因而使成千上万的听众误以为“火星人入侵地球”是正在发生的真实事件，造成了大规模的社会恐慌。在收听广播剧的几百万人中，大约有一百多万人受到了惊吓。很多人开始逃亡，新泽西的一个街区有20多家人脸上蒙着湿手帕和毛巾冲出自己的家门。这一特殊事件强化了人们对媒介效果的恐惧感。事后，普林斯顿大学广播研究室对此进行了调查和研究，由哈德利·坎特里尔执笔，发表了《火星人入侵》的报告，证实传播在一定条件下确实能够对某一类特定受众产生强大的影响力。

3. 宣传研究

子弹论的产生深受第一次世界大战过程中各种媒介宣传所产生的效果的影响。第一次世界大战不仅是交战双方军事上的战斗，还是传播媒介之间的战斗。交战双方在大众媒介中广泛传播经过设计、倾向明显的宣传内容和新闻报道。从战争的结果和宣传的效果看，协约国的宣传取得了成功，第一次世界大战中的英国对外宣传，被当时德国的宣传学者海恩斯·戴曼称为不依靠武器的世界大战，甚至有人认为德国士兵在战场上并未失败，是协约国的宣传骗取了德国的投降。“据说是由于受英国宣传的影响，德军丧失斗志，在敌军还没有进入本国领土的情况下就宣告崩溃了。”① 第一次世界大战后，英国、德国、美国等国的众多学者对一战期间交战双方的宣传进行深入研究，拉斯韦尔的著作《世界大战中的宣传技巧》就是一例。这些都使人们相信大众传播能产生奇迹般的巨大效果。

子弹论在第二次世界大战以前非常流行。当广播用于纳粹宣传时，人们甚至担心纳粹会通过大众传播的力量在美国掌权，因此美国于1937年成立了专门研究宣传的学术机构——宣传分析研究所，坎特里尔担任第一任所长，举行了大规模的教育活动，目的是使美国人掌握、识别与分析宣传技巧的能力。其中阿尔弗雷德·李夫妇合编了《宣传的完美艺术》，以当时具有巨大影响力的库格林神父的宣传为实例，总结了几种常用的宣传技巧，即辱骂法、光辉泛化法（又叫光环法）、转移法、语词法、平民法、洗牌作弊法、乐队花车法，成为当时美国很多学校反宣传教育的教材。

然而，子弹论存在着把传播效果绝对化，不分时间、地点、对象与环境

---

① ［日］池田德真：《宣传战史》，35页，北京，新华出版社，1984。

夸大传媒作用的巨大局限。随着人们对传播媒介适应性的增强和对传播效果研究的深入，20 世纪 40 年代之后，子弹论逐渐没落，为有限效果论所代替。

（二）有限效果论

有限效果论也称为最低效果法则，由霍普·克拉帕（H. Klapper）首先提出，是 20 世纪 40 年代至 60 年代关于大众传播的效果和影响力的主流观点，是对子弹论的否定。这一理论认为“大众传播媒介的影响是有限的、间接的和有选择的，它往往受到媒介的性质、个人差异、社会类别和社会关系等诸多因素的制约，远非‘威力无比、不可抗拒’。在媒介和个人行为之间，也不存在魔弹论认为的那种直接的、普遍的、即时的和因与果的关系；受众也不再是消极被动的‘靶子’，而是积极主动的参与者”①。有限效果论中包括个体差异论、社会类型论、社会关系论、两级/多级传播论、中介因素论、意见领袖等许多理论。这一段时间，研究者关注的重点在于传播媒介如何在社会中发挥实际作用，特别是传播媒介对于个人意见和态度的“说服性效果”。关键性的研究主要有：

1. 霍夫兰的说服性传播研究

1942—1945 年间，卡尔·霍夫兰受军方邀请对第二次世界大战中军事纪录片对士兵的说服效果进行研究。研究小组根据美军为激励士气而制作的《我们为何而战》系列纪录片，让士兵对其中四集进行观看，然后开展心理实验，以研究电影对观众的态度或动机的影响力。结果发现，纪录片在传递战况事实方面很有成效，士兵们在观看电影之后，大多清楚地了解了战局的进展情况。影片中某些较为直观的看法和解释也有一定影响力，士兵的有些看法经说服转变后可以稳定下来，但是对于士兵固有的态度和观点却不能产生明显的效果，影片制作的主要意图是鼓舞士气，激起对敌人的仇恨，但没有起到显著效果。研究显示，说服性大众传播的实现是有条件、有限制的，且个体差异与传播效果的实现有很大相关性。

2. 拉扎斯菲尔德等人的选举研究

“对美国来说，1940 年是重要的一年，它标志着一个时代的结束和另一个时代的开始。美国人对 30 年代大萧条的担忧在这一年画上了句号，这一年也是美国被卷入战争前最后一个和平的年份。因此，1940 年总统竞选的重要性超出了任何一个选民的想象。”② 在这种情况下，已经连任两届

① 邵培仁：《传播学》（第三版），372—373 页，北京，高等教育出版社，2015。

② ［美］希伦·A·洛厄里、梅尔文·L·德弗勒著，刘海龙等译：《大众传播效果研究的里程碑》（第三版），44 页，北京，中国人民大学出版社，2009。

总统的罗斯福竞选第三任美国总统，这是史无前例的。他能够顺利当选吗？带着这一问题，拉扎斯菲尔德和他的研究小组在洛克菲勒基金会和哥伦比亚大学广播研究中心的支持下，对影响选民行为与看法的因素和媒介的宣传在改变选民决策中所发挥的作用等问题开展了历时半年的调查研究，并据此发表了调查报告《人民的选择》。因为这次调查在俄亥俄州的伊里县进行，所以又称为“伊里调查”。

拉扎斯菲尔德研究小组假设，选民对总统选举的投票决定会在竞选过程中做出，并会受到大众媒体中有关选举问题和候选人的新闻和专题报道的影响。但研究结果表明，媒介的影响力是极为有限的。报纸的宣传对于选民投票给罗斯福的决策，几乎没起什么作用。研究者发现，大多数人早在竞选宣传之初就已经做好了选择，只有约8%的人转变了立场，这其中以大众媒体的影响为直接转变原因的人也只占到一小部分。

拉扎斯菲尔德等人将大众传播可能产生的效果分为五种：无变化、小变化、强化、结晶和改变。其中强化是指大众传播对受众既有态度的巩固与加强，拉扎斯菲尔德认为这是大众传播最主要的效果。结晶是使原来意向不明、态度不定的态度明确起来的效果。改变是使受众的立场与态度发生逆转的效果。拉扎斯菲尔德等人认为这种效果并不多见。最终只有8%的人转变了立场，但其中还有不少人是被家人朋友等说服的，只有少部分人是受到大众传播媒介的影响。

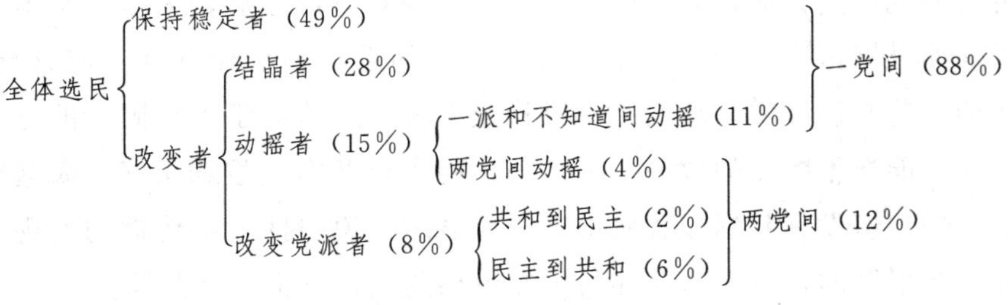

图8-1：选民投票意向变化情况①

在这项研究中，拉扎斯菲尔德等人编制了政治既有倾向指数（Index of Political Predisposition，IPP），发现选民的社会经济地位、宗教信仰、

① 资料来源：刘海龙：《大众传播理论：范式与流派》，169页，北京，中国人民大学出版社，2008。美国大选主要是在共和党候选人与民主党候选人之间展开。在图8-1中，保持稳定者是指自始至终支持某一政党，从未动摇者；结晶者指一开始不清楚应该支持哪一政党，但是通过与媒体的接触，逐渐认识到自己的利益与哪个党派最接近者；动摇者是指在选举宣传过程中，对自己最初的决定产生过怀疑，最终又回到最初选择者；改变党派者是指在竞选宣传过程中，彻底改变自己最初的决定，转而支持另一党派者。

城乡差别会影响其投票意向，而大众传播的宣传并不容易改变这些外在因素的影响。而且，政治既有倾向还影响着选民对信息的接触，多数选民只会接触和自己的既有立场、态度倾向一致或相近的信息，称为选择性接触假说。由于政治既有倾向与选择性接触的影响，大众传播在改变选民既有投票意向上的效果十分微弱，而主要起到强化与激活既有政治倾向的作用。所以，大众传播只能是左右选民意向的众多影响因素之一，而且不是主要的因素。

该研究发现，在选民做出投票决定的过程中，有一些关键的个人，会对他们施加个人影响，也就是意见领袖。这些人对媒体的接触度远远大于一般的受众。而那些媒介接触度低、知识水平与兴趣度低的个体，会从意见领袖那里获得信息与建议。“观点经常从广播和印刷媒介流向意见领袖，然后再从他们流向不太活跃的人群”①，形成大众传播—意见领袖—受众的传播过程，也就是两级传播。意见领袖将大众传媒的信息进行加工与解释，对身边的一般受众有着相当程度的引导与影响作用。大众传播要获得更好的传播效果，就要先说服这些意见领袖。

之后，卡茨与拉扎斯菲尔德合作，在《个人影响》一书中，对两级传播理论做了进一步研究，提出了“中介因素”的概念，认为中介因素主要有四种：选择性接触机制，包括选择性注意、选择性理解和选择性记忆；媒介本身的特性；讯息内容，包括语言和表达等；受众本身的性质，比如既有立场和倾向、社会关系等。卡茨与拉扎斯菲尔德认为，这些中介因素的存在，会制约与影响大众传播的效果。

1971年，美国学者罗杰斯（E. M. Rogers）在《创新的扩散》一书中，将大众传播过程分为两个方面。一是作为信息传递过程的“信息流”，是“一级”的。也就是说，信息可以由传媒直接“流”向一般受众，而无须经过意见领袖。二是作为效果或影响的产生与波及过程的“影响流”，是多级的，需要经过人际传播中多个环节的过滤，经过大大小小的意见领袖的中介。两级传播因此被扩充为多级传播模式，也叫N级传播模式。大众传播要想获得更好的传播效果，必须要重视意见领袖的作用。

3. 克拉帕的研究

1960年，约瑟夫·克拉珀（Joseph T. Klapper）出版《大众传播的效

---

① ［美］希伦·A·洛厄里、梅尔文·L·德弗勒著，刘海龙等译：《大众传播效果研究的里程碑》，57页，北京，中国人民大学出版社，2009。

果》一书，完整地总结了有限效果的相关研究，并系统描述了有限效果模式。他对大众传播的效果提出了“五项一般定理”[①]：

（1）大众传播通常不是效果产生的必要和充分的原因，它只不过是众多的中介因素（如受传者的倾向性、选择性过程、群体规范、意见领袖等）之一，而且只有在各种中间环节的连锁关系中，并且通过这种关系，才能发挥作用。

（2）大众传播最明显的倾向是对受众既有态度的强化，而不是引起他们态度的改变。即使是在这种强化的过程中，大众传播也不是作为唯一的因素单独起作用。

（3）大众传播对人们的态度改变产生效果需要两个条件，一是其他中介因素不再起作用，二是其他中介因素本身也在促进人们态度的改变。

（4）传播效果的产生，受到某些心理生理因素的制约。

（5）传播效果的产生，还受到媒介本身的条件（如信源的性质、内容的组织）以及舆论环境等因素的影响。

克拉帕强调，媒介宣传的实现必须经过中介因素，但由于中介因素的不可控，导致了预期的传播效果不可能完全实现。克拉帕的这些观点强调了大众传播影响的无力性和效果的有限性，因而被称为有限效果论。

20世纪60年代末开始，有限效果论开始受到怀疑、反思和批评。学者们认为，在认知、态度和行动这三个效果层面上，有限效果论只探讨了后两者，而忽略了对认知阶段的影响；它只考察了具体传播活动微观的和短期的效果，而忽视了传媒的信息活动所产生的宏观的、长期的和潜移默化的影响。“媒介无效果的‘神话’是一系列因素结合的结果。其中最重要的是对于有限领域的效果缺乏集中关注，特别是在个人身上的短期效果（如，在大选中），而不是更广泛的社会或制度效果”[②]。此外，20世纪五六十年代，电视开始普及，日益成为对受众而言具有强大吸引力的媒介，并对社会生活产生了重大影响。在这样的背景之下，有限效果论日益受到质疑，适度效果理论以及强大效果论相继登上传播效果研究的历史舞台。

---

① 郭庆光：《传播学教程》（第二版），180页，北京，中国人民大学出版社，2011。

② ［英］丹尼斯·麦奎尔著，崔保国、李琨译：《麦奎尔大众传播理论》（第五版），376页，北京，清华大学出版社，2010。

第二节 传播效果研究的历程（下）

进入20世纪70年代以后，在对有限效果论进行批评和反思的基础上，传播效果研究领域转向传播“适度效果”理论并趋向于新的“强大效果”理论。

一、适度效果理论

适度效果理论出现于20世纪60年代到70年代，最初由美国学者赛佛林和坦卡德提出，而后又由麦奎尔等人做了更为深入细致的评述。适度效果理论基于以下假设：

第一，有限效果论过分贬低了大众传播的效力，其实在某些情况下，大众传播可以有相当显著的效力。

第二，以往的研究注重于探求大众传播对于态度及意见的影响，如果探求其他变数，也许就会发现大众传播具有更大的效力。

第三，以往的研究在构想方面只着眼于一个方面，即只问“大众传播对受传者产生了什么影响?”却忘了问“受传者要大众传播做什么?”

第四，以往的研究只研究了大众传播的短期效力，几乎不研究其长期效力。

这一时期代表性的理论主要包括：创新与扩散理论、使用与满足理论、议程设置理论等。

1. 创新与扩散理论

创新与扩散理论由美国学者埃弗雷特·罗杰斯（E. M. Rogers）于20世纪60年代提出，主要是研究如何通过媒介使新观念、新事物、新产品为人知晓进而推广扩散的社会过程，侧重于大众传播对社会和文化的影响。

随着大众传媒的普及，传媒日益被用来传播新的观念和与新的技术，比如推广新作物、新农药等，辅之以人际或组织传播来将其推广至全社会。1962年，罗杰斯和休梅克通过深入调查农村中的新品种、新农药、新机械等新事物的采用和普及过程，出版了《创新的扩散》一书。该书对大众传播和人际传播的作用进行了比较，对“两级传播”理论做了重要的补充，并研究了社会进程中创新成果是怎样为人知晓，并在社会系统中得以推广的。

在这本著作中，罗杰斯考察了近 4000 份有关创新与扩散的出版物，记录了一些实证研究案例并进行了分析研究。案例中最有影响的是瑞安和格罗斯在 1943 年对杂交玉米种子在衣阿华州农民中推广的研究。玉米杂交种子是衣阿华州重要的一项农业新技术。该州从 1928 年开始推广这一创新，并引发了 20 世纪 30 年代整个农业系统的创新，于 50 年代末带动了农业生产方式的变革。研究者据此访问了 345 位农民，采集到了 259 位农户关于何时和如何采用杂交玉米种子等方面的有效数据。在这一案例中，除了两个农民外，其他人都是在 1928—1941 年期间采用杂交玉门这一新技术，采用率呈现出前慢后快的“S”形曲线。[①]

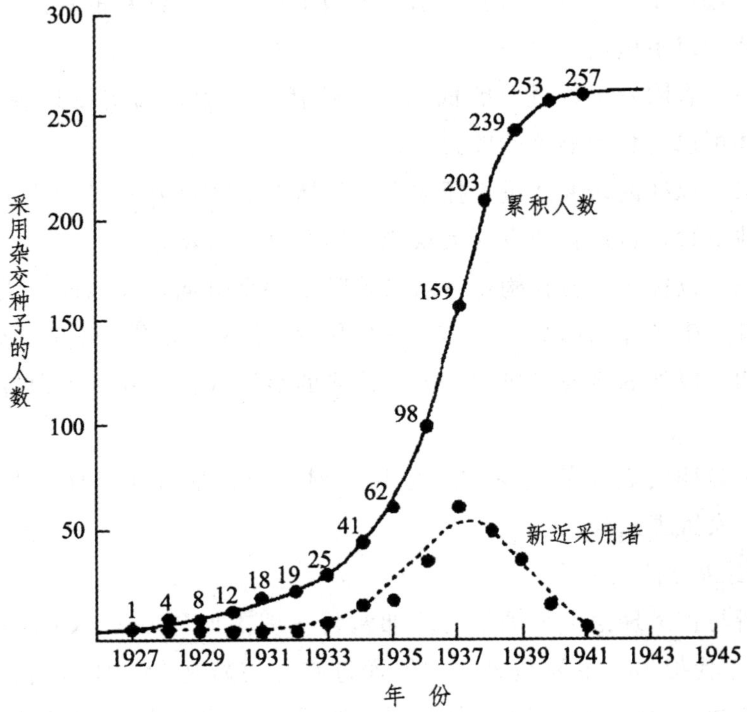

杂交玉米种的累积采纳者人数随时间推移形成近似于 S 形的曲线，而每年新的采纳者人数随时间推移拟合成正态的钟形曲线。

图 8-2：在衣阿华的两个社区采用杂交种子创新人数和累积人数[②]

罗杰斯认为，创新的扩散过程包括五个阶段：（1）认知阶段：个人知

① ［美］埃弗雷特·M. 罗杰斯著，辛欣译：《创新的扩散》（第四版），28—29 页，北京，中央编译出版社，2002。

② 资料来源：［美］埃弗雷特·M. 罗杰斯著，辛欣译：《创新的扩散》（第四版），241 页，北京，中央编译出版社，2002。

道了这项创新的存在，对其功能有了一定了解；（2）说服阶段：个人对创新形成赞成或不赞成的态度；（3）决策阶段：个人做出行动，比如对一项创新进行试验，进而做出采纳或拒绝该创新的决定；（4）实施阶段：个人把这项创新付诸实施；（5）确认阶段：个人寻求对已做出的创新决策的支持，但如果受到与创新相矛盾的信息的影响，也可能否定自己的决定。

根据创新精神的不同，社会系统成员可以分为五个采用类型：具有冒险精神的创新者，受人尊敬的早期采纳者，深思熟虑的早期大多数，持怀疑态度的后期大多数以及墨守传统的落后者。例如，前述推广玉米杂交种子的过程中，对两个社区的调查发现，前 8 年只有少数农民采用，1935—1937 年间，采用新品种的人数急剧增长，又经 4 年全部采用新品种。其中早期采纳者受过更多的正规教育，具有更高的社会地位，有更多的渠道接触大众媒体，有更为广泛的人际关系，与创新机构的接触更多，更多地参与社会，见识也更广。他们愿意率先接受和使用创新事物，并甘愿为之承担较大的风险。

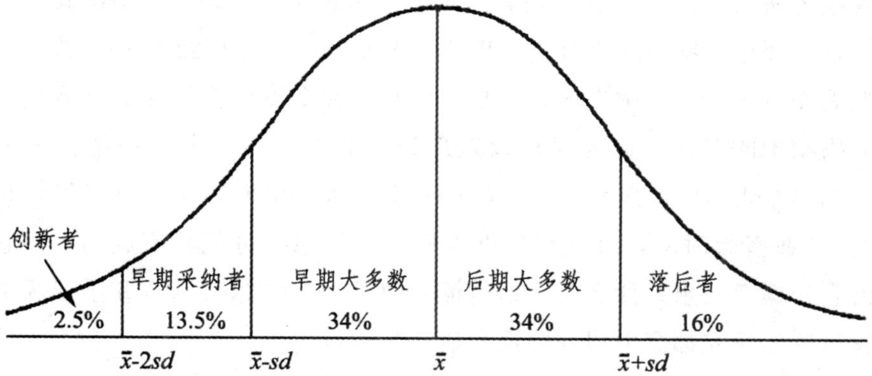

图中的 $\overline{x}$ 为中心轴，按照相应的标准差将创新采纳者分为 5 个类别。这里的创新性是一个连续变量，创新性主要由个体采纳创新的时间来衡量。

图 8-3：根据创新性将采纳者分类①

总之，创新与扩散理论的主要观点是：在创新扩散的过程中，相对来说，大众媒介渠道较人际渠道的传播，对于早期采用者比晚期采用者更有影响；创新的传播过程呈“S”形曲线，即在开始采用时速度很慢，当其到达临界点时速度加快，而当其接近最大饱和点时又慢下来；在创新向社会推广和扩散的过程中，大众传播能够有效地提供相关的知识和信息，而

① 资料来源：[美] 埃弗雷特 · M. 罗杰斯著，辛欣译：《创新的扩散》（第四版），245 页，北京，中央编译出版社，2002。

人际传播在说服人们接受和使用创新方面更为有效，它会影响个体采用还是拒绝创新的决定。因此，大众传播与人际传播的结合是推广创新的最佳途径。

2. 议程设置论

议程设置理论是20世纪60年代末70年代初以来传播学研究领域的重要理论，最先由美国学者麦克斯韦尔·麦库姆斯（Maxwell Mocombs）和唐纳德·肖（Donald Shaw）提出。它指出了传播影响社会的另一种方式，这种方式不是态度的说服和行为的改变，而是形成大众对某个问题或事件的关注和讨论。大众媒介通过传播的信息向大众提示某个时间段内的最重要的事件是什么、最值得关注的焦点在哪里。

“议程是指在某一时间点，按照重要性等级进行传播的一系列问题。这里所说的问题是指较为宏观的社会问题，比如经济问题、环境问题、外交问题等，并不是某个具体的话题。议程中的某个问题的相对重要程度，可以被称为问题的显著性。议程设置过程描述了某个问题由媒体议程向公众议程传递的过程。”① 议程设置理论的基本思想最初来自于美国新闻工作者和社会评论家沃特·李普曼（Walter Lippmann）。1922年，李普曼在其经典著作《舆论学》中提出，在某种意义上大众媒介将外在的世界变成了我们头脑中的图像，成为议程设置理论的雏形。1963年，伯纳德·科恩（Bernard Cohen）在其著作《报业和外交政策》中发表了他对报纸效果的描述，“在多数时间，报纸在告诉人们该怎样想时可能并不成功，但它在告诉它的读者该想些什么时，却是惊人的成功”②。这段名言几乎成为关于议程设置的研究都会引用并验证的话。

1972年，麦库姆斯和唐纳德·肖在《舆论季刊》发表《大众媒介的议程设置功能》一文，公开了他们对1968年美国总统竞选期间传播媒介的选举报道对选民影响的研究成果，正式提出了议程设置理论。他们认为，大众媒介确实具有议程设置效果，“在媒介突出强调的各类选举议题和选民对各类选举议题之显著性与重要性的判定之间，存在非常密切的关系”。③

---

① 刘海龙：《大众传播理论：范式与流派》，224页，北京，中国人民大学出版社，2008。

② ［美］沃纳·赛佛林、小詹姆士·坦卡德著，郭镇之等译：《传播理论：起源、方法与应用》，192页，北京，中国传媒大学出版社，2006。

③ ［美］沃纳·赛佛林、小詹姆士·坦卡德著，郭镇之等译：《传播理论：起源、方法与应用》，191页，北京，中国传媒大学出版社，2006。

大众媒介或许无法决定人们对某一事件或意见的具体看法，但却可以通过提供给信息和安排相关的议题来有效地左右人们关注哪些事实和意见以及他们谈论的先后顺序。大众传播越是大量报道或突出宣传某个事件，受众越会觉得这个事件非常重要，从而越加关注和谈论这一事件。麦库姆斯等还发现：信源的可信度越高，议程设置效果越好；个人对媒体的接触量越多，越容易受议程设置的影响；人与人之间对某一议题的讨论常常能够强化大众媒体对该议题的设置效果；在个人具有直接经验的问题上，媒体一般不太容易设置议程；当一个问题与个人利益攸关，而且不确定性程度很高时，个人就会产生很强的定向需求，造成媒体的接触量增加，有助于议程设置的生效。

关于议程设置的案例与实证研究很多。例如，1986 到 1989 年，美国的公众舆论调查显示，认为毒品是美国面临的最大问题的公众比例大幅提升，美国公众越来越关注国内毒品问题。但实际上在这一时期，非法使用毒品的人数却在稳步下降，所以公众的毒品危机是明显的错觉。这一错觉的产生与大众传媒的议程设置有密切的关系。因为在这期间，联邦政府发起了“禁毒战”，大众媒介中关于禁毒的话题和“禁毒战”的报道激增，这大大提高了该议题在公众心目中的地位。正如德弗勒关于议程设置的观点，“新闻媒介提供给受众的不是世界的本来面目，而是新闻媒介的议程——是对世界上发生的事件有选择地报道”。①

随着研究的深入，议程设置理论发展出“二级议程设置”或“属性议程设置”，关注的焦点是议程中强调的“元素”，“如果说传统议程设置理论关注的是媒介通过强调或者反复提及特定议题，将该议题的重要性告知给公众，那么属性议程设置则关注媒介强调的议题所包含的某些属性”②。比如大众媒介重点报道总统选举这一事件是议程设置，那么对总统应该具备的水平和才能的报道就属于二级议程设置。所以，有人对伯纳德·科恩的名言做了修改——“大众媒介不仅能告诉人们应该想什么，也能告诉人们应该怎么想”。

此外，还有一些学者已经不再局限于议程设置理论最初生成时的公共事务领域，而是“把议程设置理论的核心理念（即议程显著性从一个议程

---

① 李彬：《传播学引论》（第三版），167 页，北京，高等教育出版社，2013。

② 邵培仁：《传播学》（第三版），387—388 页，北京，高等教育出版社，2015。

转移到另一个议程）应用到了更为广泛的许多新领域。这些新研究领域涉及广泛的题目，包括企业声誉、职业体育、课堂教学以及宗教信仰。其中一些研究关注的是媒介议程的特殊形态；另一些关注的则是其他社会机构的议程。”①

传统媒体的议程设置功能已经被证实，进入互联网时代，由于网络传播相对于传统媒体而言，有着很强的互动性，受众既是传播者又是接受者；同时，以头版头条形式出现的传统媒介的议程设置功能在网络上也不再那么明显；而且，网络上的信息量为传统媒体所不能比拟，致使议程设置理论受到了冲击。传播学者也开始考察互联网及其他类型的数字媒介中的议程设置情况，主要集中于新媒体环境下媒体对受众是否具有议程设置的功能、产生什么议程设置效果等问题。“一种看法是，万维网上新闻站点的用户过于分散，因此议程设置难以产生效果。另一种看法认为，由于一些新闻站点能够获得足够的注意力，所以议程设置的效果是有可能产生的”。② 比如，1998 年，德克萨斯大学研究生尹（Myung—ho Yoon）调查了德克萨斯大学的韩国学生浏览韩国报纸的网站是否会影响他们关于哪些经济问题对韩国是至关重要的判断，结果证明议程设置效果适用于在线新闻网站；还有学者研究并证明网站中某主题新闻报道页面上的超链接（与该新闻主题相关，往往是背景介绍、深入报道、后续发展、相关评论等资料）能够产生属性议程设置，说明带有超链接的互联网新闻报道在引发受众对问题重要性、系统性的认识上具有优势。在新媒体的时代环境下，“议程设置”依旧存在，只是“议程设置”的难度加大，“议程设置”的手法需要更新。“与其说传统大众传媒的议程设置功能减弱或消失，不如说传统媒体与网络媒体的互动正在成为我们这个时代媒介‘议程设置’的新特点和新趋势”③。

1999 年，麦库姆斯和肖等人提出了议程融合理论，认为，在现代社会中，个人必须要通过加入某个社会群体来降低认知不协调，以获得安全感与确定性。为了融入自己想要加入的群体，个人必须接触与该群体相关的

---

① ［美］麦克斯韦尔·麦库姆斯著，郭镇之、邓理峰译：《议程设置理论概览：过去，现在与未来》，《新闻大学》，2007（3），63 页。

② ［美］沃纳·赛佛林、小詹姆士·坦卡德著，郭镇之等译：《传播理论：起源、方法与应用》，324 页，北京，中国传媒大学出版社。

③ 郭庆光：《传播学教程》（第二版），199 页，北京，中国人民大学出版社，2011。

媒体，使自己的议程与这一群体的议程一致。他们发现，在社群中不同的群体虽然在很多观点上存在差异，但是阅读报纸的人在许多问题上的看法要比不阅读报纸的更加一致。[①]

3. 培养理论

培养理论也称为教养理论、教化分析或涵化分析，是由乔治·格伯纳（George Gerbner）及其同事提出的关于电视的传播效果的理论。

20世纪60年代后期，电视已经是大众媒体中的主流媒体，“变成美国社会的核心文化支柱，电视机已成为家庭的关键成员，成为在大多数时间讲述最多故事的那个人”。当时美国社会的暴力和犯罪问题很严重，人们担心电视的负面影响与此有关，因此，美国政府专门成立“暴力起因与防范委员会”，对有关问题进行研究。在该委员会的支持和赞助下，由乔治·格伯纳（George Gerbner）主持，展开了相关研究。

当时，美国观众每天观看电视平均多达4小时，电视构成了他们信息来源的主要内容，电视中传播的内容也是构建其脑海中世界图像的主要内容。研究小组对电视观众进行调查访问，发现比起看少量电视者，看大量电视者对世界的看法更加趋同于电视内容对世界的描述。比如调查中问及美国人占世界人口的比例时，看大量电视者比看少量电视者更趋向于高估这一比例，因为电视中展现的人物几乎都是美国人；在回答任何一周内可能被卷入某种暴力的机率时（当时的社会实际犯罪率为1%），看大量电视者的回答是10%，高于看少量电视的观众，因为电视的新闻和娱乐节目充满了暴力；在人们是否值得信任这样的问题中，看大量电视者比看少量电视者更倾向于回答“否”。因此，大众传媒，特别是电视影响人们的看法或对现实的感知。由于大众传媒的某些倾向性，人们在心目中描绘的“主观现实”与客观现实之间正在出现很大的偏离，这是一个长期的、潜移默化的“培养”的过程，并在不知不觉中制约着人们的现实观。“大量看电视者从电视中得到了大大夸张的危险感和不安全感，电视可能正在引导大量看电视者去感知一个‘罪恶世界’。格伯纳小组认为，这可能是电视所造成的最主要且影响最广的教养效果之一。”[②]

---

① 刘海龙：《大众传播理论：范式与流派》，240—241页，北京，中国人民大学出版社，2008。

② ［美］沃纳·赛佛林、小詹姆士·坦卡德著，郭镇之等译：《传播理论：起源、方法与应用》，232页，北京，中国传媒大学出版社，2006。

格伯纳等人认为，对不同的社会群体而言，看大量的电视会有不同的结果。当看大量电视导致不同社会群体的意见趋同时，就会发生主流化的结果。比如，看大量电视者，无论是高收入群体还是低收入群体，都认为罪行恐惧对个人而言是一个非常严重的问题，但在这两个群体之中只看少量电视的观众那里，却并没有一致的看法。另一方面，当教养效果在某一特定群体非常突出时，就会产生共鸣的结果。比如，与看少量电视的观众相比，男性与女性中看大量电视者都认为罪行恐惧是个严重的问题，而以女性看大量电视者最为赞同这一点，因为她们更容易遭受罪犯的攻击。

4. 知识沟

“知识沟”是指不同个体或群体之间关于知识的差距，“知识沟”假说是关于大众传播会增大特定个体或群体之间关于知识和信息差距的理论，最早由美国学者蒂奇纳（P. Tichenor）、多诺霍（G. Donohue）和奥里恩（C. Olien）等人提出并建立。

1970 年，蒂奇诺、多诺霍与奥里恩发表《大众媒介流动和知识差别的增长》，提出以下假设：随着大众传媒向社会传播的信息日益增多，社会经济地位高的人将比社会经济地位低的人以更快的速度获得信息，因此，这两类人之间的“知识沟”将呈扩大而非缩小之势。被称为“知识沟”假说（“knowledge gap” hypothesis）。

关于“知识沟”产生的原因，蒂奇诺等人认为主要有以下几个：一是传播技能的差异。获得关于公共事务与科学的信息，需要一定的阅读理解能力，而社会经济地位高的人一般比社会经济地位低的人教育水平高，这有助于他们对知识的获取。二是信息储备的差异。社会经济地位高的人基于其所受的教育，信息储备得更多，可能对某个问题早有了解，也可能通过以往的媒介接触而对此有更深入的理解。三是社交的差异。社会经济地位较高的人可能有更多的社会联系，有更多的机会对传播内容进行交流和讨论。四是信息的选择性接触、理解与记忆的因素。社会经济地位高的人对公共事务与科学方面的信息更感兴趣。五是大众传媒的性质。在当时，印刷媒介的主要受众教育程度较高，而公共事务与科学信息也主要通过印刷媒介来传播，更符合这部分受众的兴趣与口味。

下图是关于收听美国总统罗斯福一次重要演讲的听众的社会经济地位细分图。图中显示，听众的社会经济地位越低，收听演讲的数量就越少。

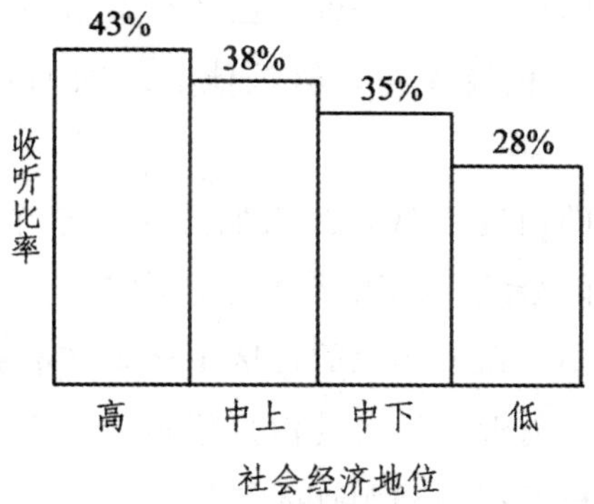

图 8-4：按社会经济地位显示收听罗斯福总统广播演讲的听众①

《芝麻街》是美国一个著名的儿童学前启蒙电视节目，它通过新奇的节目形式和寓教于乐的内容吸引儿童观看，尤其希望帮助贫困家庭的学龄前儿童进行启蒙教育，缩小他们与富裕家庭儿童在学前教育上的差距。1972 年，学者汤姆·库克（Thomas Cook）及其同事对《芝麻街》的节目评估数据进行了分析，并著成《重游〈芝麻街〉》，指出，对于经常收看该节目的人来说，知识沟可能会缩小；家长的文化程度越高，家庭收看该节目的次数越多；在不同经济收入或文化层次的群体之间，试图以《芝麻

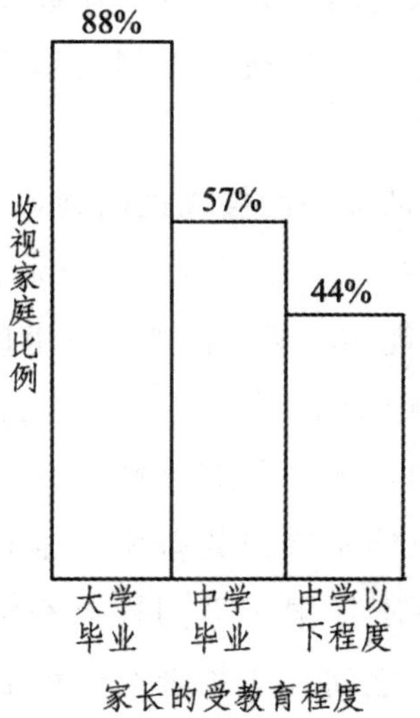

图 8-5：家有 6 岁以下儿童、前 3 个月中收看《芝麻街》节目至少一次的家庭家长的受教育程度（1971 年）②

① 资料来源：［美］沃纳·赛佛林、小詹姆士·坦卡德著，郭镇之等译：《传播理论：起源、方法与应用》，217 页，北京，中国传媒大学出版社，2006。

② ［美］沃纳·赛佛林、小詹姆士·坦卡德著，郭镇之等译：《传播理论：起源、方法与应用》，218 页，北京，中国传媒大学出版社，2006。

街》缩小知识沟极为困难。也就是说，虽然该节目对贫困家庭和富裕家庭的儿童的知识增长都有积极作用，但是他们之间的知识差距不仅没有缩小，反而增大了。

蒂奇纳等人后来的研究发现，当人们感到在某个议题上存在冲突时，对该议题的知识沟可能会缩小；当某个议题对本地人有迅捷和强烈的影响时，知识沟会迅速缩小；在多元化的社区中知识沟有扩大趋向，在同质化的社区中则相反，因为前者比后者的信息渠道和信息内容都更丰富。这些修正是对更多的变量进行控制和调查的结果。

1977 年，学者艾蒂玛和克莱因提出与知识沟假说相反的上限效果假说(ceiling effect)。他们认为，个人对特定知识的追求并非是无止境的，而是存在某一个“上限”(饱和点)。当达到这个上限后，知识量的增加就会减慢乃至停滞。依照这一假说，经济地位高的人获得知识的速度快，上限到来得自然也快，经济地位低的人获取知识的速度慢，但也会通过不断地积累达到上限。一开始，两者之间的确存在着有关某一领域知识的差距，但是，随着两者都达到上限以后，这一差距就不再存在了。所以大众传播不会导致知识沟的扩大，而是导致知识沟的缩小。“知识沟”与“上限效果”假说的提出，反映了人们对信息社会中阶层分化问题的重视。

在学者们的努力下，从知识沟假说提出到现在，已经得到很大的改进与拓展。首先，信息有时会扩大知识沟，有时则会缩小知识沟。在这一过程中，最关键的因素是兴趣或动机。假如有足够的兴趣，尤其是这种兴趣能在群体中得到均衡分配的话，那么信息就有助于缩小知识沟。当然，仅有兴趣与动机是不够的，还必须有接触媒介及信息的机会。其次，因传播而出现的知识沟不纯粹是知识的差距，也有可能涉及人们的态度与行为。最后，这种差距并不局限于不同社会经济地位的人之间，在对政治感兴趣与不感兴趣的人之间，年长者与年幼者之间，同样存在显著的差距。

不过，知识沟假说也遭到了不少质疑。2009 年，韩国学者 Yoori Hwang 和 Se-Hoon Jeong 发表《重访知识沟假说：35 年研究的元分析》一文，对以往有关知识沟假说的 160 篇论文进行了研究，认为：随着大众媒体报道的渗入，社会经济地位高者与社会经济地位低者之间的知识鸿沟会增大的假说并不成立；大众媒体报道量的大小与不同社会经济地位者之间知识鸿沟的相关性，在统计学意义上不具备显著性。①

进入新媒体时代，在数字和网络传媒空间中可能出现的知识沟被学者称为“数字鸿沟”，他们从性别、种族、收入、教育等多种变量的角度考察这一问题，也有不少研究致力于采取什么样的传播技巧和应对措施来缩小数字鸿沟。

二、强大效果论

20世纪70年代以后，传播效果研究重回强大效果时代，但这里的强大效果不是子弹论的重复，而是对适度效果论的发展。这一理论从受众的角度出发，注重探讨媒介间接、潜在、长期的影响，同时将传播过程置于整个社会政治经济环境中，进行多元化的宏观分析。强大效果论中最为著名的是“沉默的螺旋”理论。

1. “沉默的螺旋”主要内容

沉默的螺旋是描述有关舆论生成以及大众传播媒介对其重要影响的理论，由德国传播学者伊丽莎白·诺尔—诺依曼（Elisabeth Noelle—Neumann）于1973年在《重归大众传播的强力观》中首次提出，并于1980年在《沉默的螺旋：舆论——我们社会的皮肤》中给予全面概括。

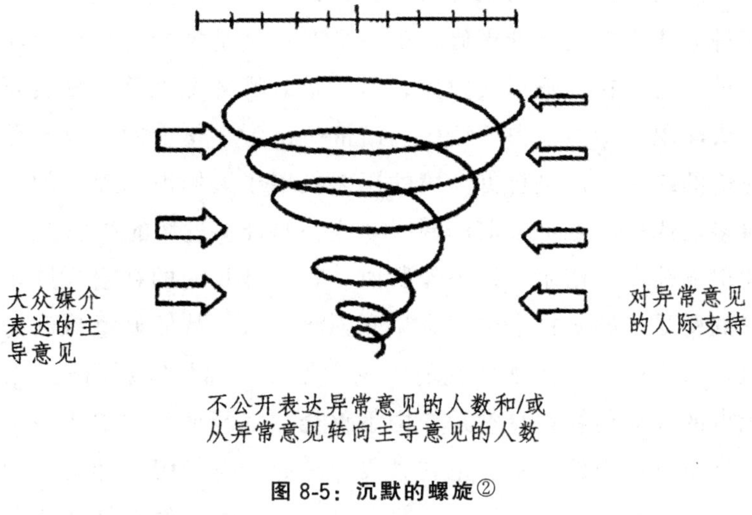

图 8-5：沉默的螺旋②

---

① 陈力丹、陈俊妮：《传播学纲要》（第二版），164页，北京，中国人民大学出版社，2014。

② ［美］沃纳·赛佛林、小詹姆士·坦卡德著，郭镇之等译：《传播理论：起源、方法与应用》，237页，北京，中国传媒大学出版社，2006。

沉默的螺旋理论认为，人类具有“准感官统计”的能力，能够“更敏感地感知到周围环境的不同态度的频次分布和变化情况”①，并据此做出相应的反应。出于对孤立的恐惧，个人在发表意见与表明态度之前，会对身边的意见环境进行观察，以判断自己的意见是否与大多数意见相符。如果发现与大多数意见相反，则会倾向于屈从环境压力而转向“沉默”或者附和多数意见。如果发现自己属于大多数意见，便倾向于积极大胆地表明自己的观点。一方的沉默会造成另一方的意见增势，这就使持多数意见的人似乎越来越多，迫于群体的压力，越来越多持有不同意见的人改变态度，保持沉默或者符合多数意见。这便呈现出一个一方越来越大声疾呼，另一方越来越沉默的螺旋式过程。诺依曼认为，任何“多数意见”、舆论乃至流行或时尚的形成，背后都存在着“沉默的螺旋”机制。

伊丽莎白·诺尔—诺依曼认为，在现代社会，人们主要通过两个方面来判断“意见气候”的状况，也就是所处环境中的意见分布状况，一个是所属的群体，另一个是大众传播。人们大多数情况下主要通过大众传播媒介来感受舆论意见。大众传媒在影响公众意见方面具有强大的效果。大众传播具有累积性、普遍性及协调性三个特质。累积性是指特定的主题或信息随着时间的积累。普遍性指大众媒介的广泛性，协调性是指某个事件或议题的统一画面。这三者的结合对公共舆论产生了巨大的效果。大众传媒能够以三种方式影响沉默的螺旋，第一是对什么是主导意见形成印象，第二是对哪种意见正在增强形成印象，第三是对哪种意见可以发表而不会遭到孤立形成印象。伊丽莎白·诺尔—诺依曼认为，舆论的形成不是社会公众理性讨论的结果，而是意见环境的压力作用于人们惧怕孤立的心理，强制人们对多数或优势意见采取趋同行动这一非合理过程的产物。

正如伊丽莎白·诺尔—诺依曼所说，舆论是我们的社会皮肤，通过对社会皮肤的感受来感知社会主流意见和强势观点，从而调整自己的态度和行为。但是人们通过传播来感受的舆论意见并非都是客观而真实的，“唯恐天下无事的大众传媒在日常运作中不仅会‘本能地’去塑造一种强势的舆论，而且也有很强的力量去把它做成。因此，强势舆论和沉默螺旋的状态，便经常是由媒介塑造和推动，并由媒介和个体观念凑合而成的”②。

“沉默的螺旋”认为舆论的形成是大众传播、人际传播、人们对意见

---

① ［德］伊丽莎白·诺尔—诺依曼著，董璐译：《沉默的螺旋：舆论——我们的社会皮肤》，115页，北京，北京大学出版社，2013。

② 邵培仁：《传播学》（第三版），390页，北京，高等教育出版社，2015。

环境的认知心理三者相互作用的结果，为传播效果的研究提供了新的视角，重新揭示了大众传播的强大效果，成为学者们研究的热点，也引起了一定的争议。

首先，“沉默的螺旋”有一个重要的理论前提，就是“个人对社会孤立的恐惧”，以及由这种对孤立的恐惧所导致的对多数意见的趋同行为。然而，研究显示，这种恐惧并不是绝对的常量，而是一个受到条件制约的变量。前述所罗门·阿什关于从众行为的实验就表明，当群体中出现异议者时，从众的机率就会减少。其次，议题的性质也会影响到受众的趋同行为。对于技术性、程序性的问题，多数意见的压力相对较小，而有关伦理道德、行为规范类的问题，多数意见则会产生较大的社会压力。再次，多数意见的压力程度与社会传统、文化背景也有关系。一个比较传统与保守的社会，多数意见的压力相对更大。再次，个体的差异，比如个性、成长环境与经历、对自身见解的确信程度、议题与自身的利害关系等，都会影响到他对多数意见压力的反应。此外，少数意见中的“中坚分子”（the hard core）可能会以其强烈的意志有力地影响群体中的多数意见。这些都是需要考虑的问题。

随着新技术的不断出现，特别是互联网的出现，“沉默的螺旋”这一理论受到了新的挑战。有学者认为，由于互联网的平等性、匿名性和不受地域的限制，很难对其施加群体的压力，作为支撑该理论的假设，即惧怕被孤立的心理状态也就不复存在，所以“沉默的螺旋”理论也就失去了效用，已经过时。但也有学者认为，尽管如此，“‘沉默的螺旋’理论的核心概念（诸如害怕孤立、意见气候、准感官统计、中坚分子、前卫派等）并未过时，只是其中的内涵发生了改变、注入了新的交往内容，需要根据新的交往环境进行观察、测验并加以修正”①，“沉默的螺旋”在互联网等新媒体的环境中仍然是成立的，同时鉴于网络传播的特点及受众的状况，其表现方式也有相应的变化②：

第一，网络中个体的孤独恐惧感依然存在。

个人害怕被社会孤立而产生行为上的趋同，是一般性的社会心理，不会因为使用媒介的不同而有所变化。网络传播“只是提供给人们机会，以

① 朱珉旭：《当代视域下的“沉默的螺旋”理论的反思》，《国际新闻界》，2014（1），69页。

② 谢新洲：《“沉默的螺旋”假说在互联网环境下的实证研究》，《现代传播》，2003（6），17—22页。

人们渴望的交流方式进行交流，这种想法和冲动是人自身具有的，只不过通过科技手段更容易地实现它们”。正因为网络中个体惧怕孤独，想要和群体联系在一起，才会有这么多网上社区和论坛的存在。“对孤立的恐惧、未来意见的一致性等仍能在网络情境下有效预测表达意愿。”①

第二，群体的压力在网络传播中仍未消失。

调查发现，在一个比较稳定的网络社区，当得知他人知道自己的现实身份时，大多数人表示在对某个问题发表评论时，态度会有所保留。而对于由陌生人组成的网络群体，比如 BBS、论坛自身孕育的群体，经过一段时间以后，成员之间逐步形成分工与协作，有些群体也开始形成自己的群体意识和不成文的规范。如果一个 ID（网络身份）做出了违背大家意愿的事，可能会受到惩罚，甚至封杀。网络空间的群体意识和群体规范同样会对其成员产生与现实中类似的压力和社会孤立恐惧感。一项对大学生 BBS 使用状况和行为方式的调查发现，在网络空间中，当人们发现自己站在多数意见的对立面时，即便清楚地明白他人并不知道自己的现实身份，也有近 40%的被访者表示会对原有观点加以修正。

第三，互联网同样具有营造意见环境的功能。

互联网同样具有营造意见环境的功能。网络舆论可以通过几家强势网站联合对某一新闻进行报道、聘请专家点评、培养本网站的意见领袖等方式引导网民意见，营造意见环境，逐步形成网络舆论。

2. 第三人效果（第三者效果）

第三人效果是由美国学者菲利普·戴维森首先提出的。1983 年，戴维森在《公共舆论季刊》上发表《传播中的第三人效果》一文，指出，人们在判断大众传播的影响力时，常常有一种感知定势，即倾向于认为：大众传媒在向受众传递说服性信息或宣传及负面信息时，对“我”或“你”未必有多大的影响，但却会对“他”（意即他人）产生巨大的影响。由于这种感知定势的影响，大众传播的效果与影响，常常不是在传媒所指向的表面受众中直接发生的，而是通过与他们相关的“第三人”的反应行为实现的，这就是第三人效果。

第三人效果的提出与戴维森的自身经历有关。他曾在第二次世界大战后从事战时档案的整理与研究工作，一位历史学者向他讲述了第二次世界大战中发生的一件事。当时在硫磺岛上驻有一支由美国白人军官率领的黑

---

① 熊壮：《“沉默的螺旋”理论的四个前沿》，《国际新闻界》，2011（11），46 页。

人部队，日军向该岛空投传单，声称这是一场由白人挑起的战争，日本人与黑人之间没有仇恨，劝说黑人不要为白人效力。黑人士兵没有受到传单的影响，然而，不久以后，这支美国部队便主动撤退，原因是白人军官担心黑人士兵会受到日军传单的蛊惑，失去斗志。

20 世纪 50 年代，戴维森致力于研究联邦德国报刊对外交关系的影响。他曾经询问记者，报刊的社论是否会对读者产生重要影响。记者回答说：对你我这样的人影响不大，但对一般读者会产生很大的影响。

另外，戴维森在作为志愿者参加竞选活动时，对方阵营在他的邮箱里塞了竞选宣传材料。戴维森发现以后，认为这些材料虽然对自己没有什么影响，但却可能会对其他选民产生不利影响，因此，他马上在自己的居住地散发了自己阵营的宣传材料。

这些经历，加上戴维森所做的一系列的实证研究，最终促使他提出了第三人效果。此后学者们在电视暴力与色情内容、电视剧、负面新闻、诽谤信息、政治选举、赌博广告、网络色情、恐慌性购买、移民、反恐等方面的研究，也证实了第三人效果的存在。比如，1995 年，学者冈瑟发现，人们倾向于认为色情作品对别人的影响大于对自己的影响，而且显示了最多的第三人效果的被试最支持对色情作品进行限制。1998 年，萨尔文对公众是否支持限制政治宣传运动传播的问题进行研究。研究显示，人们认为，新闻媒介所传播的这些信息对于别人的影响要超过对自己的影响。而且，越是感觉到对别人的影响超过对自己影响的人，越愿意支持对这些竞选宣传活动进行限制。这一研究也证明了第三人效果的两个主要假设，即“感知假设”（人们会觉得某条大众传播的信息对其他人比对自己有更大的效果）和“行为假设”（由于这种感知，人们会采取行动）。因此，我们可以发现，关于第三人效果，事实是人们比自己认为的更容易受到大众媒介的影响。

第三人效果产生的原因与人们的心理共性有关，那就是人们都有低估他人、高估自己的普遍倾向，认为自己更有主见，对大众传播更有抵抗力，更不易受负面信息的影响。同时，正如戴维森所说，“‘第三人效果’不是单一心理倾向的表现，而是一个伴随多种传播类型、个人特征、环境情况的复杂反应”①。

学者们发现，以下一些因素会影响第三人效果的出现及强弱程度：

---

① 郭庆光：《传播学教程》（第二版），226 页，北京，中国人民大学出版社，2011。

（1）信息的性质

人们在面对负面信息时，通常倾向于认为对别人的影响更大，产生第三人效果；在面对正面信息时，则常常会认为信息对自己的影响更大。说服色彩较浓的信息，低可信度信源提供的信息，都更容易引发第三人效果。

（2）社会距离

个人和对照群体的距离越大，“我们”与“他们”的差异越大，第三人效果越明显。比如，“大学生可能估计，反社会说唱的歌词对那些没有上大学的年轻人的影响会超过其他大学生。”①

（3）个人因素

年龄越大，越容易出现第三人效果；教育程度越高，越容易出现第三人效果；在相关领域知识越丰富，越容易出现第三人效果；大众传播的信息与自己的既有立场越不一致，越容易出现第三人效果；与媒介信息所涉及的问题关系越密切，越容易出现第三人效果。

（4）文化因素

在集体主义文化中，第三人效果虽然也存在，但较个人主义文化中的第三人效果为弱。因为集体主义更强调个人与他人之间的联系，这会让人以为自己与他人的差异不大。

3. 电视暴力对行为产生的效果

媒介对各种暴力行为的报道产生的影响和效果一直是传播学研究的重点，特别是当一种新的媒介广泛介入人们生活时，人们往往担忧其中关于犯罪、暴力的内容会对人的行为产生不良影响。早期是对报纸和电影暴力影响的研究，当电视广泛普及后，电视暴力的研究在很长一段时间内都是研究的重点，产生了很多研究成果。

关于电视暴力对受众行为产生的效果有很多假说，有代表性的是净化假说、模仿假说、免除抑制假说三种。

净化假说指出，观看电视暴力内容是对受众暴力倾向的替代性表达和无害型释放，通过这种方式能够降低现实中实施暴力的冲动。

模仿假说认为，受众会从电视中学习暴力行为，然后在现实社会中进行模仿。1998年沃特勒等人提出用社会学习论、“优先”效果论和剧本理

---

① ［美］沃纳·赛佛林、小詹姆士·坦卡德著，郭镇之等译：《传播理论：起源、方法与应用》，239页，北京，中国传媒大学出版社，2006。

论这三个基本理论模式来描述学习与模仿电视暴力的过程。根据班杜拉（Alber Bandura）的社会学习论，儿童从媒体上学到哪些行为受到褒奖，哪些受到惩罚。然而，媒体的大部分暴力行为并未受到惩罚甚至获得嘉奖，受众特别是儿童将会从中习得关于暴力行为的扭曲认知；根据优先效果论，当人们观看暴力时，暴力通常会优先于其他想法或标准，从而导致现实生活中暴力倾向的增加；根据休斯曼（Huesmann）的剧本理论，剧本告诉人们如何对事物做出反应，因此人们的社会行为受到剧本控制，而电视暴力则被编码在“剧本”之中，因此，具有进攻性的剧本会导致真实的暴力。

免除抑制假说认为，电视暴力降低了人们现实中对暴力行为的自我抑制，即观看暴力内容使人们对此产生麻木并放宽了对暴力的容忍程度，使受众倾向于认为现实中的暴力成为一种可以接受的方式。

关于上述三种假说，在数以百计的研究中，只有极少数的研究支持净化假说，多数研究支持模仿和免除抑制假说。

当然，电视暴力并非是受众现实中实施暴力行为的唯一影响因素，观看电视暴力的受众也并非都会变得具有暴力倾向，但是，大多数的研究成果却证明，电视暴力确实对受众尤其是青少年的行为产生了消极影响，两者之间存在着正相关的关系。

4.《伟大的美国价值观测验》

1984年，鲍尔—罗基奇（Sandra Ball · Rokeach）、弥尔顿 · 罗基奇（Milton Rokeach）和格鲁伯（Joel Grube）进行了一项名为《伟大的美国价值观测验》的研究，结果证明电视可以改变观众的态度、他们对基本价值观的排名以及参与政治性行为的意愿。

这些研究者制作了一个半小时的名为《伟大的美国价值观测验》的电视节目。在节目中，主持人讨论了一些评估美国人民价值观的舆论调查结果，然后向观众指出了某些被评估的价值观之间的不一致。比如“自由”被公众列为第3位，“平等”被列为第12位，“舒适的生活”价值观排位也比“美丽的世界”价值观要高得多。主持人对这种排列的意义进行了质疑，并暗示人们可能更关心自己，而不是别人或外部世界。华盛顿东部的三城地区作为实验组，由三大电视网络同时播出该节目。120公里外的亚基马城则作为控制组，在这里，该节目被遮盖。

节目播出之后，研究小组到三城地区与亚基马城进行调查，请受访者对18种基本价值观打分并表达在种族主义、性别歧视和环境保护方面的个人态度，并在节目播出后的第 8 周、第 10 周和第 13 周对被试者提出为三个公益项目寄钱的请求。结果显示，观看过《伟大的美国价值观测验》节目的受访者明显改变了自己的价值观，比如“平等”和“美丽的世界”的排名上升了，更加反对种族和性别歧视，更加支持环境保护。而且，观看过该节目的三城区受访者比亚基马城的受访者寄给公益项目的钱更多，中途没有中断收看节目的观众比中断收看的人捐的钱更多。由于这项实验是在现实环境而非实验室模拟环境下完成的，因此其研究成果无疑更具有说服力。

5. 电视和公民参与的下降

美国社会学家普奈姆（Putnam）在 20 世纪 90 年代做过一项研究。他指出了 20 世纪 60 年代以来美国在社会资本（网络、规范、对公民社会的社会信任）方面的低落。这种低落明显地表现为美国民众在投票、参加政治集会、去教堂甚至参加保龄球等方面人数的下降。在分析这种公民参与人数下降的原因时，普奈姆认为主要的嫌疑因素是电视。他的研究显示，看电视跟社会信任和群体成员身份存在很强的负相关，看电视的时间和次数越多，人们对公民社会的社会信任度越低，越不认同自己的群体成员身份。普奈姆还发现，在所有的教育层次上，经常看报纸的人更有可能成为参与者，而经常看电视的人更有可能成为孤立者。这项研究也证明了传播的另一种强大效果，也就是看电视会降低人们参与社区组织和其他群体的意愿。①

进入 20 世纪 90 年代以后，新媒体的飞速发展与新技术的日新月异，使得媒介环境发生了新的变化。学者传播效果的研究也有了新的转向。就时代发展的趋势来看，今后的传播效果研究仍“将趋向于强力效果论，即广义上的强效果论”②。

第三节　传播效果的影响因素

在文化传播过程中，从传播者发出信息到受众接受信息，中间存在着众多环节，每个环节或因素都可能会直接或间接地影响到传播效果的达

① ［美］沃纳·赛佛林、小詹姆士·坦卡德著，郭镇之等译：《传播理论：起源、方法与应用》，230 页，北京，中国传媒大学出版社，2006。

② 胡正荣、段鹏、张磊：《传播学总论》（第二版），243 页，北京，清华大学出版社，2007。

成。因此，对传播者而言，了解传播效果的影响或制约因素，进而采取适当措施改进传播策略，是十分必要的。

一、传播者与传播效果

传播学者孟德森曾指出，大多数失败的传播活动，主要缺失多在于传播者——讯息的制作者和发出者，而不是在传播内容或受众身上，说明了传播者对传播效果产生的重要影响。作为文化传播的主体，传播者在信息的采集、筛选、加工、传递中所起的作用，以及传播者的权威性、可信性、接近性、熟知性、悦目性等因素，都与传播效果的发生和形成有着密切的联系。

二、传播技巧与传播效果

传播技巧对传播效果有着重要的影响，众多实验也证明传播技巧是传播效果的重要变量。所谓传播技巧，就是在传播活动中为有效达到预期效果而采取的策略。主要的传播技巧有一面提示和两面提示、首因效应和近因效应、明示法和暗示法、诉诸理性和诉诸感情、激发向往与唤起恐惧等。

（一）“一面提示”与“两面提示”

人们在对某些存在对立因素的问题进行说服或宣传之际，通常会有两种做法：一种叫作一面提示，是指传播者仅仅向被说服对象提示自己一方的观点，以及对自己有利的相关材料。这种方法论旨明快，简洁易懂，可以集中阐述自身的观点，但也有可能使说服对象产生心理上的警觉与抵抗。另一种做法叫作两面提示，是指传播者在向被说服对象提示自己一方的观点以及有利材料的同时，也提示对立一方的观点以及不利于自己的材料。这种方法会给人一种公平的感觉，但是由于同时提供对立双方的观点，可能会使受众的理解难度增加，如果掌握不好，可能反而会造成为对方做宣传的结果。那么，在说服与宣传过程中，这两种方法哪一种能够起到更好的效果呢？

第二次世界大战后期，德国已经投降，日本还在负隅顽抗。美国军队担心士兵因此而放松警惕，以为接下来与日本的战斗会比较容易地结束，于是社会心理学家霍夫兰及其同事以“美国对日本的战争还要持续多久”为题，做了一项有关一面提示与两面提示的著名实验，对这两种方法的有效性进行了比较。

首先，霍夫兰针对当时德国投降后美军士兵中广泛存在的速胜心理制作了两种宣传广播稿。第一种宣传稿为一面提示，强调了对日作战的困难性，如日军的规模和实力、日本民族的凝聚力等。第二种宣传稿为双面提示，增加并回应了相反的观点，也就是日军不利于持续作战的因素，比如日本是弹丸岛国资源有限、德国投降后日本已陷入孤立等。这两种宣传稿都认为打败日本还需要两年时间，以说服美军士兵确立持久战的信念。然后，他们先给受试士兵做了关于对日战争可能持续时间的问卷调查，继而将600名士兵分成三组，一组接触一面提示的宣传稿，一组接触双面提示的宣传稿，另一组则作为控制组，不给予任何内容提示，观察他们在自然条件下的态度变化。最后，让三组士兵重新接受关于对日战争持续时间的调查问卷。

结果表明，在第一组与第二组中，赞同对日作战尚需一年以上的人分别由37%和38%增加到59%，而第三组则没有什么变化，这说明一面提示与两面提示都有比较好的效果。经过进一步的分析，霍夫兰发现，当被试原来的态度与传播材料一致时，一面提示的效果要好于两面提示；当被试原来的态度与传播材料不一致时，两面提示的效果要更好一些。当被试的文化水平比较低时，一面提示的效果要好于两面提示；而当被试的文化水平比较高时，两面提示的效果更好一些。

1953年，拉姆斯丁和贾尼思的实验验证并拓展了霍夫兰的研究。他们进行了一项与霍夫兰的实验基本相同的“苏联能否制作原子弹”的实验，不同的是这次加入了反宣传材料，也就是使实验对象接触对立观点的宣传，目的是为了比较一面提示法与两面提示法的说服效果的持续性与稳定性。

研究人员制作了一面提示与两面提示的材料，均持苏联至少在五年内不可能大量生产原子弹的观点。一面提示材料认为，苏联人缺少一些关键机密，缺乏相应的工业等。两面提示则在此基础上提及苏联在西伯利亚有铀矿，在那里聚集了最好的科学家等内容。在发布这两则材料之前，研究者先给被试发放调查问卷以了解他们的观点。一周以后，又由一个不同的传播者向各组之中一半的人传播完全相反的观点，说苏联可能已经发明了原子弹，并将在两年内大量生产原子弹，还举出了一些新的论据。所有这些消息都以录制广播节目的形式放给被试听。最后，研究人员再向所有被试发放调查问卷，了解他们的观点。

结果表明，虽然从单纯比较来看，一面提示和两面提示没有明显的优劣之分，但在接触到反宣传之后，原先接受一面提示实验的人几乎都受到相反观点的影响（持赞成态度者由 64%降为 2%），而那些接受两面提示实验的人态度却没有明显变化（持赞成态度者由 69%降为 61%），即两面提示有助于增强对反宣传的抵抗力。对此，拉姆斯丁认为，两面提示中包含的相反的观点就像引发人类免疫力的病毒一般，而两面提示就像事先接种牛痘疫苗一样，能够使人在以后遇到对立观点宣传时具有较强的抵抗力。这种效果被称为“免疫效果”或“接种效果”。

后来，麦奎尔等人对免疫效果又进行了系统的研究。他们制作了关于常识性意见的两种材料，一种是支持和解释常识性意见的，一种是反对常识性意见和批驳这些反对性意见的。两组被试分别接受两种材料，之后再接触反对常识性的意见的宣传，结果表明后一种材料的接受者态度的改变小于前一种材料的接受者，因为后者已经接受“预防接种”，产生了免疫效应。麦奎尔等人提出，人们有许多没有经过考验的信念，这些信念在遇到对立观念时往往十分脆弱，就像在无菌环境里成长的人体容易感染细菌一样。在医学领域，增强人体抵抗力主要有两种方法，一是滋补法，如注意饮食营养，锻炼休息等；二是接种法，即有意识地接触弱化形式的细菌，增强人体的抵抗力。在传播学领域，也可以借用这两种方法。毛泽东曾将接种法称为“种牛痘”，“为什么要种牛痘？就是人为地把一种病毒注到人体里面去，实行‘细菌战’，跟你做斗争，使你的身体里头产生一种免疫力。发行《参考消息》以及出版其他反面教材，就是‘种牛痘’，增强干部和群众在政治上的免疫力”。[①]

1998 年，艾伦对有关一面提示与两面提示问题的 70 个研究进行了分析，发现：由于包含了对反面观点的有力反驳，两面提示的讯息在不同的情况下说服效果都比较好，即使是起初持赞成观点的人，也会因为两面提示而获得对反面说服的“免疫效果”，并且会更加坚定地支持原来的观点。

（二）首因效应与近因效应

首因效应也称为第一印象作用，或先入为主效应。“最先出现的信息最具说服力。第一印象很重要”[②]。首因效应，是指个体在社会认知过程中，通过“第一印象”最先输入的信息对客体以后的认知产生的影响与作

① 《毛泽东文集》第 7 卷《在省、市、自治区党委书记会议上的讲话》，196 页，北京，人民出版社，1999。

② ［美］戴维·迈尔斯著，侯玉波、乐国安、张智勇等译：《社会心理学》（第八版），191 页，北京，人民邮电出版社，2006。

用。也就是说，人们根据最初获得的信息所形成的印象不易改变，甚至会左右对后来获得的新信息的解释。近因效应与首因效应相反，是指在总体印象形成过程中，新近获得的信息比原来获得的信息影响更大的现象。首因效应和近因效应的产生与人的记忆机制和记忆心理有关，据研究，人们在记忆材料时，存在着“系列位置效应”。例如，在学习一系列没有关联的单词时，人们会更容易记住头几个单词（首因效应），以及最后几个单词（近因效应），而对中间部分的单词记忆比较差。[①]

阿什曾对首因效应进行了研究。他用六个形容词来描述一个假想的人，按照不同的顺序来排列：

约翰聪明，勤奋，做事冲动，爱挑剔，顽固而且忌妒心很强。

约翰忌妒心强，顽固，爱挑剔，做事冲动，勤奋而且很聪明。

阿什将这些句子呈现给纽约的大学生，一组被试阅读第一种顺序的描述，另一组阅读第二种顺序的描述，然后让他们对这个假想出来的约翰进行评价。结果表明，第一组对约翰的积极评价要多于第二组的大学生，说明人们对事物的印象和认知受到先接触信息的影响更大。

琼斯等人的实验再次验证了首因效应，他们让被试者对两个人完成一项测试的过程进行观察。第一个人在开头几个项目上完成得很好，然后成绩持续下降。第二个人在开头几个项目上完成得很糟糕，但后来成绩稳定上升，最终两个人都答对30个测试项目中的15个。然后，研究者要求被试对两个人的智力进行评定，并预测他们在下一项测试中的成绩。结果显示，尽管这两个人的测试成绩相同，但是被试却认为第一个人更聪明，并预测他将在后面的测试中取得更好的成绩。

美国心理学家卢钦斯虚构了一个叫作吉姆的学生的两段生活材料：

第一段生活片段：吉姆走出家门去买文具，他和他的朋友一起走在充满阳光的马路上，他们一边走一边晒太阳。吉姆走进一家文具店，店里挤满了人，他一面等待着售货员对他的注意，一面和一个熟人聊天。他买好文具向外走的途中遇到了熟人，就停下来和朋友打招呼，后来告别了朋友就走向学校。在路上他又遇到了前一天晚上刚认识的女孩子，他们说了几句话就分手了。

第二段生活片段：放学后，吉姆独自离开教室出了校门，他走在回家

① ［美］理查德·格里格、菲利普·津巴多著，王垒、王甦等译：《心理学与生活》，204页，人民邮电出版社，2003。

的马路上，路上阳光非常耀眼，吉姆走在马路最阴凉的一边，他看见路上迎面而来的是前天晚上遇到过的那个漂亮女孩。吉姆穿过马路走进了一家饮食店，店里挤满了学生，他注意到那儿有几张熟悉的面孔，吉姆安静地等待着，直到引起柜台上服务员的注意之后才买了饮料，喝完之后他就回家了。

卢钦斯将被试分为四组，第一组按照第一段、第二段的顺序看材料，第二组按照第二段、第一段的顺序看材料，第三组只看第一段，第四组只看第二段。实验结果再次证明了首因效应。第一组被试中有78%的人认为吉姆是友好的，第二组中只有18%的被试认为吉姆是友好的，第三组中认为吉姆是友好的被试有95%，第四组只有3%的被试认为吉姆是友好的。

之后，卢钦斯做了进一步的研究。他在两段文字之间插入某些其他活动，如做数学题、听故事等，结果发现大部分被试会根据新插入活动的信息对吉姆进行判断，也就是说，最近获得的信息对他们认知和印象的形成起到了更大的影响作用，显示出很强的近因效应。

米勒和坎贝尔给西北大学的学生观看一份缩简过的民事诉讼文件。一组材料是原告的证词与观点，另一组材料是被告的证词与观点。学生们都要阅读这两份文件。一个星期后，当要求他们表明立场时，大部分人都站在他们首先阅读的那组文件一方。这个实验证实了首因效应的存在。米勒和坎贝尔又利用这两组材料做了另外一个实验。他们找来一些学生阅读了其中一组证词，一周以后，研究者又让他们阅读了另外一组证词，并且要求他们立即表明立场。结果跟前面的实验正好相反，证实了近因效应的出现。

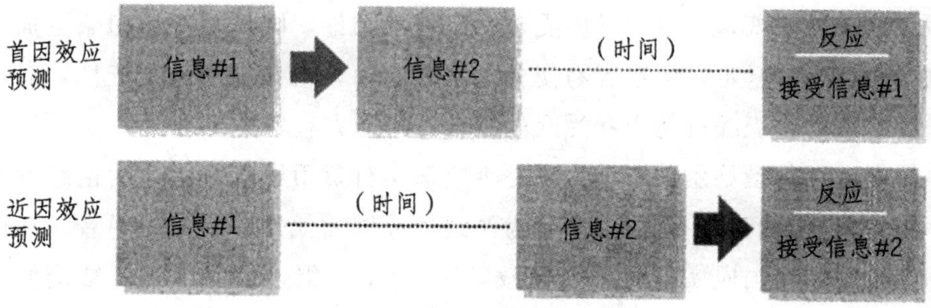

图 8-6：首因效应与近因效应①

① 资料来源：[美]戴维·迈尔斯著，侯玉波、乐国安、张智勇等译：《社会心理学》（第八版），192 页，北京，人民邮电出版社，2006。

因此可知，“如果两种信息接连出现，并且听众经过一段时间后再做反应，那么首先出现的信息最有利（首因效应）。如果两种信息在时间上是分离的，而要求听众在听完第二种信息后立即判断的话，那第二种信息最有利（近因效应）”[①]。个性特点也会影响首因效应或近因效应的发生。一般心理上开放、灵活的人容易受近因效应的影响，心理上保持高度一致，具有稳定倾向的人，容易受首因效应的影响。个体的社会经历、社交经验的丰富程度也会影响到首因效应或近因效应。如果个体的阅历深厚、社会知识充实，则会将首因效应的作用控制在最低限度。

关于首因效应与近因效应究竟哪个更有效，学者们尚没有一致的看法。一种认为把重要的论据放在前面效果较好，一种则认为放在结尾更好。霍夫兰发现，负面信息放在前面会产生重要影响，因为其负面效果很难消除。此外，对于缺乏认知动机的受众，首因效应的效果较好，但对于认知需要很高的受众，两者差异却并不大。还有研究发现，近因效应对于长期说服效果会衰减，但是对短期说服来说，效果较好。另外，在公开场合宣布同意过某个意见的人和没有公开宣布的人相比，不太容易改变观点。

（三）明示法与暗示法

明示法是指在信息的加工过程中，传播者将所要传播的中心思想或基本内容做出明确的表达。明示法主旨鲜明，易于理解，但却容易引起受众的警觉与反感。明示法是大众传媒普遍采取的传播技巧，对于重大事件或复杂问题，传媒一般会明确表明观点和态度，比如报纸、电视节目中的评论。暗示法则是指传播者进行含蓄的表达，让受众自己得出结论。这种说服方法比较隐蔽，通过引导使受众自己得出结论，因而受众的印象更加深刻，态度更加坚定，但也容易使文章主旨隐晦，增加理解的困难性，对传播者内容的组织编排能力和受众的推导理解能力有较高要求。

霍夫兰与曼德尔曾以“美国是否应该实行货币贬值政策”为论题做了一项实验。他们将一些大学生分为两组，分别向他们播放演讲录音。演讲的主旨是“美国应实行货币贬值政策”，对第一组，采取了明示结论的做法；对第二组，则只是提供了判断材料，而不给出结论。结果显示，前者的说服效果好于后者。然而，这次实验并不能说明明示法一定好于暗示

---

① ［美］戴维·迈尔斯著，侯玉波、乐国安、张智勇等译：《社会心理学》（第八版），192页，北京，人民邮电出版社，2006。

法。因为论题的复杂程度、受众的受教育程度等，都可以影响到说服的效果。

研究显示，对于重大或比较复杂的事件和问题，更宜采用明示法；在受众的文化水平和理解能力比较低的场合，应该明示；传播者的目的在于劝服的，其基本观点宜明示。而在受众文化水平较高、有能力充分理解论旨的场合，暗示的效果则更好。暗示法对传播内容的要求较高，需要有严密的逻辑，可以使受众顺利地推导出传播者所欲传递的结论。同时，受众需要有一定的文化素养，具有较高的理解力和判断力。

明示法和暗示法各有自己适用的情景和条件，对应不同的问题和面对不同的受众，传播者应该灵活运用或组合应用。

（四）诉诸理性与诉诸感情

进行传播活动时用什么方式打动受众，也是影响传播效果的重要因素。对此，主要有两种做法。一种是“诉诸理性”，即传播者通过向受众摆事实、讲道理的方法，以求达到期望的传播效果；一种是“诉诸感情”，即通过营造某种气氛或使用感情色彩强烈的言辞来感染受众。

一般而言，这两种方法所导致的效果并不完全相同。1936年精神分析学家哈特曼（H. H. Hartman）曾对这两种方法的有效性做过比较。他利用德国议会选举的契机，制作了两种号召选民支持社会党的宣传小册子。一种以介绍政纲为主，试图以政策的合理性来说服选民，也就是“诉诸理性”法。另一种采取“诉诸感情”法，强调如果社会党失败，德国会陷入可怕的危机。哈特曼选择了三个选区，一个散发“诉诸理性”的小册子，一个散发“诉诸感情”的小册子，第三个作为控制组，不散发任何小册子。结果显示，进行“诉诸感情”传播的选区的传播效果高于进行“诉诸理性”的选区的说服效果，没有进行说服的选区的效果最差。竞选活动结束后一个多月，哈特曼再对选民进行调查，发现“诉诸感情”的选区已经不太记得清楚宣传材料的内容，而第二个选区的选民则对宣传材料记得比较清楚。这项研究说明，“诉诸感性”在短期内对人们态度的影响效果明显，但不持久，“诉诸理性”虽然短期内对人们态度的影响不强烈，但对认知的影响能够持续较长时间。此外，包括以霍夫兰为代表的一批学者对诉诸理性和诉诸感性进行了众多研究，发现受众的性格、经历、文化水平不同，传播效果受理性宣传和感性宣传的影响也不一样。

一般情况下，文化水平与心理发展水平较低的受众，要比文化水平与心理发展水平较高的受众，更宜采用“诉诸感情”法；传播对象对传播者所分析的问题不感兴趣，或者知之甚少，甚至全然不知，更宜使用“诉诸感情”法；传播的目的是通过比较稳定的影响使接受者形成某种共同的定向和相对固定的立场，并长久保持，更宜使用“诉诸理性”法；为了形成暂时的、当时所需要的态度，也就是想立即见效（如选举哪位代表，就某个问题做出表决等）等，比较适宜使用“诉诸感情”法；受众对传播者所论述的问题非常关心，有很大兴趣，并有亲身感受或部分了解的情况，比较适宜“诉诸理性”法。总之，这两种方法的有效性因人、因事、因时而异，需要具体问题具体分析。在传播活动中，将二者相结合，晓之以理，动之以情，可以起到较好的传播效果。

（五）激发向往与唤起恐惧

一个人态度和行为的改变，往往是为了满足自身的某种需求。所以，为了获得预期的传播效果，可以采用激发向往的方式让受众对改变态度后自身需要的满足充满期待，也可以采用唤起恐惧的方式让受众对不改变态度的后果产生恐惧。

激发向往的方式就是在传播的过程中，让受众了解接受所宣传的态度对自身能够带来积极的结果，激发他们对这个结果的向往，从而促使他们改变态度。比如政府新政策的推行、医疗卫生机构对于健康生活方式的推广、环保组织对于可持续发展理念的宣传等，往往都会采用激发向往的方式，其中最为典型的就是每天大量出现在各种传播媒介上的广告，它们用激发向往的方式，让人们对使用某种化妆品、食用某种食品、驾驶某种汽车、配备某品牌手机等之后的生活改变产生期待，从而使人们发生态度的改变并实行购买行为。当然，采用激发向往手段进行宣传时，应该实事求是，不能脱离现实而夸大某种结果或前景，使人们产生过分向往后又失望于现实，这可能会产生极大的负面影响。

在传播过程中，还有一种常用的方法，叫作诉诸恐惧法，或者叫作“敲警钟”法，意图唤起受众的危机意识和恐惧心理，促成他们的态度和行为向传播者所期望的方向发生变化。比如，用吸烟的危害告诫受众要远离烟草，用车祸事件提醒人们注意交通安全。尽管大家基本都认同唤起恐惧有助于劝服效果的产生，但是唤起多大程度的恐惧、夹杂多大程度的威胁成分更为有效却存在很大争议。

霍夫兰的学生贾尼斯曾以保护牙齿为主题研究了不同程度的恐惧诉求的效果。他将被试分为四组，其中三个组分别接受轻度、中度、重度三种恐惧诉求信息，第四组作为控制组，只是接受了一个关于人类眼睛与功能的讲座。在轻度恐惧诉求信息中，图解采用了X光片和素描，显示蛀牙洞，但所使用的相片表现的都是健康的牙齿。中度恐惧诉求的信息显示的是轻微损坏的牙齿和口腔疾病。强烈程度的恐惧诉求中，显示的是齿槽溃烂的彩色图片，并且还包括“这可能发生在你身上”的恐吓。研究显示，重度诉求所造成的心理紧张效果最大，其次是中度，最后是轻度。然而，在引起受众态度与行动的变化方面而言，以轻度诉求最佳，中度次之，最后是重度。这或许是因为过度的恐惧会引发心理不适，从而容易引起自发的防卫性反应所致。

社会心理学家霍华德·利文撒尔（Howard Leventhal）等人的实验则证明最强烈的恐惧唤起是最有效的。他以劝服人们接种破伤风疫苗为题组织了一群大学生进行实证研究，其中向第一组学生展示了破伤风的发病过程、严重病症和后果；向第二组学生介绍了破伤风的基本病情；向第三组学生宣传接种破伤风疫苗的种种好处。实验结果显示，第一组接受了夹杂最多恐惧信息的学生态度的改变最多，接受疫苗接种的比例最高。研究者据此认为，受众感到的恐惧越大，传播的效果越大。

还有学者认为，恐惧程度太大或太小都不利于态度的改变，而以中等程度的恐惧最为有效。唤起的恐惧过小，难以引起对象的警醒，过大又可能使受众过于害怕而失去对策，从而回避、拒绝这则唤起其恐惧的信息。

有研究认为，恐惧诉求是否有效的关键不在于恐惧诉求的强弱，而在于接受者是否认为讯息中所推荐的行为可以解决威胁。这种认为威胁可以被控制的感知被称为“功效”。韦特认为，面对恐惧诉求，受众先会进行威胁评估，然后进行功效评估。如果信息与个人无关或不严重，恐惧诉求将不会有多大效果。如果与个人密切相关且威胁严重，受众将会产生恐惧感，从而进行功效评估。功效评估会导致受众采取危险控制与恐惧控制两种对策。如果受众认为消除威胁的建议容易操作且行之有效，受众就会接受这些建议。如果该建议执行起来太困难、太花时间、成本太高、效果不好，那么恐惧控制就会占据主导地位，人们会通过防御性的逃避或抵抗来降低恐惧感。“只有在让人们意识到威胁的严重性和可能性的同时告诉他们一个解决的方法，那么唤起恐惧心理的信息才会更加有效。”①

① [美]戴维·迈尔斯著，侯玉波、乐国安、张智勇等译：《社会心理学》（第八版），189页，北京，人民邮电出版社，2006。

三、受众与传播效果

传播效果的产生最终取决于受众的反应。然而，受众是千差万别的，他们的个性特点、智商、群体归属等属性，使他们在面对同一个传播者、同样的传播技巧、同样的讯息时，可能会有不同的反应。

受众的个性特征会影响传播效果的形成。研究者将一个人容易接受或难以接受说服信息的个性倾向称为可说服性。研究显示，可说服性与特定主题有关，比如一个人在某些话题上容易接受他人意见，在另一些问题上则可能不容易被说服。可说服性与说服的形式有关，有的人容易接受道理说服，有的人容易接受周遭气氛的感染，还有的人容易接受诱导式的说服等。可说服性与自信程度有关，自信心越强，可说服性越低。另外，受众个人的智力因素、自尊心、对事物与活动的参与及牵涉程度、对原有态度的执着程度等，都是影响说服效果的不可忽视的因素。

受众的群体归属感也会影响传播效果的形成。在现实生活中，许多看起来似乎完全出于个人决定的行为，实际上在很大程度上受到内在化的“群体”即群体规范的影响。受众的群体归属感和群体规范不仅影响着受众对媒介和内容的“选择性接触”，也影响着他们对观点的接受。

在传播效果的形成过程中，意见领袖对于一般受众也有着极为重要的影响。这一点已经为拉扎斯菲尔德等学者的研究所证实。

四、其他因素

除了传播者、传播技巧、受众与传播效果有着密切的关系外，传播效果还受到传受关系、传播渠道、传播内容、社会环境等多种因素的影响。

（一）传受关系

传受关系是指传播过程中传播者与受传者之间的关系，直接影响传播活动的水平和传播的效果。在传播活动中，传播者与受众的关系可能比较协调，也可能存在较大的心理距离，甚至存在心理上的逆反和对抗。良好的传受关系的建立与传播者和受众双方的理念、态度、素质、行为方式等都有密切的联系。

从传播者的角度来讲，传播者要有社会责任意识，不能片面追求经济利益，要牢记服务社会、传播积极文化、正确引导受众的责任，这样才能获得受众的认同和尊重；传播者在服务受众的同时，要正确对待受众的需求，在满足其符合社会规范的适当需求的同时，抑制其不符合社会规范的需求，并进一步引导受众对高层次文化的向往；传播者要平等地对待受众，尊重受众的权利。从受众的角度来讲，要确立正确的信息接受态度，积极地参与到传播活动中去，建立与传播者的良好传受关系。

（二）传播内容

取得良好传播效果的关键在于信息内容本身。再权威的传播者，再好的传播技巧，如果没有质量过硬的内容，也没有办法取得好的传播效果。因此，传播者要在保证传播内容正确与真实的基础上，加强内容的吸引力与感染力，并以恰当的方式对信息内容进行编排，以吸引受众的兴趣。

（三）社会环境与文化背景

传播效果的产生与传播环境也是分不开的，文化传统、舆论环境等都会影响传播效果。比如，电影史上有不少电影因为宗教和意识形态问题在某些国家和地域遭到禁播、抵制或引起争议。再如，有的对外宣传品“讲我们的下乡知识青年如何艰苦创业，人在水田里拉犁。这在我们看来是艰苦奋斗，但拿到外国去看，就会觉得知识青年、知识分子在中国就是不值钱，太可怕了”。（《朱穆之论对外宣传》）[①] 同样的信息内容，在不同的文化中引起的反应是不一样的，取得的效果自然也有所不同。

总之，传播效果的形成与传播者、传播技巧、传播内容、传播技术、受众、传受关系、社会环境等因素密切相关，是多种因素交互作用的结果，也是一个非常复杂的过程。传播效果并非简单地随传播者的意志而转移。分析和认知传播效果的影响和制约因素，对于传播者改进传播策略，增强传播效果，具有积极意义。

① 关世杰：《中国跨文化传播研究十年回顾与反思》，《对外传播》，2006（12），35页。

主要参考文献

专　著

1.《中国文化产业学术年鉴1979—2002年卷》，济南，山东大学出版社，2009。

2.《中国文化产业学术年鉴2003—2007年卷》，济南，山东大学出版社，2009。

3.《中国文化产业学术年鉴2008年卷》，北京，文化艺术出版社，2009。

4. 邵培仁：《传播学》（第三版），北京，高等教育出版社，2015。

5. 郭庆光：《传播学教程》（第二版），北京，中国人民大学出版社，2011。

6. 胡正荣、段鹏、张磊：《传播学总论》（第二版），北京，清华大学出版社，2008。

7. 陈力丹、闫伊默：《传播学纲要》，北京，中国人民大学出版社，2007。

8. 李彬：《传播学引论》（第三版），北京，高等教育出版社，2013。

9. 林坚：《文化学研究引论》，北京，中国文史出版社，2014。

10. 陈华文：《文化学概论新编》（第二版），北京，首都经济贸易大学出版社，2013。

11. 陈建宪：《文化学教程》（第二版），武汉，华中师范大学出版社，2011。

12. 庄晓东：《文化传播：历史、理论与现实》，北京，人民出版社，2003。

13. 庄晓东：《传播与文化概论》，北京，人民出版社，2008。

14. 周鸿铎：《文化传播学通论》，北京，中国纺织出版社，2005。

15. 吴格言：《文化传播学》，北京，中国物资出版社，2004。

16. 沙莲香主编：《传播学：以人为主体的图象世界之谜》，北京，中国人民大学出版社，1990。

17. 刘海龙：《大众传播理论：范式与流派》，北京，中国人民大学出版社，2008。

18. 孙英春：《跨文化传播学》，北京，北京大学出版社，2015。

19. 庞朴：《文化的民族性与时代性》，北京，中国和平出版社，1988。

20. 司马云杰：《文化社会学》，北京，中国社会科学出版社，2001。

21. 陈力丹、陈俊妮：《传播学纲要》（第二版），北京，中国人民大学出版社，2014。

22. 风笑天：《社会学研究方法》（第三版），北京，中国人民大学出版社，2009。

23. 钟义信：《信息科学原理》，北京，北京邮电大学出版社，2002。

24. 辞海编辑委员会：《辞海》（第六版），上海，上海辞书出版社，2009。

25. 马克思、恩格斯：《马克思恩格斯全集》，北京，人民出版社，1960。

26. 毛泽东：《毛泽东文集》，北京，人民出版社，1999。

27. 刘向著，向宗鲁校证：《说苑校证》，北京，中华书局，1987。

28. 陈鼓应、赵建伟注释：《周易今注今译》，北京，商务印书馆，2005。

29. 何宁：《淮南子集释》，北京，中华书局，1998。

30. 徐元诰撰，王树民、沈长云点校：《国语集解》，北京，中华书局，2002。

31. 李延寿：《北史》，北京，中华书局，1974。

32. 欧阳修：《归田录》，北京，中华书局，1981。

33. 曹越主编，孔宏点校，蕅益著述：《明清四大高僧文集·灵峰宗论》，北京，北京图书馆出版社，2005。

34. 鲁迅：《鲁迅全集》，北京，人民文学出版社，2005。

35. 林耀华主编：《民族学通论》，北京，中央民族大学出版社，1997。

36. 傅铿：《文化：人类的镜子——西方文化理论导引》，上海，上海人民出版社，1990。

37. 梁漱溟：《中国文化要义》，上海，学林出版社，1987。

38. 梁启超：《饮冰室合集》，北京，中华书局，1989。

39. 居延安：《信息·沟通·传播》，上海，上海人民出版社，1986。

40. 戴元光：《传播学研究理论与方法》，上海，复旦大学出版社，2004。

41. 匡文波：《新媒体概论》（第二版），中国人民大学出版社，2015。

42. 石磊：《新媒体概论》，中国传媒大学出版社，2009。

43. 李良荣：《网络与新媒体概论》，北京，高等教育出版社，2014。

44. 刘行芳：《新媒体概论》，北京，中国传媒大学出版社，2015。

45. 林刚：《新媒体概论》，北京，中国传媒大学出版社，2014。

46. 宫承波：《新媒体概论》（第二版），北京，中国广播电视出版社，2011。

47. 郑兴东：《受众心理与传媒引导》，北京，新华出版社，1999。

48. 李晓东：《全球化与文化整合》，长沙，湖南人民出版社，2003。

49. 陆扬、王毅：《文化研究导论》，上海，复旦大学出版社，2006。

50. 李永健：《传播研究方法》，杭州，浙江大学出版社，2009。

51. [美] 威尔伯·施拉姆、威廉·波特著，何道宽译：《传播学概论》（第二版），北京，中国人民大学出版社，2010。

52. [美] 沃纳·赛佛林、小詹姆士·坦卡德著，郭镇之等译：《传播理论：起源、方法与应用》，北京，中国传媒大学出版社，2006。

53. [美] 拉里·A·萨默瓦、理查德·E·波特著，闵惠泉等译：《跨文化传播》，中国人民大学出版社，2004。

54. [美] 梅尔文·德弗勒、鲍尔—洛基奇著，杜力平译：《大众传播学诸论》，北京，新华出版社，1990。

55. [美] 甘布尔等著，熊婷婷译：《有效传播》，北京，清华大学出版社，2005。

56. [美] 弗雷德里克·杰姆逊著，唐小兵译：《后现代主义与文化理论》，西安，陕西师范大学出版社，1987。

57. [美] 理查德·格里格、菲利普·津巴多著，王垒、王甦等译：《心理学与生活》，北京，人民邮电出版社，2003。

58. [美] 戴维·迈尔斯著，侯玉波、乐国安、张智勇等译：《社会心理学》（第八版），北京，人民邮电出版社，2006 。

59. [美] 罗杰·霍克著，白学军等译：《改变心理学的 40 项研究》（第五版），北京，人民邮电出版社，2010。

60. [美] 埃利奥特·阿伦森等著，侯玉波等译：《社会心理学》（第五版），北京，中国轻工业出版社，2005。

61. [美] 哈罗德·伊萨克斯著，于殿利、陆日宇译：《美国的中国形象》，北京，时事出版社，1999。

62. [美] 克利福德·格尔兹著，纳日碧力戈等译：《文化的解释》，上海，上海人民出版社，1999。

63. [美] 露丝·本尼迪克特著，何锡章、黄欢译：《文化模式》，北京，华夏出版社，1987。

64. [美] 鲁思·本尼迪克特著，吕万和、熊达云、王智新译：《菊与刀》，北京，商务印书馆，1996。

65. [美] 斯蒂文·小约翰著，陈德民、叶晓辉、廖文艳译：《传播理论》，北京，中国社会科学出版社，1999。

66. [美] 梅尔文·L·德弗勒、埃弗雷特·E·丹尼斯著，颜建军、王怡红、张跃宏、刘迺文译：《大众传播通论》，北京，华夏出版社，1989。

67. [美] 希伦·A·洛厄里、梅尔文·L·德弗勒著，刘海龙等译：《大众传播效果研究的里程碑》，北京，中国人民大学出版社，2009。

68. [美] 道格拉斯·凯尔纳著，丁宁译：《媒体文化——介于现代与后现代之间的文化研究、认同性与政治》，北京，商务印书馆，2004。

69. [美] 拉里 A·萨默瓦、理查德 E·波特主编，麻争旗等译：《文化模式与传播方式》，北京，北京广播学院出版社，2003。

70. [美] 斯塔夫里阿诺斯著，吴象婴等译：《全球通史：从史前史到21世纪》（第七版）修订版，北京，北京大学出版社，2012。

71. [美] J·赫伯特·阿特休尔著，黄煜、裘志康译：《权力的媒介》，北京，华夏出版社，1989。

72. [美] 埃弗雷特·M·罗杰斯著，辛欣译：《创新的扩散》（第四版），北京，中央编译出版社，2002。

73. [美] 斯蒂芬·李特约翰著，史安斌译：《人类传播理论》，北京，清华大学出版社，2004。

74. [美] 巴兰·戴维斯著，曹书乐译：《大众传播理论：基础、争鸣与未来》，北京，清华大学出版社，2004。

75. [美] 爱德华·霍尔著，刘建荣译：《无声的语言》，上海，上海人民出版社，1991。

76. ［美］C. 恩伯、M. 恩伯著，杜杉杉译：《文化的变异——现代文化人类学通论》，沈阳，辽宁人民出版社，1988。

77. ［美］莱杰·布罗斯纳安著，毕继万译：《中国和英语国家非语言交际对比》，北京，北京语言学院出版社，1991。

78. ［美］雷蒙德·罗斯著，黄其祥等译：《演说的魅力》，北京，中国文联出版公司，1989。

79. ［美］E·M·罗杰斯著，殷晓蓉译：《传播学史：一种传记式的方法》，上海，上海译文出版社，2002。

80. ［美］尼尔·波兹曼著，章艳译：《娱乐至死》，桂林，广西师范大学出版社，2004。

81. ［美］沃尔特·李普曼著，阎克文、江红译：《公众舆论》，上海，上海人民出版社，2006。

82. ［美］约翰·费斯克等编撰，李彬译注：《关键概念：传播与文化研究辞典》（第二版），北京，新华出版社，2004。

83. ［美］爱德华·W·萨义德著，王宇根译：《东方学》，北京，生活·读书·新知三联书店，1999。

84. ［英］杰弗里·巴勒克拉夫主编：《泰晤士世界历史地图集》，北京，生活·读书·新知三联书店，1985。

85. ［英］雷蒙德·威廉斯著，吴松江、张文定译：《文化与社会》，北京，北京大学出版社，1991。

86. ［英］丹尼斯·麦奎尔、［瑞典］斯文·温德尔著，祝建华译：《大众传播模式论》（第二版），上海，上海译文出版社，2008。

87. ［英］爱德华·泰勒著、连树声译：《原始文化——神话、哲学、宗教、语言、艺术和习俗发展之研究》，上海，上海文艺出版社，1992。

88. ［英］伯特兰·罗素著，马家驹、贺霖译：《西方的智慧》，北京，世界知识出版社，1992。

89. ［英］戴维·巴勒特著，赵伯英、孟春译：《媒介社会学》，北京，社会科学文献出版社，1989。

90. ［英］丹尼斯·麦奎尔著，崔保国、李琨译：《麦奎尔大众传播理论》（第五版），北京，清华大学出版社，2010。

91. ［英］齐格蒙特·鲍曼著，高华等译：《通过社会学去思考》，北京，社会科学文献出版社，2002。

92. ［英］李约瑟：《中国科学技术史》，科学出版社，上海古籍出版社，1990。

93. [英] 阿雷恩·鲍尔德温等著，陶东风等译：《文化研究导论》，北京，高等教育出版社，2004。

94. [法] 维克多·埃尔著，康新文、晓文译：《文化概念》，上海，上海人民出版社，1988。

95. [加] 哈罗德·伊尼斯著，何道宽译：《传播的偏向》，北京，中国人民大学出版社，2003。

96. [加] 哈罗德·伊尼斯著，何道宽译：《帝国与传播》，北京，中国人民大学出版社，2003。

97. [加] 马歇尔·麦克卢汉著，何道宽译：《理解媒介——论人的延伸》，北京，商务印书馆，2000。

98. [加] 埃里克·麦克卢汉、弗兰克·秦格龙编，何道宽译：《麦克卢汉精粹》，南京，南京大学出版社，2000。

99. [日] 永井成男：《符号学》，东京，北树出版社，1989。

100. [日] 佐藤毅：《传播社会学》，东京，科学出版社，1986。

101. [日] 藤竹晓：《现代大众传播理论》（第一版），东京，放送出版社，1968。

102. [日] 见田宗介、粟原彬、田中义久编：《社会学事典》，东京，弘文堂，1988。

103. [日] 池田德真著，朴世俣译：《宣传战史》，北京，新华出版社，1984。

104. [德] 伊曼努尔·康德著，邓晓芒译：《实用人类学》，世纪出版集团，上海人民出版社，2005。

105. [德] 利奇温著，朱杰勤译：《十八世纪中国与欧洲文化的接触》，北京，商务印书馆，1962。

106. [德] 恩斯特·卡西尔著，甘阳译：《人论》，上海，上海译文出版社，1990。

107. [荷] 吉尔特·霍夫斯泰德、格特·扬·霍夫斯泰德著，李原、孙健敏译：《文化与组织：心理软件的力量》（第二版），中国人民大学出版社，2010。

108. [俄] B. A. 利西奇金等著，徐昌翰等译：《第三次世界大战——信息心理战》，北京，社会科学文献出版社，2003。

109. [瑞士] 索绪尔著，高名凯译：《普通语言学教程》，北京，商务印书馆，1982。

110. Charles Horton Cooley，*Social Organization*：*A Study of the Larger Mind*，Charles Scribner's Sons，New York，1929.

英文参考文献

1. Nancy Adler，*International Dimensions of Organizational Behavior*，Boston，MA：Kent，1986.

2. Joyce Osland，*The Adventure of Working Abroad*，San Francisco，CA：Jossey—Bass，1995.

3. Charles Horton Cooley，*Social organization*：*A study of the Larger Mind*，Charles Scribner's Sons，New York，1909.

文　　章

1. 戴元光：《关于文化传播学的理论问题》，《兰州大学学报》（社会科学版），1995（4）。

2. 胡春阳：《人际传播研究的新思潮》，《中国社会科学报》2015 年 2 月 4 日第 701 期。

3. 魏武挥：《社会化传播》，《21 世纪经济报道》2009 年 10 月 26 日第 18 版。

4. 李凌凌：《社会化传播背景下舆论场的重构》，《中州学刊》，2016（9）。

5. 吴泽霖、张雪慧：《简论博厄斯与美国历史学派》，载中国民族学研究会编《民族学研究》第一辑，北京，民族出版社，1981。

7. ［加］莫斯可、［中］黄煜：《政治经济学与文化研究在传播学领域的关系及应用》，《中国传媒报告》，2006（2）。

8. 张昭军、徐娟：《文化传播与文化增殖——以〈泰西新史揽要〉在晚清社会的传播为例》，《东方论坛》2005（4）。

9. 周毅：《传播文化及其过程》，《郑州大学学报》（哲学社会科学版），2004（1）。

10. 周毅：《传播文化机制及其规则》，《西北民族大学学报》（哲学社会科学版），2003（5）。

11. 庄晓东：《文化的传播与传播的文化》，《云南艺术学院学报》，2002（1）。

12. 庄晓东：《文化传播研究在当代中国的意义》，《天津社会科学》，2004（2）。

13. 庄晓东：《文化传播论》，《云南艺术学院学报》，2002（4）。

14. 窦文章：《文化传播的空间基础及模式分析》，《人文地理》，1996（12）。

15. 楼嘉军：《文化传播媒介的历史探索》，《社会科学》，1992（2）。

16. 刘敏中：《文化传播论》，《求是学刊》，1991（1）。

17. 武斌：《文化传播论——以中华文化在海外的传播来讨论》，《社会科学辑刊》，1998（5）。

18. 云德：《论全球化时代的文化传播》，《现代传播》，2005（5）（6）。

19. 谢建明：《文化传播：模式及其过程》，《南京师大学报》，1994（1）。

20. 杨绪忠：《对于文化传播学研究内容的再认识》，《黔南民族师专学报》，2000（1）。

21. 葛桂录、陈冰：《论中国文化向世界传播的主要途径》，《淮阴师专学报》，1997（2）。

22. 刘宽亮：《关于文化传播规律的思考》，《运城学院学报》，2003（2）。

23. 熊澄宇、廖毅文：《新媒体——伊拉克战争中的达摩克利斯之剑》，《中国记者》，2003（5）。

24. 章静怡：《新媒体对文化传播力的影响与提升研究》，《今传媒》2015（9）。

25. 林坚：《新媒体对文化生态的影响》，http://www.news.hexun.com/2014-09-11/168379137.html。

26. 孙宜君、王建磊：《论新媒体对文化传播力的影响与提升》，《当代传播》，2012（1）。

27. 朱珉旭：《当代视域下的“沉默的螺旋”理论的反思》，《国际新闻界》，2014（1）。

28. 谢新洲：《“沉默的螺旋”假说在互联网环境下的实证研究》，《现代传播》，2003（6）。

29. 熊壮：《“沉默的螺旋”理论的四个前沿》，《国际新闻界》，2011（11）。

30. 麦克斯韦尔·麦库姆斯著，郭镇之、邓理峰译：《议程设置理论概览：过去、现在与未来》，《新闻大学》，2007（3）。
31. 林瑞基：《组织传播及其效果》，《深圳大学学报》，1988（4）。
32. 吴予敏：《跨文化传播的研究领域与现实关切》，《深圳大学学报》，2000（1）。
33. 魏峻：《文化传播与文化变迁》，《华夏考古》，2003（2）。
34. 张宇丹、魏国彬：《文化营销传播论》，《思想战线》2005（5）。
35. 关世杰：《中国跨文化传播研究十年回顾与反思》，《对外传播》，2006（12）。

后　记

文化传播学是近年来兴起的一门新兴学科。它是文化学、传播学等学科交叉的结果，致力于研究人类文化传播的现象及其规律。诚如庄晓东先生所言，“20 世纪人类社会最大的嬗变，是文化传播对人类社会和人类生活的全面渗透。文化传播将是 21 世纪文化研究最重要的主题和中心视界之一”。大众传媒媒介的强力裹挟、新媒体的日新月异，都使文化传播的内容与形式出现了新的转向，也日益引起学者的研究兴趣。

这本《文化传播学》教材，是编者在学习文化学、传播学等相关理论、编写《中国文化产业学术年鉴》的基础上，结合文化传播学的教学实践，从备课教案、自编讲义开始，经过修改与补充，不断完善而成的。

《文化传播学》教材系“高等院校文化产业基础教材”系列之一。福建人民出版社赖炳伟先生对本书的出版给予了大力帮助，责任编辑黄须友先生为本书的编辑付出辛劳。山东大学历史文化学院文化产业管理系韩英教授对本书的编写提出了宝贵的建议与热情的帮助。济南大学讲师陈少峰博士在本书的写作、资料的搜集等方面做了大量工作，山东大学历史文化学院硕士生何晓倩、朱姝也参与了本书部分章节的编写工作。特此表示感谢。

在本书的编写过程中，参考了国内外学者的相关研究成果，感谢所有给本书写作以启发与借鉴的先贤学者。关于文化传播学的相关问题，学者们做了很多研究。珠玉在前，编者不免深感惶恐，唯愿此篇抛砖引玉之作，可以为文化传播学的研究贡献一份微薄之力。由于理论水平与研究功底所限，本书还存在诸多的缺点与不足，恳请各位专家学者批评指正。

陈晓莹

2016 年 12 月 25 日